韓國
近代漢字字典研究

韓國漢字硏究所
硏究叢書 10

韓國近代漢字字典硏究
Copyright© July 31, 2019. 3publication

AUTHOR(S) 河永三, 王平, 羅潤基, 金玲敬, 金億燮, 郭賢淑, 羅度垣
PUBLISHER 圖書出版 3
ADDRESS 133-2502, 174 Solsaem-ro Gangbuk-gu Seoul, KOREA
PHONE 82-70-7737-6738
E-MAIL 3publication@gmail.com
REGISTRATION NUMBER 2018-000017
COVER DESIGN Seoyeon Kim

PUBLICATION DATE: July 31, 2019
ISBN 979-11-87746-32-4 (93710)

A catalogue record for this book is available from National Library of Korea(http://seoji.nl.go.kr and http://kolis-net.nl.go.kr). CIP2019027129.

> This work was supported by Korean Studies Foundation Research through the Ministry of Education of the Republic of Korea and Korean Studies Promotion Service of the Academy of Korean Studies (AKS-2014-KFR-1230003)

All rights reserved. No part of this book may be reprinted or reproduced or utilized in any form or by any electronic, mechanical, or other means, now known or hereafter invented, including photocopying and recording or in any information storage or retrieval system, without permission in writing from the publishers.

韓國
近代漢字字典硏究

河永三.王平.

羅潤基.金玲敬.金億燮.郭賢淑.羅度垣

前言

　　韓國漢字研究所，於2017年8月發行了《韓國歷代漢字字典叢書》（1/16開本，16冊）標點校勘電子排版本。主要對朝鮮王朝至日占時期，韓國最具代表性的漢字字典進行了電子化處理。又在校勘標點的基礎上，增加了導讀、韓文索引、漢語拼音索引、筆劃索引、以及書影等，形成了相關領域的基礎研究。爲了進一步的深層研究，又對《韓國歷代漢字字典叢書》的"導讀"做了修正和補充，並添加了幾篇有關論文出版發行。

　　此期間，在中國和韓國已出版了《韓國漢文字典概論》（王平、河永三，中國：南京大學出版社，韓國：圖書出版3，金和英譯），介紹了韓國出版的韓文字典的歷史和特徵及研究方法。同時，爲了有助於對這些字典的傳承、演變及創造性的比較研究，我們還按照收錄字的順序，對九種最具代表性的韓中字典重新排序，出版了《中韓傳統字書彙纂》（21冊，王平、河永三主編，北京：九州出版社，2017.11.）。目前正在進行中的、由中國政府支援的科研課題成果《韓國傳世漢字字典文獻集成》也即將出版發行。

　　通過這些一系列成果，韓國漢字字典的研究已超越了國境，引起中國及世界的矚目與關心。同時，我們的相關研究也得到了蓬勃發展。我所主要研究目標的相當一部分已經實現。即，對韓國漢字資料的收集、數據庫的建立、以及跨世界合作研究。根據已有的研究成果，我所於2018年5月被"韓國人文Plus（HK+）"事業（漢字與東亞文明研究：漢字之路的疏通、動因、導航）選定進行課題研究。該課題通過韓國、中國、日本、越南等東亞四國的漢字比較，以研究文字中心文明的特點作最終目標，使漢字研究的範圍，由漢字詞擴展到對文明的研究。

　　漢字是決定東亞文明的最重要要素之一。在漢字的研究中，韓國是不可小覷的重要地域。漢字字典也是研究的起點。尤其在近代，大量出版的漢字字典對韓國文明史的研究也起到了重要作用。但是，由於日占時期的歷史特殊性，相關資料和研究非常稀少。爲了激活這些研究，我們彙編了此書。星星之火可以燎原。願本書爲相關研究，以及關於朝鮮時代到現代韓國文明變遷的深層研究，起到一粒火種的作用。同時，附上《韓國歷代漢字字典叢書》的發刊詞，希望能提供一些參考。

2019年7月
代表作者河永三謹書

《韓國歷代漢字字典叢書》發刊詞

區分人類和動物的重要因素之一是"工具"。人類通過創造性的發明和對工具的使用，使自己成爲萬物靈長，同時持續著飛躍式的發展。而書籍作爲人類積累、傳授知識和智慧的重要媒體，正是使人類真正成爲人類的重要工具。

如此看來，《牛津（Oxford）英語詞典》、《韋氏（Webster）英語詞典》以及《不列顛百科全書（Encyclopedia Britannica）》，諸如此類的詞典被譽爲"工具書"，並且在人類文明發展史上占有一席之地，同時使人類進化到極致，其功勞不言自明。

詞典的歷史非常悠久。西方早在公元前二世紀就已經出現了關於《聖經》的詞典。東方也在漢代（公元前202~公元220年）時期，出現了真正意義上的字典。如，以釋義爲主的《爾雅》和《釋名》，集方言資料之大成的《方言》，以字源爲中心的《說文解字》等等。尤其是公元100年完成的《說文解字》，是關於當時能見到的所有漢字，即九千三百五十三個漢字的字形、義項、及字源和讀音的解釋。這是人類永垂千古的偉大業績。之後，又出現了《玉篇》（543），《廣韻》（1008），《字彙》（未詳），《康熙字典》（1716）等等。漢字字典得到迅猛發展，爲形成以中國中心的文化做出了巨大貢獻。

我國高麗時期出現了韻書，朝鮮王朝時期出現了《東國正韻》（1448）等各類韻書。此外，還出現了像《訓蒙字會》（1527）的漢字字典。尤其還出現了被譽爲朝鮮王朝時期字典之最的《全韻玉篇》。此書以《奎章全韻》（1796）爲基礎編纂而成，並由王室直接掌管。義項選擇非常簡練、精細、解釋准確，是一部國外也稱贊有加的力作。基於這個傳統，進入近代以後，借助西方和日本的經驗，又編纂了各色各樣的詞典，迎來了"詞典的春天"。新的學科也得到了大發展。尤其是《字典釋要》（1999）和《新字典》（1915）等，是當時漢字字典的代表之作，還成爲暢銷書之最。

我們生活的東亞也被稱為"漢字文化圈"。正因爲這片地域有史以來以漢字爲媒形成了共同的生活圈。大韓民國擁有五千年的悠久歷史。當歷史的車輪進入二十一世紀時，韓國經濟進入了世界十強。不僅如此，在短暫的民主化過程中，也向世界展示了她模範的一面。我們的文化之根，與漢字有著緊密的聯系。但是，我們的祖先是如何解讀漢字，又是如何認知漢字的呢？想知道來龍去脈不是件容易的事情。如果沒有對這些資料進行電子化處理，想要網絡檢索是不可能的。因爲原件都是躺在圖書館裏的"古書"。這就是曾經在我們語言生活裏最重要的"工具書"字典，今天的模樣。

因此，我們韓國漢字研究所，將目光投向我們的漢字字典。即各種傳統漢字字典的電子化及這些資料在互聯網上的使用。並且，我們是在與中國和日本建立起國家間的聯和合作計劃之下，緊鑼密鼓地做著籌備工作的。我們認爲，這項工作可以將漢字文化圈的主要三國對漢字的釋義歷程和它們之間的區別，以及各自都還保留的部分得到具體的呈現。

在正值火熱的"第四次工業革命時代"，"資料的集積"比任何一項工作都重要。所有產業的"視覺化和信息通信技術的結合"都離不開"資料的集積"。在我們的語言生活中，佔據重要位置的各種漢字字典的整理和集積，對於未來的世界也是必要和亟須的。更何況生活在同一生活圈的中國和日本，以及越南。我們所作的漢字電子化，在漢字文化圈實現"新的鏈接與協作"中，也是件非常有意義的事。

基於這樣的理念和實踐結果，我們終於出版了"韓國歷代漢字字典叢書"16冊。選擇了由朝鮮王朝至日占時期，最具代表性的漢字字典，進行整個數據的校勘整理，進行標點電子化。期間，也經歷了不少艱辛。首先，由於對象資料是"古書"，版本不好確定。尤其是日占時期的字典，已經超出了我們的預料。曾經普通人家觸手可及的《玉篇》，在不到百年時間裏，連國立中央圖書館的所藏都不完整了。不僅如此，目錄整理工作也是一件非常高難度的事情。幸運的是，我們得到了在這方面潛心研究一生的洪允杓、朴亨翌、河岡震、李東哲等教授們的幫助。並且，通過古書拍賣網終於解決了難題。在這裏真誠地感謝給予我們真心幫助的教授們。盡管如此，本書依然還有許多不足、不完善的地方。

其次的艱辛，還由於漢字電子化本身就是一件異常的"苦差事"。各種字體的差異，異體字、生僻字、有時還參夾著日語。在活版印刷剛剛起步的近代時期，字典中的錯誤隨處可見。甄別漢字的細微差異、查找錯誤，還要爲不存在的字建立專門的字庫。非漢字學專業、非博士級以上的研究人員，是無法從事這項工作的。可以說，這是挑戰人類極限的試驗場。我所研究員的身體，因這項工作都出現過一些大大小小的不適。借此機會，也向他們表示慰問和感謝。

第三個艱辛，是來自把這項工作僅僅看成"苦差事"的學術界和我們社會的現狀。在校勘基礎上，將字典進行電子化和出版，每本書都要歷時幾年。但是在我們的學術界，對此付出的肯定卻遠遠不及一次都不曾被引用的論文。對其價值的肯定，還不如花幾分鐘查找幾篇資料堆砌而成的文章。這就是我們的現實。在日本，僅做好字典索引，就能夠得到學術專著以上級別的肯定。在中國也是如此。在這樣的現實條件下，我們能夠出版，實屬不易。不僅在學術界，即使在圖書館也要受到冷遇，這是預料之中的事情。

盡管如此，我們還是很幸運，得到了韓國研究財團和韓國振興事業團給予我們相關基礎研究的支援。正因爲兩個機構的支援，基礎研究才得以順利進行，並構建了數據庫。還有來自中國方面的支持。中國首個關於漢字的國家重點研究所，華東師範大學（ECNU）"中國文字研究和應用中心"的臧克和所長，上海交通大學"域外漢字文化研究中心"的王平所長的支持令我們感動。他們無私地提供了自己率先進行的、以《說文解字》爲中心的中國漢字資料的電子化經驗，以及相關資料。同時，還有來自中國政府的支持。借此一並向中國方面表示感謝。

當然，這其中最辛勞的還是我們的研究人員。他們的勞苦是用任何語言無法形容的，也沒有恰當的言語來表達慰藉。李禾範前任所長，王平教授，羅潤基、金意燮、金玲敬、郭賢淑、羅度垣等前任研究員及各位研究生院和專業研究輔助人員都參與了此項工作。我們共同經歷了艱辛的日子。還有系裏默默地向我們提供所有方便的教授和老師們，以及不辭辛勞的助教們，向你們道一聲感謝。以做學問爲己任，我們克服了重重困難走到今天。祝賀也感謝大家。

韓國首部"韓國歷代漢字字典叢書"即將出版了，萬分激動。即使再好的書，如果不能通過網絡進行檢索，我們就等於生活在一個沒有意義的時代。希望這本書的出版能爲我們國學資料和基礎資料的數據庫建設，以及東亞字典歷史研究奠定基礎，成爲發現韓國字典新價值的契機。

剩下的工作是我們資料的持續電子化，以及將這些資料進行統合。來構建一個更大的數據庫，從而能夠鏈接中國和日本以及越南的資料。因爲只有這樣，才能更好的把握共時的、同時的，跨國的交流和疏通脈絡。這是研究漢字文化圈文明的重要基石，也是關乎我們國家利益的資料。在韓國研究財團（NRF）的大力支持下，我們構建的韓、中、日主要字典的鏈接，以及提供統合信息的服務平臺，已經部分實現了（'韓中日古代漢字字典統合數據庫'， http：//ffr.krm.or.kr/base/td022/intro_db.html）。對這項工作的補充和範圍擴展仍在繼續。期待我們的夢想成爲現實的那一天。

雖然起步時並不是成竹在胸，但是經過六年如一日的默默努力，我們完成了誰都沒能完成的事。再一次讓我體會，只要默默努力地踐行，終有一天會成功的真理。雖然不足的部分和誤差會有不少。關於這一點，我們非常期待各位諸賢能夠給予慷慨指正。在此，我們立約繼續修正存在的錯誤。雖說這部著作有許多不足、也是一部微不足道的資料，但希望能作爲相關研究的基礎資料得到廣泛運用。同時，也成爲開啟一個新鏈接的契機。另外，更希望通過各國的學者戮力同心，構建一個更加有意義的數據庫，謀求跨文化超國境的共同研究，以及銘記共享研究成果的寶貴價值。

本書使用的文獻如下：

題目	編著者	初版年度	使用版本
《全韻玉篇》	未詳	未詳	己卯新刊春坊藏板（1819）
《字類注釋》	鄭允容	1856年	覓南本（1974，建國大學影印本）
《國漢文新玉篇》	鄭益魯	1908年	增訂再版本（1909）
《字典釋要》	池錫永	1909年	1917年增補版（參考版本：1920年增訂附圖版）
《漢鮮文新玉篇》	玄公廉	1913年	彙東書館本（1918）

《增補字典大解》	李鍾楨	1913年	國立中央圖書館館藏本（1913年，3134-15）
《新字典》	朝鮮光文會	1915年	1915年新文館初版本
《新訂醫書玉篇》	金弘濟	1921年	1921年初版本（參考版本：1944年明文堂第三版）
《字林補注》	劉漢翼	1921年	1922年（首爾大學中央圖書館館藏本）
《大增補日鮮新玉篇》	彙東書館編輯部	1931年	1931年初版本
《實用鮮和大辭典》	宋完植	1938年	1940年（再版本）
《懷中日鮮字典》	鄭敬德	1939年	1939年（初版本）

2017年8月10日
光複72周年、中韓建交25周年前夕
河永三謹書於渡古齋

目錄

前言 河永三

第1章 韓國近代時期十種代表漢字字典的編撰與特點 河永三
  1. 引論 1
  2. 收錄字情況與解釋體系 5
  3. 編撰特點 10
  4. 參考文獻 14
  5. 書影 15

第2章《國漢文新玉篇》：韓國最早的近代漢字字典 羅潤基
  1. 前言 19
  2.《國漢文新玉篇》的作者及其編纂目的 21
  3.《國漢文新玉篇》版本和體裁 22
  4.《國漢文新玉篇》的特點 37
  5.《國漢文新玉篇》專題研究目錄 47
  6. 結論 48

第3章《漢鮮文新玉篇》：發揮近代啟蒙精神的精髓 郭鉉淑
  1. 導論 51
  2.《漢鮮文新玉篇》的作者及編撰目的 55
  3.《漢鮮文新玉篇》的版本和收藏處 57
  4.《漢鮮文新玉篇》的內容構成 60
  5.《漢鮮文新玉篇》的特徵及價值 69
  6.《漢鮮文新玉篇》的先行研究 72

第4章《字典釋要》：確保了完整的韓文訓讀體系 羅度垣/金玲敬
  1. 引文 75

  2.《字典釋要》編纂　　　　　　　　　　　　77
  3.《字典釋要》版本及體制　　　　　　　　　80
  4.《字典釋要》釋文的特徵　　　　　　　　94
  5.《字典釋要》字形上的特徵　　　　　　　100
  6.《字典釋要》的價值　　　　　　　　　　103
  7.《字典釋要》研究成果目錄　　　　　　　104

第5章 (大增補)《日鮮新玉篇》：開闢了漢字字典體例的發展方向　　　　金億燮
  1. 前言　　　　　　　　　　　　　　　　　109
  2. (大增補)《日鮮新玉篇》的編著者　　　　110
  3. (大增補)《日鮮新玉篇》的版本和體裁　　111
  4. (大增補)《日鮮新玉篇》的特徵　　　　　121
  5. (大增補)《日鮮新玉篇》的地位　　　　　125

第6章《新字典》：近代最完整的漢字字典　　　河永三
  1. 導論　　　　　　　　　　　　　　　　　127
  2.《新字典》的編撰　　　　　　　　　　　128
  3.《新字典》的版本及體裁　　　　　　　　134
  4.《新字典》的特徵　　　　　　　　　　　143
  5.《新字典》的地位　　　　　　　　　　　148
  6. 國內《新字典》主要研究目錄　　　　　　148

第7章《全韻玉篇》與《新字典》標題字增減考：近代時期漢字需求的大轉變　　　河永三
  1. 引言　　　　　　　　　　　　　　　　　153
  2.《新字典》的收字情況　　　　　　　　　155
  3.《新字典》與《全韻玉篇》的收字比較　　157
  4. 減少字　　　　　　　　　　　　　　　　157
  5. 移動字及重出字　　　　　　　　　　　　159

6.《新字典》增加字所反映的語言文化背景	**159**	
附錄：《全韻玉篇》與《新字典》增減字表	**165**	

第8章《字林補註》：近代最完整的古文異體字字典   金億燮

1. 導言	**173**
2.《字林補注》的編撰	**174**
3.《字林補注》的版本和體裁	**177**
4.《字林補注》的特徵	**185**
5. 附錄《字林摭奇》	**189**
6.《字林補注》研究情況	**196**

第9章《增補字典大解》：近代收字最多的漢字字典   金億燮

1. 前言	**199**
2. 體裁	**200**
3.《增補字典大解》的價值	**210**

第10章《實用鮮和大辭典》：近代時期新語的寶庫   金玲敬

1. 引文	**213**
2.《實用鮮和大辭典》書誌信息	**214**
3.《實用鮮和大辭典》體例	**220**
4.《實用鮮和大辭典》的地位	**237**

第11章《懷中日鮮字典》：近代中日韓多種語言解字的實用袖珍本漢字字典   郭鉉淑

1. 導論	**241**
2.《懷中日鮮字典》的編撰	**242**
3.《懷中日鮮字典》的體裁	**244**
4.《懷中日鮮字典》的特徵	**252**
5. 結論	**258**

第12章《醫書玉篇》：東亞最早的醫學漢字字典 　　金玲敬
　1.《醫書玉篇》版本考察 **261**
　2.《醫書玉篇》體裁 **263**
　3.《醫書玉篇》的界限與價值 **284**

附錄《全韻玉篇》：朝鮮時期最完整的字典 　　王　平
　1. 引言 **291**
　2.《全韻玉篇》成書背景、版本和體例 **292**
　3.《全韻玉篇》的說解特點 **295**
　4.《全韻玉篇》的地位 **297**
　5.《全韻玉篇》研究 **299**
　6. 結語 **317**

1

韓國近代時期
十種代表漢字字典的編撰與特點

河永三

1. 引論

韓國近代時期[1])的漢字字典在韓國的字典編撰史上具有重要意義。它們既傳承了《訓蒙字會》和《全韻玉篇》等朝鮮時期的傳統字書，同時又接受和應用了近代時期從日本和西歐進來的新編撰方法，創出各種各樣的字典類型，讓現代漢字字典別開生面。

本文分析時所用的主要字典有十種，諸如：《國漢文新玉篇》(1908)、《字典釋要》(1909)、《(大增補)日鮮新玉篇》(附音考) (1931)、《漢鮮文新玉篇》(1918)、《新字典》(1913)、《增補字典大解》(1913)、《字林補註》(1921)、《實用鮮和大辭典》(1938)、《懷中日鮮字典》(1939)、《新定醫書玉篇》

---

1) 對所謂韓國"近代"的起點，說法眾多，這裏采取了1863~1945年說。1863年爲興宣大院君的執政年，他實行了全面改革，對朝鮮社會帶來了未曾有的大變化，可以說是"近代"的開始。1945年爲從日本殖民統治解放的一年，即現代韓國的開始。另外，有人主張韓國的近代開始於1876年發生的"雲揚號事件"和從此簽署的"朝日修好條規"；也有人認爲開始於1894年的"甲午改革"；又有人認爲應該以1866年發生的"General Sherman號"事件爲起點。

(1944)。有關基本信息則如下表：

編號	書名	結構	編作者	出版社	出版年	收錄標題字[2]
1	《國漢文新玉篇》	序文2頁，總目6頁，本文288頁，音韻字彙103頁，版權紙1頁。	鄭益魯	耶穌教書院	1908[3]	11,000
2	《字典釋要》	作者照片1頁，序2頁，凡例8頁，本文（卷上）186頁，（卷下）244頁，跋文2頁，版權紙1頁。[4]	池錫永	匯東書館	1909[5]	16,309
3	《（大增補）日鮮新玉篇》（附音考）[6]	扉頁1頁，目錄3頁，本文328頁，音附目次1頁，가나다音附104頁，版權紙1頁。	日鮮新玉篇編輯部	匯東書館	1931[7]	19,816[8]
4	《漢鮮文新玉篇》	扉頁1頁，序文2頁，上卷目錄2頁，下卷目錄3頁，本文（上卷）196頁，（下卷）242頁，廣告紙1頁，版權紙1頁。	玄公廉	大昌書院	1913[9]	16,739
5	《新字典》	扉頁1頁，柳瑾序2頁，崔南善敘6頁，凡例2頁，部首目錄2頁，檢字6頁，本文（卷1）104頁，（卷2）134頁，（卷3）136頁，（卷4）118頁，版權紙1頁。	崔南善	新文館	1913[10]	13,348
6	《增補字典大解》	扉頁1頁，上卷目錄3頁，下卷目錄4頁，檢字5頁，上卷本文260頁，下卷本文229頁。	李鐘禎	光東書局	1913	17,281
7	《字林補註》	扉頁1頁，序2頁，凡例2頁，目錄4頁，本文（上篇）128頁，（下篇）142頁。作者親筆書法書名，《字林搞奇》1頁，《字林搞奇》目錄12頁，《字林搞奇》本文及跋文110頁（55	劉漢翼	大廣書林	1924[11]	11,370

		張）。				
8	《實用鮮和大辭典》[12]	扉頁1頁，部首索引3頁，音考索引45頁，本文685頁，廣告紙1頁，版權紙1頁，	宋完植	永昌書館	1938[13]	6,382
9	《懷中日鮮字典》	扉頁1頁，本文400頁，音考90頁，版權紙1頁。	尚文堂編輯部	文尚堂	1939[14]	5,976
10	《新定醫書玉篇》	扉頁1頁，目錄4頁，本文（上）1~21頁，（下）22~82頁，版權紙1頁，廣告紙1頁	李鐘禎	光東書局	1921[15]	2,020

2) 據韓國漢字研究所(www.hanja.asia)研制的"近代韓國漢字字典數據庫"的最新統計。

3) 1909年訂正再版；1911年訂正增補補遺初版（補遺142頁）；1914年訂正增補補遺再版；1918年訂正增補補遺第3版。

4) 1917.05.第12版結構信息有所變動：作者照片1頁，序2頁，凡例8頁，目錄10頁，檢字12頁，本文（卷上）188頁，（卷下）242頁，跋文2頁，版權紙1頁。

5) 1910.03(隆熙4)再版；1910.10（明治43）第3版；1911.06.第4版；1911.11.第5版；1912.03.第6版；1912.10.第7版；1913.05.第8版（增補初版，增補7字，共收16,316字）；1914.05.第9版（增補版）；1915.03.第10版（增補版）；1916.02.第11版（增補版）；1917.05.第12版，13版（增補版）；1918.05.第14版（增補版）；1920.10.第15版（增訂附圖初版）；1925.10.第16版（增訂附圖版）；1928.06.第17版（增訂附圖版）；1929.第18版（？）（增訂附圖版）；1936.03.第19版（？）（增訂附圖版）；1943.04.第20版（？）（增訂附圖版）；1949.08.第21版（？）（增訂附圖版）；1950.02.22版(?)（增訂附圖版);1952. 第23版（？）(增訂附圖版)。

6) 與此內容極為相似的有：《日鮮大字典》（朴重華，光東書局，1912，扉頁1頁，序文2頁，例言3頁，目錄6頁，本文（上）544頁，（下）593頁，附錄國字10頁，版權紙1頁），亦與《漢日鮮大字典》（李鐘禎，1918，漢城書館、利文堂）同。另有《漢日鮮新玉篇》（李鐘禎，光東書局，1916。扉頁1頁，序文2頁，目錄6頁，本文（上卷）247頁，（下卷）32頁，"音附"表紙及目錄2頁，"가나다音附"104頁，版權紙1頁。) 此書有1922. 06. 第6版《增訂附韻漢日鮮新玉篇》，1928. 00. 第？版《增訂附韻漢日鮮新玉篇》。

7) 1926年再版，洪淳必編，京城朝鮮圖書。1935年，姜義永，永昌書局版（參此外，還有《漢日朝鮮文新玉篇》(宋憲奭，1912，東陽書院，京城；上冊406頁，下冊522頁) 一書，可惜至今只知道是個人所藏，無法知道該書的有關其他信息，包括所藏者、收字情況和規模等。幸虧，留一張書影，可推該書體例之一斑16)。另外，還有《日鮮華英新字典》(作者姓李，名字未詳，博文書館，1917) 一書，情況和《漢日朝鮮文新玉篇》無別17)，

見http：//www.yetnal.co.kr/curio/curio_view.html?read_no=15384)。1939年，沈宜甲編，《附音考日鮮文新玉篇》(初版)。

8) 其中一字（賓），只有解字，無有標題，恐是失誤。

9) 1914.09.再版；1917.03.第3版；1918.08.第4版；1918.09."附音考"初版（匯東書館）；1924.12."附音考"第5版（匯東書館）；1921.06.《懷中漢鮮文新玉篇》初版（196+242頁）（永昌書館）；1922.05.《懷中漢日鮮文新玉篇》初版（大昌書院）；1923.05.《日鮮懷中新玉篇》初版（永昌書館）；1926.06.《日鮮懷中新玉篇》再版；1927.11.《日鮮懷中新玉篇》3版；1930.02.《日鮮懷中新玉篇》4版。洪淳必編《漢鮮文新玉篇》，1924年第5版。

10) 1915年初版，1916，1917，1923，1924，1928，1930年重版；1947年《大版新字典》（東明社，縮版）；1973複印重版。

11) 金允植校閱，7+260+299page。1921.上海千頃堂書局初版（石印版）；1922.上海千頃堂書局 初版（石印版）。

12) 另有《模範鮮和辭典》（鄭敬晢、閔大鎬、趙男熙，東洋書院，1928初版，1928再版；部首索引2頁，扉頁1頁，序文3頁，凡例2頁，"特色"說明2頁，本文674頁，附音編96頁，其他23頁，版權紙1頁）；1933年博文書館編《模範鮮和辭典》（博文書館，674+70頁，初版；1935年再版；1936年三版（674+96頁）；1940年四版；1940年5版（2+2+674+96+8+20+16頁）；1944年《增補訂正模範鮮和辭典》，682+96頁））。參見《韓國字典的歷史》。

13) 本文編者：宋完植；版權紙編者：姜義永。昭和15年（1940）再版。

14) 版權紙：著作兼發行者：鄭敬德；發行兼總發賣所：盛文堂。昭和14年7月。

15) 1929.03.《新定醫書玉篇》（東洋大學堂）；1944.06.《新定醫書玉篇》（明文堂編輯部，作者兼發行者：金井清郎），沒有廣告紙，字數皆同。

16) 見於網上古書拍賣店，參見http：//www.oldbooks.co.kr/main.html?menu=view&uid=29660&category=%B1%B9%BE%EE%C7%D0%A1%A4%B9%AE%C7%D0-%B1%B9%BE%EE%C7%D012

。據於拍賣店留下的一張書影，該書和《日鮮新玉篇》非常類似，只在排列形式上有所調整，如日文訓讀置於標題字的左右提高了視覺效果，訓在右，音在左；另外部分字次上有所變動，如"人"部2劃的字次上"仝-仔-以-仕-付-代"之序變爲"仔-任-付"之序，但只有一張書影，詳情無法知道。

17) 見於網上古書拍賣店，參見http：//www.yetnal.co.kr/curio/curio_view.html?read

詳細考察只待日後補充[18]。

2. 收錄字情況與解釋體系

1.1. 收錄字情況（'一'部爲例）

可見《漢鮮文新字典》、《日鮮新玉篇》、《增補字典大解》等比他書多收古文異體字，故收字上有所增加。另外，《懷中日鮮字典》在同一部首同筆畫數內的字次比較其他字書有所變動，諸如："七-丁"變爲"丁-七"，"下-丈-上"變爲"丈-上-下"，"丐-醜"變爲"醜-丐"之序。現代中國的字典，同部同筆畫數內的字次，按第一筆筆形的順序排列，即按提筆筆形(1)橫-(2)豎-(3)撤-(4)點-(5)折順序排列。

以上十種字典，由"一"部收字的字次來看，其順序略有不同，可以歸納四類：第一類，即①《國漢文新玉篇》、②《字典釋要》(包括增補版)、④《漢鮮文新玉篇》、⑤《新字典》、⑦《字林補註》，它們的字次爲："一-七-丁-萬-下-丈-上-三-不"之序。第二類，即③《(大增補)日鮮新玉篇》(附音考)和⑥《增補字典大解》，他們的字次爲："一-七-丁-丈-三-萬-上-下-不"之序；第三類，即⑧《實用鮮和大辭典》，其字次爲："一-萬-下-丈-三-上-不"之序；第四類，即⑨《懷中日鮮字典》，其字次爲："一-丁-七-萬-丈-三-上-下-不"之序。其餘，⑩《新定醫書玉篇》無收"一"部字。可見第一類(①《國漢文新字典》等) 接受傳統字次法，即是從《康熙字典》傳下來的最傳統的字次法。但到第二類(《④漢鮮文新玉篇》等) 和其他類 (⑨《懷中日鮮字典》等) 對此有所改變。

_no=17163&cpage=1&fcode=&fdistrib=3&field=article&curiokey=%C0%CF%BC%B1%C8%AD%BF%B5&sale=

18) 但據網上拍賣書店留下的一張書影，該書的收字和解字非常接近於《韓日華英新字典》（附音考）（申泰三編、李允宰閱，서울世昌書館，1952）一書，此書很可能是《漢日朝鮮文新玉篇》的繼承者。

笔画	《國漢文新玉篇》	《字典釋要》	《字典釋要》(增補版)	《日鮮新玉篇》	《漢鮮文新玉篇》	《新字典》	《增補字典大解》	《字林補註》	《实用鮮和辭典》	《懷中鮮字日典》	《新訂醫書玉篇》
0	一	一	一	一	一	一	一	一	一	一	
1				弌	丁		弌				
					丂						
2	七	七	七	七	七	七	七	七		丁	
	丁	丁	丁	丁	丁	丁	丁	丁		七	
	卂	卂	卂	卂	卂	丈	卂	丈	万	万	
	下	下	下	下	下	下	弍	下	下	丈	
	丈	丈	丈	万	丈	丈	万	丈	丈	三	
	上	上	上	上	上	上	上	上	上	上	
	三			下	三		三		下	不	
				卂			卂			与	
				三						且	
3	丐	丐	与	不	丐	丐	不	丐		丐	
	丐	丐	下	与	丐	丐	与	丐	不		
	弌	不	丐	丐	不	不	丐	不	与		
	不	丐	丐	弌	且	且	丐	且	丐		
		且	且	且			且				
				虫							
4	丕	丕	丕	且	丕	且	丕	且	丙	且	
	世	且	且	丕	且	丕	且	丕	且	丘	
	丙	世	世	世	世	世	世	世	丕	丕	
	丘	丙	丙	丙	丙	丙	丙	丙	世	世	
		丘	丘	丘	丘	丘	丘	丘	丘	丙	
					丙						
5	弎	丟	丟	丞	弎	丞	丞	丟	丙	丞	
	丞	丞	丞	丟	丞	丟	丟	丞	丞	兩	
			兗	丟		兗			来	並	
				弎							
6	亟	亟	亟	亟	夹	亟	亟	亟		所	
	世			丗	亟						
7	所	所	所	所	所	所	所	所		並	
	並	並	並	並	所	並	並	所	並		
10	墅	墅	墅	墅	墅	墅	墅	墅			
收字数	26	25	25	30	35	24	29	24	19	20	0

1.2. 解釋體系

　　此時期的字典解釋體系主要由如下成分和順序組成："標題字（楷體）；韓文訓（義）、讀（音）；義項；文獻用例；韻字；異體字信息（同字、通字、俗字、古字等）；日文解釋"。現以"一"字的字解舉例則如下：

　　可見《國漢文新玉篇》、《漢鮮文新玉篇》和《增補字典大解》三種字典，義項的解釋和羅列基本上一致，只有部分增減；《日鮮新玉篇》則以此爲基

编号	书名	字釋
1	《國漢文新玉篇》	ᄒᆞ【일】。數之始。畫之初。均也。同也。誠也。純也。天地未分,元氣泰一。(質)。壹通。
2	《字典釋要》	【일】數之始。하나일。(質)。壹通。
3	《日鮮新玉篇》	【일】數之始。한。同也。같음。一一。낱낱。誠也。정성。專也。오로지。或然之辭。만일。第一。첫개。或也。어느。(質)。壹通。【イツ】【イチ】ヒトツ,ヒト,ハジメ,ヒトスニス,マジハリナシ,マコト,ヒトタビ,アル。
4	《漢鮮文新玉篇》	하나【일】。數之始。畫之初。고를【일】。均也。갓흘【일】。同也。경성【일】。誠也。순일할【일】。純也。혼갈【일】。專也。天地未分, 元氣泰一。(質)。壹通。
5	《新字典》	【일】數之始。한。한아。凡物單簡曰一。◎誠也。정성。《中庸》:所以行之者,一也。◎純也。슌견핱。凡道之純者曰一。◎專也。오로지。如言一味,一意。《書》:惟精惟一。◎同也。갓흘。《孟子》:前聖後聖,其揆一也。◎統括之辭。왼。왼통。如言一切,一槪,一家,一門,一國。《詩》:政事一埤益我。◎或然之辭。만약。如言萬一。《漢書》:歲一不登,民有飢色。◎第一。첫개。◎낱낱。낱。(質)。壹通。
6	《增補字典大解》	ᄒᆞ나【일】。고를【일】。갓흘【일】。數之始。畫之初。均也。同也。誠也。純也。天地未分。元氣泰一。(質)。壹通。
7	《字林補註》	한【일】。數之始。均也。同也。天地未分。元氣泰一。(質)。弌古。醫壹通。
8	《实用鮮和大辭典》	하나【일】。數之始。畫之初。均也。同也。壹通。(質)。【イツ】【イチ】ヒトツ,ヒト,ハジメ,ヒトスニス,マジハリナシ,マコト,ヒトタビ,アル。
9	《懷中日鮮字典》	(한일)數之始也。均也。同也。誠也。專也。【イツ】【イチ】ヒトツ,ハジメ,オナジ。
10	《新訂醫書玉篇》	未收

礎再加上字釋的日語翻譯;《實用鮮和大辭典》和《懷中日鮮字典》則把前三種字典簡略化而提高了實用性;《字林補註》則加上古文異體字資料。唯有《新字典》具有相對獨特性,既義項豐富,也有引文,加強該義項的出典與理據,可謂是此時期最具典型的字典。

1.3. 十種字書之間的義項比較

可見,近代時期十種字典皆來自於《全韻玉篇》。《全韻玉篇》是一部十八世紀末由國家編纂的朝鮮時代最具代表性、最有權威的字典。故,近代字典大多參考《全韻玉篇》是理所當然、不可避免之事,但也有所補充和發展。以"一"部爲例,《全韻玉篇》提示了韓國讀音(일)和羅列了七個義項(①數之始;②畫之初;③均也;④同也;⑤誠也;⑥純也;⑦天地未分,元氣泰一),到了《國漢文新字典》(1908)基於此只加上了韓文代表訓(ᄒᆞ),其餘皆同;但《字典釋要》(1909)只選最重要的一個核心義項(①數之始),對此義項

書名	《全韻玉篇》	《國漢文新玉篇》	《字典釋要》	《日鮮新玉篇》	《漢鮮文新玉篇》	《新字典》	《增補字典大해》	《字林補註》	《실用鮮和大辭典》	《懷中日鮮字典》
訓讀	(일)	흔(일)	(일)	(일)	하나(일)	(일)	하나(일) 고딘(일) 갓홀(일)	한(일)	하나(일)	(한일)
義項	①數之始	①數之始	①數之始 하나일	①數之始 한	①數之始 한○한아 凡物單畫曰一。	①數之始	①數之始	①數之始	①數之始	①數之始也
	②畫之初	②畫之初			②畫之初		②畫之初		②畫之初	
					③고를(일)					
	③均也	③均也			均也		③均也	③均也	③均也	②均也
					④갓홀(일)					
	④同也	④同也	②同也	同也	⑤○同也 갓홀 《孟子》: 前聖後聖, 其揆一也。	④同也	③同也	④同也	④同也	③同也
				③—— 낫낫	⑥○—— 낫낫					
					⑤경셩(일)					
	⑤誠也	⑤誠也	④誠也 경성	誠也	②○誠也 경성 《中庸》: 所以行之者, 一也。	⑤誠也				④誠也
					⑥순일혼(일)					
	⑥純也	⑥純也		純也	③○純也 순젼한 凡道之純善曰一。 《書》: 惟精惟一。	⑥純也				
				⑦혼갈(일)						
				⑤專也 오로지	專也 오로지 如言一味、一意。《禮》: 試一以窬之。⑥○該活之辭 왼○왼통	④○專也				⑤專也

添加了韓文訓讀(하나일)。其他,《漢鮮文新玉篇》也繼承了《國漢文新字典》,它所收的八項當中,七項與《國漢文新字典》完全一致,只增加了一個義項(專也),對各個義項加上了韓文訓讀而已。另外,《增補字典大解》、《字林補注》、《實用鮮和大字典》和《懷中漢日鮮字典》皆據《國漢文新玉篇》而調整的,諸如《增補字典大解》則收錄的七個義項完全一致,只把韓文訓讀的位子調到個別義項之前;《字林補注》則簡選之,只收四項義項(①,③,④,⑦);《實用鮮和大字典》亦簡選之,只收四項義項(①~④),後附日文翻譯;《懷中漢日鮮字典》亦簡選之,只收五項義項,其中四項與《國漢文新玉篇》一致(①,③,④,⑤),再加上"專也"義項,後附日文翻譯,其他無有差異。故,《國漢文新玉篇》可謂是這時期的代表字典之一。

《日鮮新玉篇》則有了較大的增補,既接受了三項主要義項(①數之始;④同也;⑤誠也),還增加了五項新的義項(一一;專也;或然之辭;第一;或也),同時,對所有義項附加了韓文訓,還附加了日文翻譯。故《日鮮新玉篇》可謂是近代時期字典上的一個大轉折點,增補了大量義項,又形成了這時期的另一個重要系統。

另外,《新字典》開闢了新的一路,具有獨創的體例和義項系統。它收錄了九個義項,在這時期字典當中義項最豐富,它所增加的"⑥統括之辭"是他書無見的。另外,它標示了每個義項的出典,提高了科學證據。這也是此時期字典當中所未見的體例。故,《新字典》可謂是此時期最具獨創性的一部字典。

1.4. 十種字書之間的譜系表

據以上義項收錄情況分析,此時期的字典之間的繼承關係,以圖表表示如下:

可見,《國漢文新玉篇》、《漢鮮文新玉篇》和《增補字典大解》三種字典,義項的解釋和羅列基本上一致,只有部分增減;《日鮮新玉篇》則以此爲基礎再加上字釋的日語翻譯;《實用鮮和大辭典》和《懷中日鮮字典》則把

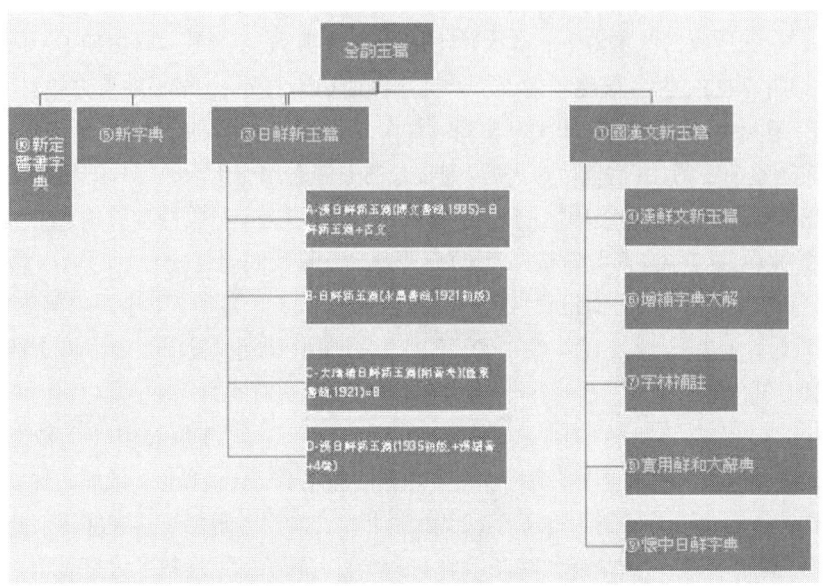

前三種字典簡略化而提高了實用性；《字林補注》則加強古文異體字資料。唯有《新字典》具有相對獨特性，既義項豐富，也有引文，加強該義項的出典與理據，可謂是此時期的最具典型的字典。

3. 編撰特點

近代時期漢字字典在韓國的字典編撰史上有如下幾點特點：

第一、新編撰體例的充分應用。爲了適應近代時期讀者的新要求和提高排版效果和出版經費的縮減，采取了新的體例。其中《新字典》最有特色，（1）《新字典》運用了一頁三段排列的方式，提高了空間的活用、看書的便利、檢索的方便等效果。此前，朝鮮時代的字書，未有過此式，皆用整頁無分段的方式。只有部分韻書采用過分段方式，諸如《三韻通考》分三段，第一段排列平聲，第二段排列上聲，第三段排列去聲，而入聲另附於書後[19]。《新字典》的三段排列方式很可能來自這些韻書。此後，還影響了：《模範鮮和辭典》（博文書館）采取四段排列，《懷中日鮮字典》采取三段排列,《國漢文新玉篇》(1959,永昌書館)采取四段排列。1945年以後的現代時期字典多用兩端或三段式,可見其影響力[20]。

（2）《新字典》采取了圖像配合的方式,大大提高了模糊或複雜概念的理解。它共配了39幅圖[21],主要集中於器名等物名上。朝鮮時代圖像配合的形式,皆不見於辭書,只見於有關禮學文獻和一些類書。對名物配合圖像的方式,早在日本明治時代流行,出版了各種名物圖,諸如《和漢三才圖會》(寺島良安,1712)等。故,《新字典》的配圖新嘗試,可能受到日本的物名圖像學的影響。這時期字典當中《字典釋要》1909年初版本到1918年第14版沒有附圖,但到了1920年的第15版受到《新字典》的影響,加上590幅圖,書名也改成《增正附圖字典釋要》。另外,《模範鮮和辭典》也運用圖畫配套的方式,比《新字典》圖畫增加了不少。之後,此傳統到現代字典編撰時成爲一條不可缺少的凡例,或放在本文中,或集中放在書後作附錄。

（3）《新字典》大量增加文獻上的實際出典,提高了該字義項的理據。此前,雖然《全韻玉篇》和《字類注釋》等偶爾引用過文獻上的用例,但只限於部分字,不是全面、全書的整體體例。但到《新字典》,對所有標題字都標示了文獻上的主要用例。規模大大超過以前。這也成爲現代漢字字典的凡例。

第二、多種語言的解釋。這爲此時期字典最突出的特色之一,反映當時的國際形勢和韓國所處的情況。近代以前,朝鮮一直堅持不對外開放,

---

19) 繼承此例的韻書還有《三韻補遺》（朴斗世,1650~1733）、《增補三韻通考》（金濟謙、成孝基,1702~1722）等。
20) 諸如《大漢漢字典》（張三植編,省文社,1964初版）採取了五段排列方式,《漢韓大字典》（民眾書林,1981）採取了四段排列方式,成為漢字編撰的主要形式。
21) 1915年初版到1940年代,各種版本都漏了有關"胄"的附圖（留著空間）,到1947年的《（大版）新字典》有所補充,增加為40附圖。其具體目錄如下: 亭(1-3b), 俎(1-6b), 侯(1-7a), 冕(1-13a), 几(1-13b), 匜(1-17b), 匱(1-18a), 卣(1-18b), 戈(2-7b), 戟(2-8a), 敲(2-19b), 斝(2-21a), 斧(2-21b), 旗(2-22a), 枕(2-29b), 爵(2-61b), 笙(3-27a), 簋(3-28a), 簠(3-28b), 簫(3-28b), 邊(3-29b), 罩(3-37b), 臟(3-45b), 舟(3-47b), 袞(3-65a), 艫(4-2b), 豆(4-8a), 登(4-8b), 足(4-12a), 蹼(4-14b), 輪(4-16b), 鋤(4-25b), 錞(4-26b), 鐸(4-28b), 馬(4-42a), 鰭(4-48a), 齩(4-53b), 齲(4-53b), 鼎(4-54a)。

固守鎖國政策。但到近代，由於日本與西歐列強的持續入侵，學習外語的需求大大提高了。尤其是受到吞並韓國而實行殖民統治的日本的影響最大。故，此時期的字典，從以前的漢漢或漢韓的雙解形式擺脫，編撰時加上日語和英語的多語種。諸如，《日鮮新玉篇》、《實用鮮和辭典》、《懷中日鮮字典》、《內鮮新玉篇》、《漢日朝鮮文新玉篇》。另外，《日鮮華英新字典》對漢、韓、日語加上英語而變成四種語言同在一起的四解字典。

　　第三、專業字典的出現。諸如《醫學字典》，它是專門收集醫學用的漢字而編的字典。這很可能是隨著日本近代醫學的進入，在當時的韓國開始流行醫學（與傳統韓醫學不同）。醫學成為近代文化的象徵。故，學醫的需求很大。且醫學術語絕大多是漢字詞彙。爲了滿足社會上的需要，出現了專業領域的專業字典。中國的"醫學字典"始於1988年的《中醫字典》（申志均主編，河南科技出版社）[22]。故，《醫學字典》可謂是東亞第一部醫學字典。由此可見該書的編撰意義[23]。這也開辟了現代時期的各種專業字典的編撰之路。

　　第四、字典兼用辭典的新式字典的出現。這是在以往的字典基礎上，還加上了該字爲頭的主要詞彙，羅列於該標題字下。是字典和辭典的兼用，可謂是現代漢語辭典的前身，也是字典和辭典的橋梁。以《實用鮮和辭典》爲代表。此後，韓國現代字典多采取此例。故，此例的出現，意義重大。

　　第五、愛國意識的反映。近代時期大多屬於日本統治時代。雖然受到日本詞典學的影響很大，但關注點也在韓國固有漢字（國字）和固有用法（國義字和國音字）上。《字典釋要》把朝鮮國字羅列與本文中，並特別標

---

[22] 之後，中國還出版了《中醫難字字典》（李戎，上海科技出版社，2001），《實用中醫字典》（王曉龍，學苑出版社，2006）等；韓國出版了《韓醫學必修漢字1000字》（手機版）（金承龍，2015）。

[23] 日本雖有"醫學字典"，諸如《臨床醫學字典》（山田弘倫，南山堂，明治36[1903]），《羅獨和譯醫學字典》（川村正治、宮地良治編譯，南江堂，1906），但不是醫學漢字的字典，而是"醫學用語辭典"，把西文醫學術語翻譯成日語的。參見日本國會圖書館　http://dl.ndl.go.jp/search/searchResult?featureCode=all&searchWord=%E5%8C%BB%E5%AD%A6%E5%AD%97%E5%85%B8&viewRestricted=0

示"國字"。《新字典》把朝鮮國字107例收集後,以"朝鮮國字部"爲名羅列於書後。此後出的大部分字典,認同朝鮮國字的分類,以各種不同的方式反映之。諸如,《字典釋要》把"國字"注明於本文該字的說明中,《日鮮大字典》(朴重華,光東書局,1912)書後附錄了10頁"國字"。此外,有關韓國歷史和韓國固有文化和自然環境的敘述也常常見到,這也是民族意識的展露。

第六、字書之間的繼承與脈絡異常複雜。字書的名稱、編撰者、出版社、收錄方式和解字體例之間,多有錯綜關系,其脈絡非常複雜。對同一內容和規模,書名、編撰者和出版社常常不同。諸如,《日鮮文新玉篇》種類繁多,內容基本上一致。此現象主要是由於當時出版界的大動蕩情況與著作權意識的缺乏而導致的。如《漢日鮮新玉篇》有博文館本(魯亨植編,1935)、永昌書館本(玄公廉編,1930);又有《增補詳解漢日鮮新玉篇》(永昌書局編輯部編)、《增訂附韻漢日鮮新玉篇》(李鍾禎編)等等。收字和內容無有差別,只有性質上的小差別,很可能是同一版本的另外編輯[24]。

此外,字典的名稱上也出現幾種說法,諸如,"玉篇"、"字典"、"字林"、"辭典"等名稱混在一起。"玉篇"強調傳統的名稱;"字典"常加"新"字的"新字典"來看,是當時的新潮流,新流行的名稱。"字林"來自於《字林》。《字林補注》實際上收錄了非常豐富的古文字異體字,反映了該字書的保守性。

---

24) 另外,李鍾禎編《漢日鮮大字典》(1918,漢城書館)和李鍾禎編的《漢日鮮新玉篇》(光東書局,1916,1922,1928)是同一內容,此與朴重華編《日鮮大字典》(光東書局,1912)是同一內容,又《漢日鮮新玉篇》(大正10년,1921)和永昌書館出版的《日鮮新玉篇》(1935,昭和10年)也是同一內容,無有差異。另外,彙東書館出的《漢日鮮新玉篇》(昭和10年,1935)和博文書館出的《大增補漢日鮮新玉篇》(1935)是在《漢日鮮新玉篇》(大正10年,1921)的基礎上,只加上一些古文標題字而完成的,沒有實際內容上的增補。

4. 參考文獻

1. 河永三,《韓國近代時期漢字字典(玉篇)的正本化與資料庫建設》,韓國教育部韓國學振興團基礎土台研究中期報告),2015.
2. 河永三,《標點校勘電子排版 新字典》, 3publishing Co., 2016.
3. 朴亨翌,《韓國字典的歷史》), Yeoklak Publishing Co.(亦樂), 2012.
4. 韓國國立中央圖書館, http：//www.dibrary.net
5. 首爾大學奎章閣韓國學圖書館,
   http：//e-kyujanggak.snu.ac.kr/home/main.do?siteCd=KYU
6. 中國國家圖書館, http：//www.nlc.gov.cn/
7. 臺灣國家圖書館, http：//www2.ncl.edu.tw/
8. 王平.河永三(編),《域外漢字傳播書系－韓國卷》,上海人民出版社, 2012.
9. 日本國會圖書館電子圖書館, http：//dl.ndl.go.jp/
10. 黃德寬,《漢語漢字學史》),河永三(譯), 東文選, 2002.

5. 書影

(1)《國漢文新玉篇》(1908,耶穌教書院,河永三藏,1909再版本)

 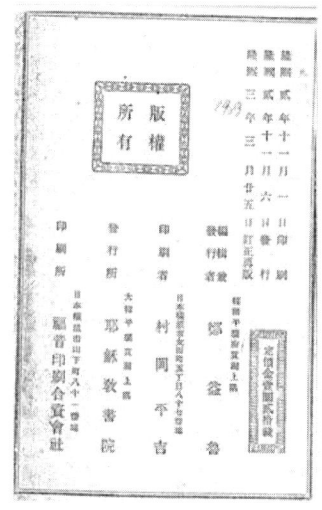

(2)《(增補)字典釋要》(1920,河永三藏)　　(3)《漢日鮮新玉篇》(1920,河永三藏)

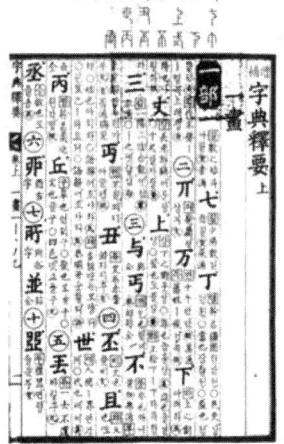 

(4)《漢鮮文新字典》(1918，河永三藏)　　(5)《新字典》(1913，河永三藏)

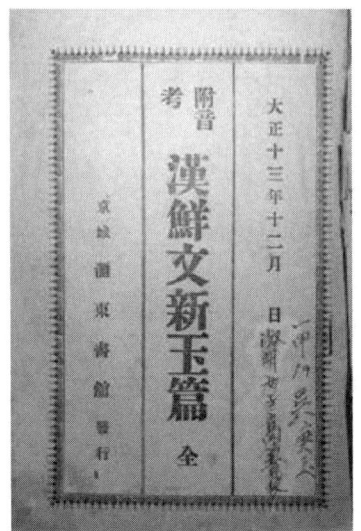 

(6)《(大增補)日鮮新玉篇》(1918，河永三藏)　(7)《字林補註》(1921，河永三藏)

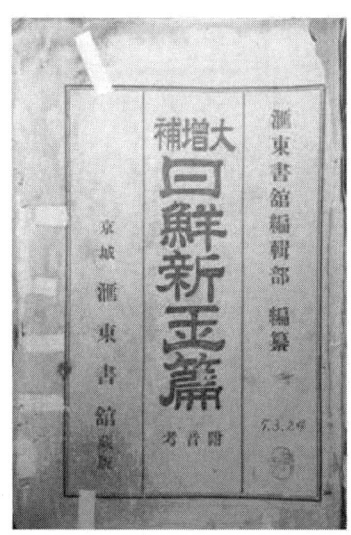 

(8)《實用鮮和大辭典》(1938,國立中央圖書館藏)

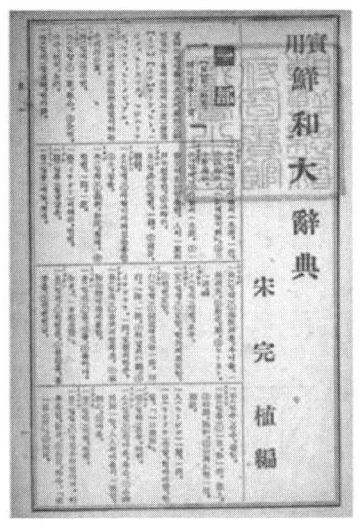

(9)《懷中日鮮字典》(1939,河永三藏)　　(10)《新定醫書字典》(1944,河永三藏)

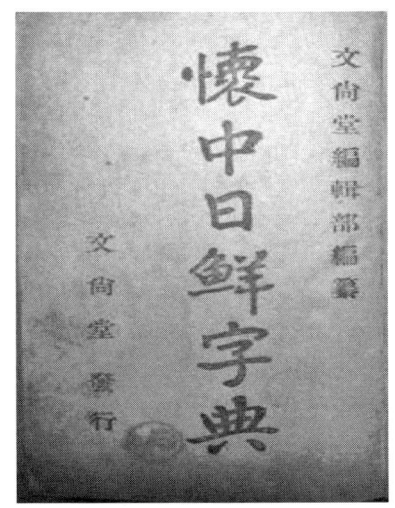

(11)《漢日朝鮮文新玉篇》(1912,網上資料) (12)《日鮮華英新字典》(1917,網上資料)

 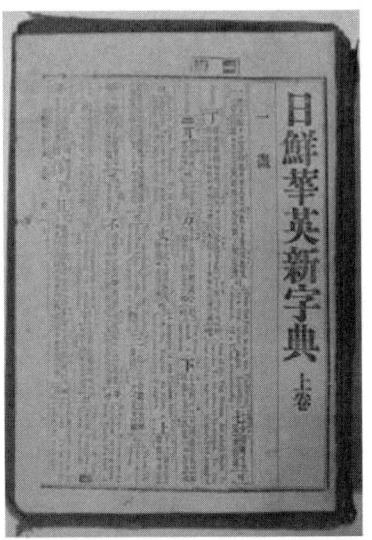

2

《國漢文新玉篇》

羅潤基

1. 前言

　　字典是學習漢字和研讀古代典籍的必備工具書，亦是詩文寫作中不可缺少的工具。自從漢字傳入朝鮮半島作為交流和記錄的工具以來，朝鮮人大量引進中國的小學成果，深化自己的學術研究。但由於漢字以借詞的形式融入不同語系的朝鮮語中，隨著時間的流逝，逐漸被朝鮮語音同化，失去了自身的發展動力，其讀音出現了很大的差異。1443年創制訓民正音後，這種現象更為明顯，官方不得不進行漢字音的規範化工作，於是研發了所謂《東國正韻》方式的漢字音體系。但是朝鮮傳統的漢字音根深蒂固，而且長時間在民間被使用，一時很難改正過來，結果這個嘗試最終半途而廢，付諸東流。

　　到朝鮮後期正英祖年間，受到中國考證學的影響，朝鮮社會形成實事求是的風氣，再度掀起了規範韓國漢字音的學術風潮，因此朴性源的《華東正音通釋韻考》(1747)、洪啟禧的《三韻聲彙》(1751)、李德懋的《奎章全韻》(1796)以及《全韻玉篇》等音韻書籍應運而生，朝鮮半島興起了史無前例的自我反思的實學思潮。此時期的音韻學者沒有重蹈15世紀學者的覆轍，而是一方面開始肯定朝鮮漢字音的地位，另一方面力求改定朝鮮漢字音，編纂韻書時在每個字下併記中國漢字音和朝鮮漢字音。此外，改正漢字音方面也採用了一個折中的方法，在維持現實東音(韓國漢字音)可接受的範圍之內規定正音，以牽制朝鮮漢字音日益加快的舛訛速度。但從語言學發展的角度來看，這種努力本身就是毫無意義可言的。朝鮮漢字音出現這種差異主要有如下幾個原因：首先，漢語本身隨著時代的變遷產生了語音變化，再加上與韓國語相互影響產生同化；其次，韓國人在學習漢字過程中，由於不求甚解，發生了偏差或類推現象；最後，漢字音在相異的語言環境中，其語音發展受到遏制，形成了類似於方言島的孤立狀態。

到了20世紀初，西方文化不斷地涌入朝鮮，人們的知識需求越來越大，使用漢字的情況也逐漸增加，於是出現了擁有獨立地位的漢字字典。之前的漢字字典皆屬於韻書的副本，主要用來查詢韻書中的韻字。20世紀初出現的字典開始注重韓文注釋。雖然朝鮮時期的文獻如《千字文》《類合》《訓蒙字會》等書亦有韓文字釋，但這些書皆屬於啟蒙識字的課本，其收字有限，很難有一個有系統而全面的字釋體系。在這種社會背景下，1908年《國漢文新玉篇》為了順應時代的需求，在《全韻玉篇》的漢字釋義中添加了韓文釋義，並將音韻做了系統的整理。《國漢文新玉篇》出現當時，正盛行所謂的國漢文混用體，鄭氏在童蒙識字讀本傳統字釋的基礎上，反映了當時的實際語言環境和時代情況，積極修正或替換了已有的字釋。此外，《國漢文新玉篇》另設《音韻字彙》，將同音字按照韓文字母順序排列，在字的下方注明字義，大大提高了檢索之便。《國漢文新玉篇》的這種嶄新的突破，被後世的眾多字典所接納，成為韓國近代字典編纂的典範。可以說，《國漢文新玉篇》是韓國近代時期一部具有代表性的字典。

本解題在近年來《國漢文新玉篇》研究成果的基礎上，更進一步介紹其體裁和內容上的特點，同時闡明《國漢文新玉篇》在韓國字典編纂史上的地位。

2. 《國漢文新玉篇》的作者及其編纂目的

2.1. 作者生平

關於作者鄭益魯,我們可以參考的史料并不多。河岡震[1]根據當時的刊物和基督教大百科辭典的記載大略敘述其生平。鄭益魯(1863~1928),是一位獨立運動家兼基督教長老,出生於韓國平安南道順安郡。1895年入基督教,1904年任平壤張大賢教會的長老,從1905年開始負責經營美國傳教士馬三悅所設立的耶穌教書院。1911年,由於涉及暗殺朝鮮總督的新民會事件,坐牢一年多。於1928年,因腦溢血去世。

2.2. 編纂目的

根據韓國統計廳日據時期的統計資料顯示,1930年韓國文盲率達到76.4%。其中男性為62.9%,女性為90.5%。到1955年人口總調查時,文盲率下降到22%。根據這些數據可以大致推測:《國漢文新玉篇》編纂當時(1908年)的文盲率應該是非常高的。1904年爆發日俄戰爭,日本獲勝後,於1905年強迫朝鮮與之簽訂所謂《乙巳保護條約》,公然把朝鮮降為其保護國。從此以後,朝鮮人過上了亡國奴的生活,整個社會彌漫著消極悲觀的氣息。在這樣的社會環境和時代背景下,鄭益魯認為啟蒙大眾普及新知識是一項刻不容緩的大任,於是決心為大眾編纂一部通俗易懂的工具書。關於《國漢文新玉篇》的編纂目的,金源極在該書的序文中詳細述及。河岡震根據金源極序文的敘述,在<韓國最早近代字典《國漢文新玉篇》編纂動機>一文中將編纂目的總結為四點:一、規範漢字音和韓文字釋;二、啟蒙大眾和普及新知識;三、擴大擴大基督教底層;四、宣揚恢復國權的精神。

總而言之,鄭益魯的編纂目的通過積極收錄通行的漢字音,增補韓文字釋的方式,大大發揮了該字典的實用性和教育功能。

---

[1] 河岡震,<韓國近代最早的字典《國漢文新玉篇》的編纂動機>,《韓文漢字文化》79號,全國漢字教育推進總聯合會,2006。

3. 《國漢文新玉篇》版本和體裁

3.1. 版本

根據朴亨翌2)的統計，目前《國漢文新玉篇》共有六種版本，如下表：

版名	題號	發行日期	編者	發行處	體裁
初版	國漢文新玉篇	1908.11	鄭益魯	耶穌教書院	序文，總目，本文，音韻字彙
訂正再版	無題號	1909.3	鄭益魯	耶穌教書院	序文，總目，本文，音韻字彙
再訂正三版	訂正國漢文新玉篇	1910.10	鄭益魯	耶穌教書院	序文，總目，本文，音韻字彙
訂正增補初版	訂正增補新玉篇補遺	1911.8	鄭益魯	耶穌教書院	序文，總目，本文，補遺，音韻字彙
訂正增補再版	訂正增補新玉篇	1914.3	鄭益魯	耶穌教書院	序文，總目，本文，補遺，音韻字彙
訂正增補三版	訂正增補新玉篇	1918.6	鄭益魯	耶穌教書院	序文，總目，本文，補遺，音韻字彙

《國漢文新玉篇》從1908年到1918年總共刊行了6次，從初版到最終版本，只是在標題字上稍做改動，本文頁數始終維持在288頁。各版本標題字增加的具體情形如下表3)：

---

2) 朴亨翌，<韓國字典的歷史>，韓國漢字研究所'韓國近代漢字字典學術報告會'資料， 2016.
3) 此表引自河岡震的<鄭益魯《國漢文新玉篇》在韓國字典史上的地位>，韓國漢字研究所'韓國近代漢字字典學術報告會'資料， 2016。

書名	版名(發行日期)	新添加的標題字			標題字數
國漢文新玉篇	初版 (1908.11)				10,979
	訂正再版 (1909.3)	一部：弌貳甘	乙部：乙	二部：亙	10,992[4]
		人部：仇	冖部：	卜部：卡卟卡	
		爻部：爭黽覸	門部：	*刪除爻部的俎字	
	再訂正三版 (1910.10)	-			-
訂正增補新玉篇	初版 (1911.8)	、部：、, 门部：门, 乙部：鉅, 禹, 瓰			11,001
		補遺：增補漢字			6,012
	再版(1914.3)	上同			上同
	三版(1918.6)	-			-

下圖是初版和再版的題號、首頁以及版權頁。目前所看到的再版沒有題號。

---

[4] 關於《國漢文新玉篇》收錄字數的統計，每個學者有所不同，主要原因在於重出字的處理方式。根據筆者的統計，訂正再版的收錄字為11,000個字。

	題號	首頁	版權頁
初版			
再版	無		

3.2. 體裁

《國漢文新玉篇》各版本體裁基本相同,由序文、總目、本文、音韻字彙、版權頁組成。從1911年《訂正增補初版》開始,在本篇和《音韻字彙》之間增添了《訂正增補新玉篇補遺》。

(1) 《國漢文新玉篇》序文

此序文由金源極於隆熙2年(1908)7月22日書寫。金源極是鄭益魯喜愛的《太極學報》的首席作家。他在序文中敘述了此書的編纂過程，並指出該書的韓文字釋和音韻字彙的主要特點：

　　竊觀此篇，釋其字義大要，純用國文，凡諸附會則，比仿漢字，簡易且明。疑者對案，解部如竹。

　　李準焕在<鄭益魯《國漢文新玉篇》的體裁和語言類型>5)一文中，詳細分析該序文，得出以下幾點結論：一、鄭益魯進行了最終校勘的工作；二、編纂該書共花了四年時間；三、用平易的韓文解釋字義有助於兒童婦女的啓蒙識字；四、傳統的釋義方式，如解釋'有'字曰'無'之對，解釋'無'字曰'有'之對，造成解釋字義的混亂。

　　此外，金源極還對《音韻字彙》給予了很高的評價，說"且以卷尾類合同音，文字尋繹，尤是瞭然明晢。"可見，這種查字方式在當時是一個獨特而有效的檢索方式。

(2) 總目

　　總目裏列出了214部首，具體內容如下：

筆劃數	數量	部首
1劃	6	一丨、丿乙亅
2劃	23	二亠人儿入八冂冖冫几凵刀力勹匕匸匚十卜卩厂厶又
3劃	31	口囗土士夂夊夕大女子宀寸小尢尸屮山巛工己巾干幺广廴廾弋弓彐彡彳
4劃	34	心戈戶手支攴文斗斤方无日曰月木欠止歹殳毋比毛氏气水火爪父爻爿片牙牛犬
5劃	23	玉玄瓜瓦甘生用田疋疒癶白皮皿目矛矢石示禸禾穴立
6劃	29	竹米糸缶网羊羽老而耒耳聿肉臣自至臼舌舛舟艮色艸虍虫血行衣西
7劃	20	見角言谷豆豕豸貝赤走足身車辛辰辵邑酉釆里
8劃	9	金長門阜隶隹雨青非

---

5) 李準焕，<鄭益魯《國漢文新玉篇》的體裁和語言類型>，《大東文化研究》，Vol.89，大東文化研究院，2015。

9劃	11	面革韋韭音頁飛風食首香
10劃	8	馬骨高髟鬥鬯鬲鬼
11劃	6	魚鳥鹵鹿麥麻
12劃	6	黃黍黑黹黽鼎
13劃	1	鼓
14劃	3	鼠鼻齊
15劃	1	齒
16劃	1	龍
17劃	2	龜龠

《國漢文》214部首與《康熙字典》及《全韻玉篇》相比，排列順序稍有不同。如《康熙字典》9劃的'風'、'飛'調整為'飛'、'風'；《康熙字典》13劃的'黽'被移到了12劃，16劃的'龜'被移到了17劃，這種調整是沿襲了《全韻玉篇》。另外，《康熙字典》、《全韻玉篇》13劃的'鼎'部和'鼠'部則分別移動到了12劃和14劃。《國漢文新玉篇》獨特的部首排列，被後續字典如《字典釋要》、《漢鮮文新玉篇》及《字林補註》等繼承，成為韓國字典部首體系的典範。

(3) 標題字

《國漢文新玉篇》以《全韻玉篇》為底本，添加韓文字釋，並修改了部分讀音而編撰而成的，其漢字釋義基本與之相同。收錄字具體信息的排列以標題字、韓文字釋、字音、漢文字釋、韻類、異體字屬性或附加訊息為順，如：

　七：닐곱【칠】。少陽數，問對篇名。(質)。柒通。
　疑：의심【의】。惑也，不定，恐也，嫌也，似也。(支)。명흘【응】。定也。(蒸)。숙셩흘【을】。正立。(物)。【억】，義　同。(職)。
　脫：쳔쳔흘【태】。舒遲，脫脫。(泰)。娧同。벼슬【탈】。免也，遺也，誤也，略也，肉去骨，物自解，或然辭。(曷)。

① 收錄字

根據韓國漢字研究所《國漢文新玉篇》的數據庫統計，以再版為例，其收錄字共有11,000字。與《全韻玉篇》相比多出24字[6]。具體收錄字情況如下表：

號碼	部首	收錄字數	增(刪)字	號碼	部首	收錄字數	增(刪)字
1	一	26	弋弎古	2	丨	7	
3	丶	3		4	丿	9	
5	乙	12	乙	6	亅	3	
7	二	13	亙	8	亠	12	
9	人	350	仈	10	儿	20	
11	入	6		12	八	13	
13	冂	11		14	冖	9	冖
15	冫	29		16	几	8	
17	凵	6		18	刀	100	
19	力	47		20	勹	19	
21	匕	4		22	匚	17	
23	匸	8		24	十	14	
25	卜	9	卡卟卡	26	卩	16	
27	厂	13		28	厶	6	
29	又	13		30	口	340	
31	囗	36		32	土	213	垈垌(垡)
33	士	9		34	夂	1	
35	夊	5		36	夕	8	
37	大	41		38	女	206	
39	子	27		40	宀	81	
41	寸	12		42	小	9	
43	尢	7		44	尸	31	
45	屮	1		46	山	154	
47	巛	4		48	工	6	
49	己	9		50	巾	89	
51	干	9		52	幺	7	

---

6)《全韻玉篇》整理與研究，王平、河永三，上海人民出版社，2012。

53	广	71		54	夂	4	
55	廾	12		56	弋	7	
57	弓	43	弜	58	彐	6	
59	彡	13		60	彳	45	
61	心	349		62	戈	30	
63	戶	19		64	手	427	
65	支	5		66	攴	51	
67	文	6		68	斗	15	
69	斤	12		70	方	30	
71	无	3		72	日	154	
73	曰	15		74	月	27	
75	木	507	杲	76	欠	42	
77	止	12		78	歹	33	
79	殳	20		80	毋	7	
81	比	4		82	毛	33	
83	氏	4		84	气	4	
85	水	587	溙溯	86	火	172	
87	爪	6		88	父	4	
89	爻	6	爹庵爝	90	爿	4	
91	片	14		92	牙	1	
93	牛	43		94	犬	124	
95	玄	182		96	玉	5	
97	瓜	11		98	瓦	36	
99	甘	3		100	生	6	
101	用	5		102	田	62	
103	疋	6		104	疒	129	
105	癶	3		106	白	26	
107	皮	12		108	皿	34	
109	目	124		110	矛	8	
111	矢	12		112	石	138	砍
113	示	78		114	禸	6	
115	禾	117		116	穴	60	
117	立	20		118	竹	222	
119	米	58		120	糸	306	
121	缶	19		122	网	51	

123	羊	33		124	羽	49	
125	老	8		126	而	6	
127	耒	20		128	耳	29	
129	聿	6		130	肉	197	
131	臣	4		132	自	5	
133	至	6		134	臼	17	
135	舌	12		136	舛	4	
137	舟	49		138	艮	3	
139	色	4		140	艸	489	
141	虍	21		142	虫	234	蛋
143	血	16		144	行	15	
145	衣	181		146	襾	6	
147	見	26		148	角	29	
149	言	273		150	谷	12	
151	豆	13		152	豕	23	
153	豸	26		154	貝	87	
155	赤	11		156	走	35	
157	足	154		158	身	12	
159	車	120		160	辛	12	
161	辰	5		162	辵	136	
163	邑	96		164	酉	91	
165	釆	2		166	里	5	
167	金	254		168	長	1	
169	門	70	門閪	170	阜	97	
171	隶	4		172	隹	27	
173	雨	80		174	青	5	
175	非	3		176	面	6	
177	革	78		178	韋	20	
179	韭	4		180	音	10	
181	頁	76	頃	182	飛	3	
183	風	37		184	食	100	
185	首	5		186	香	10	
187	馬	133		188	骨	30	
189	高	1		190	髟	48	
191	鬥	5		192	鬯	3	

193	鬲	6		194	鬼	20	
195	魚	98		196	鳥	166	
197	鹵	7		198	鹿	30	
199	麥	16		200	麻	7	
201	黃	6		202	黍	4	
203	黑	32		204	黹	3	
205	黽	9		206	鼎	4	
207	鼓	13		208	鼠	13	
209	鼻	7		210	齊	6	
211	齒	31		212	龍	5	
213	龜	3		214	龠	4	

② 增補字

《國漢文新玉篇》與《全韻玉篇》相比，增加24字，刪除1字。增補字的屬性如下表：

增補字	韓文字釋	讀音	漢文字釋	備考
弌	흔	일	同一。	古字
弎	석	삼	同三。	古字
卋	인간	셰	同世。	古字
乜	모들	회	會古字。	古字
伍	다슷	오	上同。	古字
仉	셩	쟝	孟子母親姓也。	
冖	덥흘	멱	以巾覆物。	
卡	군막	잡	關隘地方，設兵守卡。	
卟	졈칠	게	問卜也。	
卡	희롱	롱	同弄。	
垈	터	디	家基也。	朝鮮俗字
垌	막을	동	築堤防水(送)。	
弜	강흘	강	强同。	

溯	거스릴	소	逆流而上曰溯。同㴑，溯通。	異體字
夣	일만	만	萬古字。	古字
亀	거북	귀	龜古字。	古字
髲	터럭	발	髮古字。	古字
砍	버힐	감	斫也。	
蛋	알	단	卵也。	近代新字
閂	빗댱	산	門橫關也。	
閪	일흘	서	失也，遺也，閪失。(齊)。	朝鮮俗字
頉	탈홀	탈	免也，탈날탈。病也，違也。(曷)。	朝鮮俗字
呆	허수아비	미	癡也，呆物，同梅。	古字
溯	거스릴	소	逆流而上也。㴑通。	異體字

③ 避諱字

從《訂正增補新玉篇補遺》開始，字典中用方塊標明歷代君王的御諱字。《華東正音》的避諱字很少，而且有部分漢字沒有標明，可見韻書中避諱觀念逐漸減弱。《國漢文新玉篇補遺》則重新嚴格區分朝鮮歷代御諱字，這很可能跟宣揚民族意識有密切的關係。

歷代	王名生卒年	在位期間	御諱	華東正音	國漢文補遺
	追尊為穆祖		安社		
	追尊為翼祖		行里		
	追尊為度祖		椿	(椿)	(椿)
	追尊為桓祖		子春		
1代	太祖	1392~1398	旦	(旦)	(旦)
2代	定宗	1398~1400	曔		(曔)
3代	太宗	1400~1418	芳遠		
4代	世宗	1418~1450	祹		(祹)
5代	文宗	1450~1452	珦	未標識	
6代	端宗	1452~1455	弘暐	未標識	

7代	世祖	1455~1468	瑈		(瑈)
8代	睿宗	1468~1469	晄		(晄)
9代	成宗	1469~1494	娎		(娎)
10代	燕山君	1494~1506	㦕		
11代	中宗	1506~1544	懌	(懌)	
12代	仁宗	1544~1545	岵	未標識	(岵)
13代	明宗	1545~1567	岠		(岠)
14代	宣祖	1567~1608	鈞, 昖	(鈞)	(昖)
15代	光海君	1608~1623	琿		
16代	仁祖	1623~1649	倧		(倧)
17代	孝宗	1649~1659	淏		(淏)
18代	顯宗	1659~1674	棩		(棩)
19代	肅宗	1674~1720	焞	(焞)	
20代	景宗	1720~1724	昀		(昀)
21代	英祖	1724~1776	昑		(昑)
22代	正祖	1776~1800	祘	未標識	
23代	純祖	1800~1834	玜		(玜)
24代	憲宗	1834~1849	奐		(奐)
25代	哲宗	1849~1863	昪		(昪)
26代	高宗	1863~1907	熙		(熙)
27代	純宗	1907~1910	坧		(坧)

(4) 補遺

從1911年《訂正增補初版》開始,在本篇和《音韻字彙》之間增添了《訂正增補新玉篇補遺》,共收錄6,012字,142頁。河岡震在<鄭益魯《國漢文新玉篇》在韓國字典史上的地位>[7]一文中認爲,另設補遺的主要原因是爲了節省重新排版的時間和經費。《訂正增補新玉篇補遺》按214部首收錄的標題字數量如下[8]:

---

[7] 河岡震,<鄭益魯《國漢文新玉篇》在韓國字典史上的地位>, 韓國漢字研究所'韓國近代漢字字典學術報告會'資料, 2016。

部首筆劃	部首數量	增補字數	部首筆劃	部首數量	增補字數	部首筆劃	部首數量	增補字數
1劃	6	25	7劃	20	750	13劃	1	4
2劃	23	190	8劃	9	307	14劃	3	51
3劃	31	648	9劃	11	161	15劃	1	31
4劃	34	1,328	10劃	8	148	16劃	1	4
5劃	23	745	11劃	6	278	17劃	2	3
6劃	29	1,287	12劃	6	52	總計	214	6,012

　　根據河岡震的研究，《訂正增補新玉篇補遺》有如下幾個特點：一、增添了古字、俗字、同字等字；二、將部首設為標題字，以彌補《國漢文新玉篇》初版的缺失；三、特別處理避諱字的標識。

(5) 音韻字彙

　　列於附錄的《音韻字彙》，類似於同音字表，是鄭益魯最早研發的。它以共同字素為中心，將同音字按照韓文字母順序排列，在字的下方注明具有代表性的韓文字釋，大大提高了檢索之便。這種讀音查字的方式優於部首筆劃查字，所以後續字典以'音部'、'音考'、'附音考'等形式採用了此方式，並對其缺點加以改善。

　　《音韻字彙》的漢字音排列方式與現代有所不同。如韓文字母以ㄱ、ㅋ、ㄴ、ㄷ、ㄹ、ㅁ、ㅂ、ㅅ、ㅇ、ㅎ、ㅈ、ㅊ、ㅌ、ㅍ為順，元音以아、애、악、암、안、앙、압、알、야、약、얀、양、ᄋ、이、여、익、잉、음、은、응、읍、어、에、억、엄、언、업、얼、여、예、역、염、연、영、엽、열、의、윽、음、은、응、읍、을、이、익、임、인、잉、입、일、오、와、왜、왁、완、왕、왈、외、왹、웡、옥、온、옹、옵、올、요、욕、용、우、웨、원、월、위、윅、욱、운、웅、울、유、위、웹、위、육、운、융、율為順，韻尾則以ㄱ、ㅁ、ㄴ、ㅇ、ㅂ、ㄹ為順。各字母具體排列情形如下表：

---

8) 此表引自河岡震<鄭益魯《國漢文新玉篇》在韓國字典史上的地位>。

字母	音節
ㄱ	가개각감간강갑갈갹기긱깅거게겐건겁걸계격겸견경겹결긔극금근긍급글기긱김긴길고과괘곽관광괄괴괵굉곡곤공골교구궤권궐귀귁국군궁굴규균귤
ㅋ	쾌
ㄴ	나내낙남난낭납날냑냥늬녀녜념년녕녑녈능니닉님닌닐노뇌논농놀뇨누눈눌뉴뉵
ㄷ	다대담단당답달듸덕뎌뎨덕뎜뎐뎡뎝뎔득등디도독돈동돌됴두둔듀
ㄹ	라래람란랑랍랄략량리팅려례렴련령렵렬륵릉리림린립로뢰록론롱료룡루류륙륜률
ㅁ	마매막맘만망말먀미믹밍몌멱면명멸믁믐미민밀모목몽몰묘무문물
ㅂ	박반방발비빅불범번법벌벽변병별븨복붕비빅빈빙보복본봉부분불
ㅅ	사새삭삼산상쌍삽살샤샥샨샹스식싱숨습서세셕셤션셩셥셜싀승습슬시식심신십실소솨쇄소속손송솔쇼쇽숑수슈쉬슉슌슝슐
ㅇ	아애악암안앙압알야약양이익잉어에억엄언엄얼여예역염연영엽열의음은응읍을이익임인잉입일오와왜완왕왈외옥온옹옵올요욕용우원월위욱운웅울유육윤융을
ㅎ	하해학함한항합할향희획횡훈훙허험헌협헐혜혁험현형협철희흑흠흔흥흡홀히힐호화확환황활회획혹혼홍효후훼훤휘훈홍훌휴흑흉훌
ㅈ	자작잠잔장잡쟈쟉쟝즈지징좀적져계격점젼졍졉즉즘증즙즐지직짐진징집질조좌좡죄족존종졸죠쵹죵주준줄쥬쥭즁
ㅊ	차채착참찬창챠챡챵초치칙칭츰쳐체척쳠쳔쳥쳡철최측츰츤층치칙침친칭칩칠초채촬최촉촌총쵸촉충추췌충츄췌취쵹츈츙츌
ㅌ	타태탁탐탄탕탑탑탈틔팅톤더데덕텀텬텅텁털특토퇴톤통됴톡투
ㅍ	파패판팔팍핑폐폄편평폼픙피픽핍필포폭표풍

　　《音韻字彙》與正文比較可知, 它基本上反映了正文的漢字音。但有若干字稍有出入, 具體内容如下：

① 反映正文所有的讀音

例字	音韻字彙	正文
釭	수리 통 쇠【공】	수리통쇠【공】。轂中鐵。가마【공】。(東)。【강】。燈也。(江)。

	등잔【강】	
害	엇지【할】 해홀【해】	해홀【해】。傷也, 殘也, 妨也。(泰)。엇지【할】。何也, 盍也。(曷)。曷通。
不	아니【부】 아닐【불】	아니【부】。未定辭, 鳥名, 夫不, 姓也。(尤)。鴀通。又同否。(有)。丕通。아닐【불】。未也, 非也。不可。(物)。不然, 弗同。
串	쉐일【관】 쉐일【천】	쉐일【관】。狎習。(諫)。慣同。【천】。穿也, 物相連貫。(霰)。

② 反映正文的部分讀音

例字	音韻字彙	正文
骼	쎠【격】	쎠【가】。腰骨。(禡)。【격】。同骼。(陌)。
灨	물【공】	물【공】。豫章水名。(送)。【감】, 義同。(勘)。
玒	옥【공】	옥【공】。玉名。(東)。【강】, 義同。(江)。
笴	살【가】	살【간】。箭幹。(旱)。【가】, 義同。(哿)。
菅	골【관】	골【관】。小蒲。(寒)。莞同。【간】。茅屬, 姓也。(删)。
虹	무지기【홍】 문허질【항】	무지기【홍】。螮蝀也。日與雨交, 倏然成質, 不當交而交天地淫氣, 又陰氣起而陽不應, 則爲虹, 故詩喩淫奔。(東)。짜【공】。泗州縣名。(送)。【강】, 義同。(絳)。문허질【항】。潰也。(江)。

③ 反映俗音

例字	音韻字彙	正文
蚶	조개【감】	죠기【함】。俗【감】。蚌屬, 魁陸。(覃)。
酣	취홀【감】	취홀【함】。俗【감】。樂酒, 湛嗜。(覃)。
憾	혼할【감】	혼홀【함】。俗【감】。恨也。(感)。(勘)。
躩	발 조 심 홀【곽】	발조심홀【곽】。正【각】。屈足。(藥)。
欠	합흠홀【흠】	합흠홀【검】。俗【흠】。張口氣悟, 不足, 疲乏, 欠伸。(豔)。【감】, 義同。(陷)。
炕	ᄆᆞ를【항】	ᄆᆞ를【강】。俗【항】。乾也, 炙也, 絕也, 北地, 煬

		牀。(漾)。	
伉	짝【항】	짝【강】。俗【항】。配耦，伉儷。敵也，健也，直也，藏物。(漾)。졍딕흘【항】。正直貌。(陽)。抗閱同。	
抗	결울【항】	결울【강】。俗【항】。扞也，舉也，拒也，敵也，抗禮。(漾)。	
肮	목【항】	목【강】。俗【항】。頸也。(陽)。	
港	항구【항】	항구【강】。俗【항】。水分派，水中行舟道。(講)。	
亢	놉흘【항】	놉흘【강】。俗【항】。人頸，鳥嚨，宿名。(陽)。吭同。又過也，極也，蔽也，敵也，不屈。(漾)。抗炕通。	
誙	추창흘【깅】	추창흘【깅】。正【경】。言確。羣趨貌。誙誙。(庚)。	

　　《音韻字彙》的主要目的在於了解字義和查詢讀音，因此在正文併記正音和俗音時，《音韻字彙》注明俗音的情況最多。正如前文所說，鄭氏重視啓蒙識字教育，注明通行的俗音是可以理解的。

④反映《全韻玉篇》的讀音

例字	音韻字彙	正文	備考
剴	낫【개】	낫【가】。鎌也，摩也，近也。切近，剴切。(灰)。(隊)。	從全韻【개】
械	함【감】	함【함】。木篋，函屬，容也。(咸)。	從全韻【감】
淚	눈물【루】	눈물【류】。正【뤼】。肝液也，悲則從目出。(寘)。	從全韻俗【루】
栴	향나모【젼】	향나모【젼】。香木，栴檀。(先)。	從全韻【젼】
徵	풍류소릭【치】 부를【징】	풍류소릭【치】。火音，屬夏。(紙)。부를【딩】。召也，驗也，庶徵，成也，納徵，歛也，徵賦，求也，徵索。(蒸)。	從全韻【징】
个	낫【개】 낫【가】	낫【개】。枚，物數。明堂旁舍，左个。(箇)。箇同。介通。	從全韻【가】
髑	머리쎠【툑】	머리쎠【툑】。正【쵹】。頂骨，髑髏。(屋)。	從全韻【툑】
鐸	방울【탁】	방울【택】。大鈴。金鐸，武用。本鐸，文用。(藥)。	從全韻【탁】
悴	파리흘【췌】	파리흘【취】。俗【췌】。憂瘠，顦悴	從全韻【췌】

		。(寘)。頰同。	
就	나아갈【츄】	나아갈【쥐】。成也, 迎也, 從也, 卽也, 能也。(宥)。	從全韻【츄】

《國漢文新玉篇》以《全韻玉篇》爲底本，基本上繼承了《全韻玉篇》的讀音，但對一些讀音加以刪改9)，尤其是在知系字的讀音上所做的更改略爲明顯。眾所周知，《全韻玉篇》是韓國字典史上一部極具權威性的字典，而且幾乎所有的近代字典都繼承了它的讀音。鑒於此點，鄭氏放棄自己修改的讀音而遵從《全韻玉篇》的字音。

⑤反映正音

例字	音韻字彙	正文
傖	놈【칭】	놈【칭】。正【칭】。鄙賤稱, 傖父。(庚)。
儕	굿칠【졔】	굿칠【쳬】。正【졔】。止也。失意, 佗儕。(霽)。
僭	춤람훌【춤】	춤람훌【졈】。正【춤】。儗也, 假也。差也, 踰僭。(豔)。譖通。
儡	허슈아비【뤼】	허슈아비【뤼】。正【뢰】。木偶, 傀儡。又壞敗貌。(賄)。
闖	엿볼【츔】	엿볼【침】。正【츔】。窺覘。(沁)。
櫑	잔【뤼】	잔【뤼】。正【뢰】。酒尊, 雲雷象。又劒飾, 櫑具。(賄)。

另外，有些韓文字釋與正文不同，如'竿'字在《音韻字彙》注대【간】，正文中注낙시대【간】；'秆'字在《音韻字彙》注벼집【간】，正文中注줄기【간】；'堈'字在《音韻字彙》注두던【강】，正文中注그릇【강】等等。

4. 《國漢文新玉篇》 的特點

《國漢文新玉篇》作爲韓國近代時期最早的一部字典，具有兩個可以代表近代的重要特色：其一，列於附錄的同音字表《音韻字彙》。以共同字素

---

9) 此表引自河岡震<鄭益魯《國漢文新玉篇》在韓國字典史上的地位>。

爲中心，將同音字按照韓文字母順序排列，在字的下方注明字義，大大提高了檢索之便。在前面已經述及，茲不再重複。其二，利用通俗易懂的韓文對每字加韓文字釋，明確規範了該字的含義。雖然朝鮮時期的文獻如《千字文》、《類合》及《訓蒙字會》等書亦有韓文字釋，但這些書皆屬於啟蒙識字的課本，收字有限，缺乏全面性。《國漢文新玉篇》在童蒙識字讀本字釋的基礎上，不僅反映了當時的實際語言環境和時代情況，並積極修正或替換了已有的字釋。這種韓文字釋的出現正代表著字典脫離韻書而擁有它獨立的價值。《國漢文新玉篇》這種嶄新的突破，被後續字典所接納，成爲韓國近代字典的典範。

　　韓國古代沒有自己的文字，漢字傳入韓國作爲交流和記錄的工具之後，由於語言和文字不一致，學習漢字時，爲便於教學和識別，讀音和字義逐漸合併爲一個固定的形式，經過長時間的累積，形成了漢字教學獨特的方式。至於這種固定語句形成於何時現在還有待考證。但，通過《訓蒙字會》(1527)、《新增類合(1576)》及《千字文》等諸文獻，我們可以推測這大約是在訓民正音創製之後才定型的。

　　韓文字釋本身具有很強的保守性，但不是一成不變的。隨著語言的發展，字釋詞發生意義轉變或消亡，失去辨別功能，它也逐漸被別的詞所取代。另外，一些外在的因素如編纂目的或文獻性質也直接影響到字釋詞的變化。下面分幾項具體分析《國漢文新玉篇》韓文字釋的特點。

4.1. 韓文字釋的特點

(1) 大量運用基本層次的字釋

　　《國漢文新玉篇》大量運用基本層次的字釋，可以說為韓國近代時期字典的字釋開闢了新的方向。從認知語言學的角度來看，基本層次的名稱最容易感知和記憶，使用頻率最高，所以是兒童最先習得的。因此，教學效果也更為顯著。其字釋與現代字釋比較如下：

《國漢文》字	字	現代字典字釋

釋	義	
고기	魚	鰻(뱀장어)、鯿(뱅어)、鰱、鯉(연어)、鱸(농어)、鮸(복어)、魴(방어)、鯔(숭어)、鱷(악어)、鱒(송어)、鰷(피라미)、鱅(전어)、鰌(미꾸라지)、鱙(날치)、鯿(병어)、鯤(메기)、鱣(철갑상어)、鯼(조기)
새	鳥	鵠(고니)、鷸(도요새)、鸞(란새)、鴇(뱁새)、鶻(송골매)、鳳(봉황)、鵬(올빼미)、鵬(사다새)、鷲(해오라기)、鶺(할미새)、鴝(구관조)、鵬(봉새)、鷸(도요새)、鷸(꿩)、鶻(매)
버레	虫	虷/蛣(장구벌레)、蟦(거미)、蚚(갈거미)、蝗(누리)、蠆(전갈)、蚯(노래기)、蛉(잠자리)、蜞(매미)、蝨(해충)、螻(누에)、蟹(바퀴)
풀	草	茺(익모초)、荚(풀열매)、萱(원추리)、蘵(물억새)、芃(왕골)、藼(부들)、蒡(우엉)、薊(삽주)、茴(회향풀)、蔹(덩굴풀)、茨(가시연)、蘘(양하)、蓿(거여목)、葪(갈대꽃)、苕(참억새)、蓂(명협)
나물	蔬菜	萵(상추)、蒓(순채)、蕨/蔬(푸성귀)、蓬(질경이)、蕺(삼백초)、菜(나물)、繁(산흰쑥)、芯(산수국)、菰(향초)、薺(굵은냉이)、蕡(하눌타리)
나모	樹木	柞(떡갈나무)、栩(동자기둥)、橺(단목)、櫟(상수리나무)、榾(등걸)、栲(북나무)、椇(광랑나무)、橡(참나무)、榧(비자나무)、橺(떡갈나무)、栟(종려나무)
꽃	花	躑(양척촉)、菡(연꽃봉우리)、花(꽃)、茉/莉(말리)、蓼(엉겅퀴)、蕍(꽃부리)
물	馬	犸/騘(오총이)、駁(얼룩말)、駓(황부루)、駏(버새)、騧(둔마)、驁/驊(준마)、騳(사나운말)、騧(공골말)、騢(적부루마)、驂(곁마)、驪(들말)、驢(가라말)、騿(구렁말)

通過上面的例子可知，《國漢文新玉篇》在部分動植物名稱的分類上，使用基本層次字釋代替了下層範疇的字釋。如鰻、鯿、鰱、鯉、鱸、鮸、魴、鯔、鱷、鱒、鰷、鱅、鰌、鱙、鯤等魚類，皆用'고기(魚)'來注釋。《國漢文新玉篇》之所以採用此方式，是因為鄭氏重視民族啓蒙教育，同時考慮到民眾的知識水平和社會條件。在文盲率很高的日據時期，鄭益魯為啓蒙大眾、普及新知識、擴大基督教的底層，將規範韓文字釋視為己任，決心為婦女兒童編撰一部簡便而實用的工具書，為實現這一目標就需要一套簡單易懂的韓文字釋。鑒於以上的原因，他盡量避開具體而細密的下層範疇的字釋，多採用易於教學的基本層次的字釋。當然，這兩種注釋方式各有利弊。鄭氏巧妙地運用到動植物分類上面，提高了教學效率。

(2) 使用具體而細密的字釋

鄭益魯對部分過於概括性的舊字釋用具體而細密的字釋加以修改，明確限定其意義範疇。此類字釋與《訓蒙字會》比較如下：

字例	訓蒙字會	國漢文	字例	訓蒙字會	國漢文
壤	따(土)	흙덩이(土塊)	泥	흙(土)	진흙(泥土)
鬟	머리(頭髮)	쌴머리(辮子)	酎	브을(注)	잔질홀(斟酌)
髀	다리(腿)	넙적다리(大腿)	徑	길(路)	지럼길(捷徑)
矼	다리(橋)	돌다리(石橋)	梯	드리(梯子)	소닥드리(方梯子)
竿	댓줄기(竹竿)	낙시대(釣竿)	港	개(渡口)	항구(港口)
瞰	볼(看)	엿볼(窺見)	覷	볼(看)	엿볼(窺見)
羃	솓(鼎)	솟두껑(鼎蓋)	鐙	등즈(鐙子)	물등즈(馬鐙子)

《國漢文新玉篇》將《訓蒙字會》中相同的字釋，按用途、種類加以區分，用適當的詞語代替了《訓蒙字會》舊字釋。如：

字例	訓蒙字會	國漢文	字例	訓蒙字會	國漢文
邸	집(房子)	긱샤(客舍)	舘	집(房子)	긱샤(客舍)
齋	집(房子)	셔졔(書齋)	廨	집(房子)	관청(官衙)
廊	집(房子)	행랑(耳房)	宸	집(房子)	대궐(宮殿)
廳	집(房子)	대청(廳堂)	廂	집(房子)	월랑(厢房)
棒	막대(棍子)	몽동이(棒子)	杖	막대(棍子)	집힝이(拐杖)
笻	막대(棍子)	집힝이(拐杖)	案/机	도마(案板)	칙상(書桌)
棍	막대(棍子)	곤장(大棍)	妻	겨집(女人)	안히(妻子)
羔	삿기(崽子)	염소(山羊)	狛	삿기(崽子)	개(狗)
豚	삿기(崽子)	되아지(猪)	羚	삿기(崽子)	염소(山羊)

(3) 使用當代現實語言

語言總是在不斷發展變化的，而最為顯著的變化則表現在詞彙上。一些舊的詞彙逐漸消亡，新的詞彙又不斷產生，即使現存的詞彙也在詞義上發生著改變。舊字釋隨著時間的推移，其意轉變或消亡，漸漸退出歷史舞臺，在現實語言中不被使用，失去字釋詞的功能。《國漢文新玉篇》對此類字釋詞，反映當時的語言環境，用同義詞或新詞來取代。例如：

'어리다'在15世紀只有'愚蠢'的意思，到16世紀則轉變為'年輕'的意思，《國漢文新玉篇》用當代的同義詞'미련하다(頑鈍)'，'어리석다(愚蠢)'替換舊字釋。

  憨어릴> 미련홀(頑鈍)   駿어릴> 미련홀(頑鈍)
  癡어릴> 어리석을(愚蠢)愚 어릴> 어리셕을(愚蠢)

'어엿브다'一詞在中古韓語中指'可憐'，近代韓語則兼指'可憐'和'美麗'。在現代韓語中其意又縮小為'美麗'。《國漢文新玉篇》用當代同義詞換舊字釋。

  憐에어엿블> 어엿블   恤 어엿블> 불샹홀

根據15世紀文獻顯示，'졈다'有'어리다(幼)'和'졂다(年輕)'兩層含義。到17世紀前後其意縮小為'졂다(年輕)'，《國漢文新玉篇》用'어리다(幼)'代替該字釋。如：

  稚져믈> 어릴   冲져믈> 어릴
  孺져믈> 어릴   幼져믈> 어릴

'歆'在《訓蒙字會》用廣義的'자실(吃喝)'解釋，《國漢文新玉篇》則用'흠향(歆饗)'替代，其意限為祭祀時鬼神享用祭品的香氣。'얼굴'在15世紀有形態、形象、樣子的意思，現代韓語中只有臉的意思，《國漢文新玉篇》分別用不同的詞換該字釋。如：

  式얼굴> 법(法)   模얼굴> 법(法)
  形얼굴> 형샹(形態) 型얼굴> 겁흐집(外貌)

古文獻中'이바디'用來表示宴會和祭祀，動詞有招待、奉養的意思。在現代韓語中，其意轉變為貢獻，而原來的意思已消失。《國漢文新玉篇》分別用具體而詳細的詞來代替該字釋。如：

  宴이바디> 잔치(宴會) 酺이바돌> 술(酒)
  饁이바돌> 덤심(午餐) 飼이바돌> 먹일(餵食)
  餫이바돌> 먹일(餵食) 勞이바돌> 슈고로올(辛苦)

'글월'《訓蒙字會》中包含信函、文字、戶籍、文件、紙張等意思，在現代韓語中其意縮小為文字，出現頻率很低。《國漢文新玉篇》用具體而詳細的詞來替換該字釋。

  簡글월> 편지(書信)   牘글월> 편지(書信)
  籍글월> 호젹(戶籍) 牌글월> 패(牌子)
  典글월> 법(法)   簿글월> 문셔(文件)
  字글월> 글ᄌ(文字) 契글월> 계(契約)
  篇글월> 칙(書冊)   詩글월> 글(文章)
  劄글월> 글(文章)   經글월> 글(文章)
  疏글월> 글(文章)   文글월> 글(文章)
  牒글월> 글(文章)   章글월> 글(文章)
  書글월> 글(文章)   箋글월/죠희> 글(文章/紙張)

《訓蒙字會》的'술위(車)'在《國漢文新玉篇》按照其用途分別使用了不同的字釋。如：

  輀술위> 상여(靈車) 輜술위> 짐바리(馱)
  輦술위> 련(轎子)

另外，對於在現代韓語中已消亡的字釋詞，《國漢文新玉篇》皆用現代的同義詞替代它。下面將舉幾例與《訓蒙字會》進行比較：

  哥몯> 형(大哥)   嫁얼일> 싀집갈(出嫁)
  撼뮈울> 흔들(搖動)   覡화랑이> 박ᄉ무당(男巫師)
  工공쟝바치> 쟝인(工匠) 嬌얼울> 아름다올(美麗)
  妾고마> 첩(偏房)   農녀름지슬> 농ᄉ(種田)
  蓏여름> 열미(果實)   賂쳔량줄> 뢰물(賄賂)
  百온> 일빅(一百)   翁븨하나비> 늙근이(老人)
  繒ᄀ는깁> 비단(綢緞) 屐轎격지/가지> 나모신(木屐)
  奪攘아ᄉᆞᆯ> 쌔아ᄉᆞᆯ(搶奪) 戚아ᅀᆞᆷ> 결레/일가(親戚)
  躍躒踴봄놀> 뙬(蹦跳)上마다> 웃(上面)
  囊ᄂᆞᄆᆞᆺ> 주머니(口袋)湍뉘누리> 물결(漩渦、湍灘)

《國漢文新玉篇》出版于1908年，是韓國近代時期最早的一部字典。歷代的語言資料注重漢文釋義和韻字的研究，而忽略了韓文釋義。如。《東國正韻》、《洪武正韻譯訓》、《華東正音通釋韻考》、《三韻聲彙》、《奎章全韻》及《全韻玉篇》等諸書，只排列漢字讀音、漢文釋義，缺韓文釋義或僅有簡略的小注。到了20世紀初，隨著漢字使用的增加，大眾求知欲逐漸提高，韓文字釋成為字典中及其重要的一部分。《國漢文新玉篇》順應這種時代的需求，首次對韓文字釋進行規範化、現代化的修正，為韓國近代字典開闢了新的方向。後世的字典也在《國漢文新玉篇》的基礎上，對其進一步改善，逐漸形成今日規範化的字典系統。由此可見，《國漢文新玉篇》韓文字釋對後世字典的影響不可小覷。

4.2. 漢字音的特點

《國漢文新玉篇》漢字音雖然基本上繼承了《全韻玉篇》的音韻體系，但在反映現實音的基礎上，對少數讀音進行了修改。下面將分類描述漢字音的特點：

(1) 反映俗音

《國漢文新玉篇》增添了一些《全韻玉篇》未收錄的通行讀音。這些俗音大多數屬於聲符或形聲字的類化音。

字例	書名	釋義	現代音
伻	全韻	【븽】使人。(庚)。	팽
	國漢文	좋【븽】俗【팽】使人。(庚)。	
緘	全韻	【감】束篋縢也，封也。(咸)。	함
	國漢文	봉홀【감】俗【함】。束篋縢也，封也。(咸)。	
賂	全韻	【로】遺也，贈也。以財與人，賄賂。(遇)。	뢰
	國漢文	뇌물【로】俗【뇌】。遺也，贈也。以財與人，賄賂。(遇)。	
麯	全韻	【국】同麴。(屋)。	국
	國漢文	누룩【국】俗【곡】同麴。(屋)。	
北	全韻	【븍】太陰，水方，朔方。(職)。【패】正。【비】。敗走，分異。(隊)。	배/북
	國漢文	븍녁【븍】太陰，水方，朔方。(職)。패할【비】敗走，分異。(隊)。	

字例	書名	釋義	現代音
舐	全韻	【시】俗【디】以舌取物。(紙)。䑛舐咶同。	지
	國漢文	핥틀【시】俗【지】。以舌取物。(紙)。䑛舐咶同。	
瘁	全韻	【취】俗【췌】憂瘇，鷦頓，病也。(寘)。悴同瘁通。	췌
	國漢文	파리홀【취】俗【췌】。憂瘇，鷦頓，病也。(寘)。悴同瘁通。	

《國漢文新玉篇》也有《全韻玉篇》標題音被俗音取代的例子。這是規範音跟俗音互相競爭的結果。

字例	書名	釋義	現代音
擅	全韻	【션】俗【쳔】。自專也。(霰)。	천
	國漢文	오으를【쳔】俗홀로【쳔】。自專也。(霰)。	
愎	全韻	【벽】俗【퍅】狠也，戾也。自用，剛愎。(職)。	퍅
	國漢文	사오나올【퍅】。狠也，戾也。自用，剛愎。(職)。	
斟	全韻	【침】勺也。益也，斟酌。遲疑，斟憪。(侵)。	짐
	國漢文	잔질홀【짐】勺也。益也，斟酌。遲疑，斟憪。(侵)。	
狟	全韻	【환】貉類。犬行，狟狟。(元)。貆同。	훤환
	國漢文	숨기【훤】貉類。犬行，狟狟。(元)。貆同。	
個	全韻	【가】偏也，枚也。(箇)。箇同。	개
	國漢文	낫【개】偏也，枚也。(箇)。箇同。	
碾	全韻	【년】轢物器。(霰)。輾同，非。	년
	國漢文	연ᄌ방【뎐】。轢物器。(霰)。輾同，非。	
紂	全韻	【쥬】商辛號。(有)。	주
	國漢文	님금【듀】商辛號。(有)。	
笞	全韻	【치】捶擊，扑作教刑是也。(支)。	태
	國漢文	볼기【태】捶擊，扑作教刑是也。(支)。	
懶	全韻	【란】解也，怠也。(旱)。嬾同。	라
	國漢文	게으롤【라】解也，怠也。(旱)。嬾同。	

'個'字的反切是'古賀切'，《全韻玉篇》的【가】受到韓語添加尾音[i]的音韻現象的影響，變為【개】。'碾'的【뎐】屬於聲符類化音，'紂'讀音【듀】是口

蓋音化之前的讀音的反映。之韻'笞'字的反切是'丑之切',是徹母三等字,應當讀為【치】,《華東正音》及《全韻玉篇》皆讀為【치】。《國漢文》【태】是聲符類化音,現代漢字音繼承【태】音;'懶'字的反切是'落旱切',《華東正音》、《全韻玉篇》等歷代文獻只有【란】音,《國漢文》積極反映俗音,標題音改為【라】。現代韓國漢字音在相當程度上繼承了這些現實俗音,這意味著韓國漢字音脫離規範音正在開闢獨自發展之路。

(2) 還原知系字俗音

中國唐、宋時期的知、莊、章三母,逐漸走上簡化之路,到元代這三母大致已經合而為一。通過當時的韻書《中原音韻》及《蒙古字韻》等書可以確認此現象。但在朝鮮民間通行的知系字仍讀為舌音。因此,《東國正韻》及《華東正音》序文中都指責民間讀音混亂無章,並試圖以規範音來糾正。然而其讀音根深蒂固很難一時更改。《華東正音》則另設'頭注'記載這些俗

字例	韻類	華東	全韻	國漢文	音韻字彙
丁	端四開青平 知二開耕平	【뎡】 【졍】	【뎡】 【징】	쟝뎡【뎡】 나모직는소리【뎡】	【뎡】 【징】
徵	知三開之上 知三開蒸平	【치】 【징】	【치】 【징】	풍류소리【치】부를【딩】	【치】 【징】
著	澄(知)三開魚平 澄(知)三開陽入	【져】 【챡】	【져】 【챡】	나타날【져】 부듸칠【탁】	【져】 【챡】
除	澄三開魚平(去)	【져】	【져】	덜【톄】	
肇	澄開宵上	【죠】	【죠】	비로솔【됴】	【죠】
紂	澄三開尤上	【쥬】	【쥬】	님금【듀】	【쥬】
牒	澄三開鹽入	【텹】	【텹】	쌀【엽】	-

音。

'丁'字在《廣韻》有兩個反切,'當經切'、'中莖切'。據此,《華東正音》讀為【뎡】、【졍】,《全韻玉篇》讀為【뎡】、【징】。《國漢文》在釋義和讀音方面原則上繼承《全韻玉篇》,但對一些知系字改動讀音,如'丁'字不同於《全韻玉篇》讀為【뎡】。知母變為齒音早在《訓蒙字會》時便初現端倪,部分知母三等字已變為齒音,而知母二等字仍維持舌音。可見,知母變齒音二三等字有先後。因此,知母齒音化已在16世紀進行。《全韻玉篇》仍保留知母二等

字的舌音，如擇.澤.宅.幢.撞.咤.吒.妊.詫.琢.啄.濯.擢.擢.卓.倬.棹.逴.涿.豖.攄.綻.組.濁.戇等字。

'徵'字是知母三等字，有蒸韻的'陟陵切'和止韻的'陟里切'兩個反切。《華東正音》和《全韻玉篇》一律讀為【징】和【치】，而《國漢文》讀為【딩】和【치】。著、除、肇及紂等字的讀音也仍讀在知、莊、章系合併前的中古知系字的讀音。'朕'字繼承了《奎章全韻》【덤】，修正了《全韻玉篇》之誤。通過知系字俗音反映的情況可知，韓國漢字音採用俗音，正另辟蹊徑獨自發展。

(3) 標題音的位置變化

《全韻玉篇》遵從傳統韻書的體例，將標題字的音訓按照平上去入四聲排列，《國漢文新玉篇》的釋義雖以《全韻玉篇》為底本，但考慮到該字的使用情況，將使用頻率較高的音訓排列於首位。這種位置的變化代表當時漢字實際使用情況，也說明了《國漢文新玉篇》在編纂時注重大眾性。可見，標題音的位置變化和韓文字釋是《國漢文新玉篇》重要特色之一。

字例	書名	釋義
佳	全韻	【개】善也，好也。(佳)。【가】美也，褒也。(麻)。嘉同。
	國漢文	아름다울【가】美也，褒也。(麻)。착홀【개】善也，好也。(佳)。嘉同。
且	全韻	【져】語辭，多貌。芭蕉，巴且。(魚)。趄同。又恭敬貌。(語)。【챠】又也，此也。苟且，借曰辭。(馬)。
	國漢文	쏘【챠】又也，此也。苟且，借曰辭。(馬)。어조ᄉ【져】語辭，多貌。芭蕉，巴且。(魚)。趄同。又恭敬貌。(語)。
伯	全韻	【파】五伯。(禡)。霸同。【빅】長也，伯仲。三等爵。又馬祖。(陌)。
	國漢文	맛【빅】長也，伯仲。三等爵。又馬祖。(陌)。웃듬【파】五伯。(禡)。霸同。
來	全韻	【리】至也，招也。(支)。【ᄅᆡ】至也，還也，及也，呼也，麥名。(灰)。勞來。(隊)。徠同。
	國漢	올【ᄅᆡ】至也，還也，及也，呼也，麥名。(灰)。勞來。(隊)。올【리】

	文	至也, 招也。(支)。俆同。
食	全韻	【ㅅ】飯也, 以食與人, 飼同。【이】人名, 食其。(實)。【식】毃饌, 飮食。茹也, 咶也。祭曰血食, 日月食。(職)。
	國漢文	밥【식】飯也, 먹일【ㅅ】以食與人, 飼同。일홈【이】人名, 食其。(實)。먹을【식】毃饌, 飮食。茹也, 咶也。祭曰血食, 日月食。(職)。
約	全韻	【요】契也, 信也。(嘯)。【약】縛也, 檢也, 誓也, 儉也, 簡也, 期也, 大率。柔弱, 淖約。(藥)。
	國漢文	언약【약】契也, 信也。(嘯)。【요】縛也, 檢也, 誓也, 儉也, 簡也, 期也, 大率。柔弱, 淖約。(藥)。
鱖	全韻	【케】婢魚, 巨口細鱗斑彩, 一名水豚。(霽)。【궐】義同。(月)。
	國漢文	쏘가리【궐】正【케】。婢魚, 巨口細鱗斑彩。一名水豚。(霽)。【궐】, 義同。(月)。
作	全韻	造也。(遇)。做同。【자】爲也, 做也, 起也。(箇)。【작】造也, 始也, 行也, 役也。興起, 振作。兵法, 坐作。官名, 將作。(藥)。
	國漢文	지을【작】。造也, 始也, 行也, 役也。興起, 振作。兵法, 坐作。官名, 將作。(藥)。造也。(遇)。做同。【자】爲也, 做也, 起也。(箇)。

5. 《國漢文新玉篇》專題研究目錄

目前, 對於《國漢文新玉篇》的研究成果爲數不多, 以下是在韓國相關專題的研究目錄, 敬請參考。

1. 田日周, <最近世韓國漢字字典研究>, 嶺南大學博論, 2002。
2. 田日周, <近代啓蒙期辭典編纂及其歷史意義>－以《國漢文新玉篇》爲主, 《大東漢文學會誌》, 大東漢文學會, 2002.
3. 河岡震, <韓國第一部近代字典《國漢文新玉篇》的編纂動機>, 《韓國文學論叢》41, 韓國文學會, 2005。
4. 河岡震, <韓國近代最早的字典－鄭益魯的《國漢文新玉篇》>, 《韓文漢字文化》79號, 全國漢字教育推進總聯合會, 2006。
5. 李準煥, <鄭益魯《國漢文新玉篇》體裁與語言類型>, 《大東文化研究》89輯, 大東文化研究院, 2015。
6. 河岡震, <鄭益魯《國漢文新玉篇》在韓國字典史上的地位>, 韓國漢字研究所'韓國近代漢字字典學術報告會'資料, 2016。

7. 羅潤基,<《國漢文新玉篇》漢字音特點研究>,《中國學》第55輯,大韓中國學會,2016。
8. 羅潤基,<《國漢文新玉篇》字釋研究>,《中國言語研究》,第65輯,韓國中國言語學會,2016。

6. 結論

通過上文的分析,我們對《國漢文新玉篇》的作者、編纂目的、版本、體裁、韓文字釋、漢字音以及相關的研究成果,可得到如下幾項結論。

⑴《國漢文新玉篇》是第一部具有近代特色的漢字字典,其編纂目的在於規範漢字讀音和韓文字釋、啟蒙大眾和普及新知識、提高字典的實用性。

⑵《國漢文新玉篇》總共刊行了6次。從初版到最終版本,只是在標題字上稍做改動,本文頁數始終維持在288頁。各版本體裁基本相同,由序文、總目、本文、音韻字彙、版權頁組成。從1911年《訂正增補初版》起,在本篇和《音韻字彙》之間增添了《訂正增補新玉篇補遺》。

⑶《國漢文新玉篇補遺》為彌補初版的缺點,將部首字也設為標題字,並且為鼓吹民族精神嚴格標明朝鮮歷代君王的避諱。

⑷ 為便於檢索,以共同字素為中心,將同音字按照韓文字母次序排列,提供了一個獨特而嶄新的《音韻字彙》檢索方式。

⑸ 在韓文釋義方法上,一方面大量運用基本層次的字釋,另一方面採用具體而細密的字釋詞積極反應當時的實際語音。

⑹ 在漢字音方面,在《全韻玉篇》的基礎上大量採用現實俗音,同時通過代表音的位置變化反應當代漢字使用的實際情況。

7. 參考文獻

[古文獻]
1. 陳彭年等,《大宋重修廣韻》(1008),廣文書局,1960。

2. 崔世珍,《四聲通解》(1517), 大提閣影印本, 1974。
3. 崔世珍,《訓蒙字會》叡山本(1527)影印本,《東洋學叢書》, 檀國大學大東洋學研究所, 1971。
4. 李德懋等,《奎章全韻》(1796), 由泉藏版重刊本, 1991。
5. 未詳,《全韻玉篇》。
6. 朴性源,《華東正音通釋韻考》(1747), 慶北大學圖書館藏。
7. 鄭益魯,《國漢文新玉篇》, 平壤耶穌教書院, 1908。

[學術論文]
1. 崔美賢, <辭書類漢字音消失類型研究>,《我國語言研究》Vol.40, 2015。
2. 郭錫良,《漢字古音手冊》, 北京大學出版社, 1986。
3. 河永三, <《全韻玉篇》與《新字典》收錄字比較>, 韓國漢字研究所'韓國近代漢字字典學術報告會'資料, 2016。
4. 洪允杓, <關於為國語漢字資料調查的文獻資料>, 韓國漢字研究所'韓國近代漢字字典學術報告會'資料, 2016。
5. 金血祚, <漢字讀音研究－以20世紀以後讀音變遷為主>,《大東漢文學》, 第35輯, 大東漢文學會, 2011。
6. 金鎭奎, <從國語學角度考察《訓蒙字會》詞彙－以字母·目錄·死語為主>,《한힌샘周時經研究》第12號, 韓文學會, 1999。
7. 李承子,《朝鮮韻書漢字音傳承類型和整理規律》, 亦歷出版社, 2003。
8. 李敦柱, <關於韓國漢字音俗音的正音性>,《韓國語言文學》, 48卷, 韓國語言文學會, 2002。
9. 李敦柱, <對《全韻玉篇》正·俗漢字音的研究>,《國語學》, 30輯, 國語學會, 1997。
10. 李光鎬, <根據意義領域字釋變遷考>,《言語科學研究》4輯, 1986。
11. 李基文, <古代國語研究與漢字字釋問題>,《震檀學報》67卷, 1989。
12. 林枝龍, <國語詞彙範疇的基本層次探索及意義特色研究>,《談話與認知》18卷, 2011。
12. 李气銅, <《全韻玉篇》的正俗音考>,《友石大學論文集》, Vol.3No, 1981。
14. 羅潤基, <《華東正音通釋韻考》華音系統研究>, 華東師範大學博論, 2013。
15. 羅潤基, <《國漢文新玉篇》漢字音特點研究>,《中國學》第55輯, 大韓中國學會, 2016。
16. 羅潤基, <《國漢文新玉篇》字釋研究>,《中國言語研究》, 第65輯, 韓國中國言語學會,2016。
17. 朴秉喆,<關於漢字訓語辭替代原因研究>,《國語教育》77,78,1992。
18. 朴亨翌,《韓國字典的歷史》,亦樂出版社,2012。
19. 朴亨翌,<韓國字典歷史>,韓國漢字研究所'韓國近代漢字字典學術報告會'資料,2016。
20. 朴秋鉉,<英·正祖間三種韻書的韓國漢字音致>,《中國言語研究》,第11輯,韓國中國言語學會,2000。
21. 全在昊,<漢字字釋變遷與詞彙學上的地位>,《語文論叢》Vol.22,1988
22. 吳美寧,<通過《千字文》注釋文獻探討《石峰千字文》字釋>,《口訣研究》Vol.35,2015。
23. 徐守伯,<漢字字釋資料的釋義類型研究>,《韓國語文學》Vol.21,2004。
24. 俞昌均,<現代韓國漢字音的性質和體系>,《明知大學論文集》Vol.1,1968。
25. 鄭卿一,《奎章全韻·全韻玉篇》,新舊文化社,2008。
26. 鄭卿一,<校正《全韻玉篇》俗音的類型考察>,《我國語文研究》,Vol.27,我國語文學會,2006。

3

《漢鮮文新玉篇》

郭鉉淑

1. 導論

　　19世紀末20世紀初的韓國，以王權為中心的體制瓦解，韓國隨即進入了反封建、反列強的民主國家的開化時期。為促進國家現代化，韓國引進了先進的制度和思想，並逐漸意識到國民教育的重要性。為了讓國民由過去長期處於被動狀態的學習轉變為迎接新時代需要的主動學習，增強國民的現代國家意識，政府推行更為積極的教育理念：在形式上，由政府主導，將開化期之前以官僚子弟為中心的教育模式逐步向全民教育模式轉變；在內容上，教育也從之前以漢字翻譯為主的儒學經典教育轉向具有實用性和專業性的領域。教育的內容更加實用、多元。國民綜合知識的習得大大增強，為塑造時代需要的新國民提供政策保障。

　　隨著對教育重視程度的提高，政府當務之急就是制定并頒布相關教育措施，從制度層面確保國民語言和文字的規範化。甲午更張後，韓國全國開始重視韓語的學習，學習漢字的勢頭逐漸減弱。而此前的漢字學習由於花費時間多，加上漢字與韓國本土語言不對等等原因，韓國國內開始反思改變這一狀況的可能性。很快，韓國創製的訓民正音首次成為國家公認的語言形式，得到了大力推廣，成為現代國家向民眾普及新知識，迎接新時代的韓國本土語言。然而，由于訓民正音并不具備自立性，而且語言本身也缺乏實用性，給使用帶來諸多的不便。故，彼時的韓國社會仍舊是漢字居主導地位，漢字教育還是不可或缺的一部分。在徹底放棄漢字，還是完全使用新創制的韓國本土語言這一激烈的國漢文論爭中，一種新的標記手段－'國漢文混用體'開始被人們接受。

　　隨著西方新事物的大量湧入，韓國人開始意識到國家獨立自主的重要性，確立自我發展模式的呼聲越來越緊迫。在獨立自主方面首當其衝的便是急切尋求創制韓國的本土語言。為此，國家開始確立改變并創制新的文字的政策。然而，現實却是，歷史上長期使用的漢字也根本無法做到完全廢除。因此，政府採取了對漢字的規範化和標準化改造。也正在此時，整理詞彙、介紹新的學習方法、能夠幫助提高學習效率的新形式的漢字字典誕生了。

　　為了提高民眾的學習效率，政府需要整理用法混亂的漢字的音和訓。雖然以往也有幾部字書在韓國問世，但因規模龐大不易收藏，且未使用韓語對字義進行解釋，因此，對漢字含義的理解无法達到準確無誤的程度。另外，近代之前雖然出現過使用韓語標註音和訓的小學教材，但并未將字數規範化，也未將漢字的多義性展現出來。到了近代啟蒙時期，韓國認識到之前出版的漢字字典的諸多缺陷，試圖進行進一步完善，開始編撰新的漢字字典。1908年鄭益魯的《國漢文新玉篇》，1909年池錫永的《字典釋要》，1913年玄公廉的《漢鮮文新玉篇》，1915年朝鮮光文會的《新字典》便起到了帶頭先鋒的作用。這些字典適應了當時的時代需要，也呈現出各自的特色，引起了當時社會及教育界的重大反響。

　　筆者整理了近代啟蒙時期編撰的漢字字典在體裁上的差異及各個字典的特色，以《全韻玉篇》(1896？)開始并按時間順序排列，茲列表如下：

項目 書名	發行 年度	編纂者	冊數	總頁	標題字數	版形 (橫*縱)	發行處	附錄名稱

全韻玉篇	1896(?)	鄭卿一	上下2冊	306	10,977	21.4*15.3cm	未詳	無
國漢文新玉篇	1908	鄭益魯	1冊	399	10,963	12.5*18.7cm	耶蘇教書院	音韻字彙
字典釋要	1909	池錫永	上下2冊	504	16,295	14*22cm	匯東書館	圖書
漢鮮文新玉篇	1913	玄公廉	上下2冊	552	16,735[1]	13*19cm	大昌書館	檢字
新字典	1915	朝鮮光文會	上下2冊	252	13,019	15*53cm	新文館	朝鮮·日本俗字·部新字新義部

　　從冊數、板型及部首等書誌學角度分析，這些字典大體上沒有什麼差異。但，在收錄字和部首形態方面，每本字典却各具特色。每本字典收錄的漢字字形都是楷書，但標題字下方的字音和字義的解釋方式上存在差異。筆者以"將"字為例，詳細比較各字典在這些方面的不同。

書名	漢文註釋
全韻玉篇	【쟝】漸也，甫始，抑然辭，且也，養也，助也，送也，奉也，卽也，領也，進也，大也，行也，與偕，扶持，請也，願辭，聲也，將將。嚴正貌，將將。(陽) 。將帥將之。(漾) 。
國漢文新玉篇	쟝슈【쟝】漸也，甫始，抑然辭，且也，養也，助也，送也，奉也，卽也，領也，進也，大也，行也，與偕，扶持，請也，願辭，聲也，將將。嚴正貌，將將。(陽) 。將帥將之。(漾) 。
字典釋要	【쟝】帥也쟝`수【쟝】`(漾)。漸也쟝찻【쟝】○送也보낼【쟝】○卽也곳【쟝】○領也거나릴【쟝】○奉也밧들【쟝】○請也쳥할【쟝】(陽) 。鏘見。
漢鮮文	쟝찻【쟝】漸也，甫始，抑然辭。또【쟝】且也。도읔【쟝】助也。보닐【쟝】送也。갈【쟝】去也。밧쓸【쟝】奉也。곳【쟝】卽也。거나

---

[1] 有關資料顯示，《漢鮮文新玉篇》實際收錄字數為16,707個。本研究根據匯東書館《漢鮮文新玉篇》進行分析研究，比之前的研究數據多出29個，共16,735個。多出的標題字為：㑲，圫，垽，峆，崈，恒，懌，旦，昊，昑，昀，晜，昪，晥，暲，瞰，欛，椿，焞，熨，珴，珦，珜，琜，祔，絳，褐，鈞。

新玉篇	릴【쟝】領也。나아갈【쟝】進也。클【쟝】大也。힝홀【쟝】行也。봉양홀【쟝】養也。합ㅅ긔【쟝】與偕。가질【양】扶持。청홀【쟝】請也。願辭。소릭【쟝】聲也、將將。엄정혼모양【쟝】嚴正貌、將將。(陽)。쟝슈【쟝】將帥。(漾)。
新字典	【쟝】漸也甫始之辭쟝차[易]是以君子將有爲也將有行也○抑然辭문득[楚辭]寧誅鋤草茆以力耕乎將遊大人以成名乎○且也坯[詩]將安將樂○養也기를[詩]不遑將父○助也도을[史記]補過將美○送也보낼[詩]百兩將之○大也클[詩]我受命溥將○奉也承也밧들。이을[詩]湯孫之將○卽也곳○領也거느릴○進也나아갈[詩]日就月將○行也행할[書]奉將天罰○持也가질[詩]無將大車○扶持껴붓들○與偕함게할[左傳]鄭伯將王自圉門入○請也願辭쳥컨대[詩]將子無怒○將將聲也쟁그렁쟁그렁할[詩]佩玉將將○將將嚴正貌으리으리할[詩]應門將將(陽)○將帥쟝슈如言大將○將之거느릴如言將中軍(漾)

上表顯示，音和訓的排列順序和注釋的解釋方式存在一定的差異。首先，字音的標註有兩種形式：在字音後面標註字義，或是在字義後對字音進行標註。前者的情況如《新字典》，在標註字音【쟝】後標註了'쟝차'，'문득'，'坯'，'기를'，'도을'等字義。相反，《國漢文新玉篇》和《漢鮮文新玉篇》則是以'쟝슈【쟝】'，'쟝찻【쟝】'的形式先標註字義，再標註字音。《字典釋要》則是先標註代表音，然後以字義-字音的順序進行標註：先標註'將'字的代表音【쟝】，然後以字義-字音-'쟝'슈【쟝】''，'쟝찻【쟝】'，'보낼【쟝】'的形式進行標註。

其次，字義的標註也存在兩種形式：先標註字義，後用韓語對其進行解釋與先用韓語解釋，後標註字義。《字典釋要》及《新字典》'帥也，쟝'수'，'漸也甫始之辭，쟝차'使用的是第一種標註方式。《國漢文新玉篇》及《漢鮮文新玉篇》'쟝찻，漸也，甫始，抑然辭。'，'도을，助也。'則使用的是第二種標註方式。

最後，字義解釋方面的不同。《全韻玉篇》、《國漢文新玉篇》和《字典釋要》的漢文注釋的解釋與使用都採用十分簡便的方式。而《漢鮮文新玉篇》和《新字典》則在注釋的解釋上面做的十分詳細。其中，《漢鮮文新玉篇》還將所用注釋用韓語進行解釋，《新字典》則標註了漢字例句及典故的出處。相對其他字典來說，《新字典》標註方式顯得十分新穎。

2. 《漢鮮文新玉篇》的作者及編撰目的

2.1. 作者

　　《漢鮮文新玉篇》的編著者玄公廉，在人名字典或者其他資料中的介紹并不詳細，後人對其了解甚少。《漢鮮文新玉篇》末尾僅僅印其住址為京城府桂洞九十九番地，通過此住址信息可推測他曾在首爾的桂洞居住過[2]。玄公廉系開化期著名啟蒙主義者玄采之子，父親玄采是當時文學界及翻譯界的風雲人物。玄公廉不僅承父業而成為著作家和翻譯家，且將自己的家發展成出版社，亦奮力于出版事業，負責各個書籍的編撰及出版，是出版行業的先驅。故亦為當時重要的啟蒙主義代表人物。身為獨立協會及光武協會會員的玄公廉始終走在民族復興的前列。由于同時擔任京城學堂代表一職，他對教育行業也十分關注。玄公廉著作或其所負責編纂、發行的圖書目錄列表見下。

年代	圖書目錄
1900~1909	-玄公廉編，《栽桑全書》，博文社，1904. -玄公廉著，《(新編)家政學》，日韓圖書，1907. -玄公廉著，《新訂分道大韓帝國地圖》，滙東書館，1908. -玄公廉著，《李忠武公實記》，1908. -玄采譯，玄公廉發行，《普法戰記》，普文社，1908. -李鼎煥著，玄公廉發行，《國文句解纂尺牘》，1909.等
1910~1919	-玄公廉著，《竹西樓》，日韓印刷株式會社，1911. -玄公廉著，《改訂日語》，1912. -玄公廉著，《東閣寒梅》，1912. -玄公廉編，《釋迦如來傳》，大昌書院，1912. -玄公廉著，《姜邯贊傳》，光東書局，1914. -玄公廉著，《天下動亂記》，大昌書院，1914. -玄公廉著，《新撰，日語雜歌》，大昌書院，1916. -玄公廉著，《佳人奇遇》，大昌書院·普及書館，1918. -玄公廉著，《齊桓公》，大昌書院，1918. -玄公廉著，《오사서실기》，大昌書院，1918.等

---

[2] 玄公廉，《漢鮮文新玉篇》，滙東書館，1913。

1920~1929	-玄公廉著，《世界百傑傳》，廣文社，1921. -玄公廉著，《高麗太祖》，大昌書院·普及書館，1921. -玄公廉著，《新訂初等諺文》，匯東書館，1921. -玄公廉著，《전수재부장세전》，大昌書院，1922. -玄公廉著，《花間鶯》，大昌書院，1922. -玄公廉著，《日鮮尺牘大全》，大昌書院，1923. -玄公廉編，《原本小學集註》，新舊書林，1926. -玄公廉編，《大學集註》，1926. -玄公廉編，《東國名賢遺墨》，1927. -周興嗣著，玄公廉編，《千字文：韓日文》，大昌書院，1928. -玄公廉編，《啓蒙編》，普及書院，1928. -玄公廉著，《萬化方暢》，太華書館，1929. 等

　　上表所列書目僅為國立中央圖書館及其他幾個圖書館內據各圖書館書誌信息搜索而來。除此之外，玄公廉還負責編撰、發行很多別的圖書，茲不一一列舉。從所列圖書的種類來看，玄氏涉及了語言、小說、歷史等多個領域，此外，玄氏還編撰了小學教材及有關日語的書籍。這些書籍的出版主要集中于1900~1930年韓國近代化熱潮興起之時。編者玄公廉順應時代潮流，一生致力于民族復興的偉大事業。玄公廉以出版家、翻譯家、教育家的身份向大衆傳授新知識，爲國民傳播启蒙思想。他出版的書籍著作中也有關于日語的，這與他曾在日本留學，系日語學校留學生的身份有直接關系[3]。

2.2. 編撰目的

　　彼時對外開放的韓國也吸引了西方新事物的大量涌進，傳統的社會秩序逐漸瓦解，漢字的地位逐漸降低。朝鮮第26代王－高宗下令使用新文字後，符合時代潮流的字典的編撰也就順勢頒行。作為傳播新知識的知識分子，考慮到現有字典與時代的不符，玄公廉于1913年組織編撰了《漢鮮文新玉篇》。其<序文>撰有《漢鮮文新玉篇》的編撰目的和動機。

---

[3] 權廷厚，「近代启蒙期漢字字典研究」，釜山大學教育大學院碩士學位論文，2009，53~54頁。

"近世以來，玉篇之行于世者，-惟有一種。又其語義不以鮮文解釋，故覽者-多有不得其要領。究其原委，風氣所使，似應其然，然若以今揆古，不能無憾焉者，-存焉。"

《漢鮮文新玉篇》的序中提到：在《漢鮮文新玉篇》之前曾出版過《國漢文新玉篇》，《字典釋要》等字典。但近代以來，韓國國內通行的字典只有《漢鮮文新玉篇》這一部。玄公廉的观点顯然并不妥當。因為在該字典出版時，使用韓語釋義的《國漢文新玉篇》已經出版，而且玄公廉也擔負過《國漢文新玉篇》的出版销售工作。所以，筆者不太了解玄公廉為何提到當時只流行一部字典玉篇的說法？或許是因為《漢鮮文新玉篇》之前出版的《國漢文新玉篇》及《字典釋要》等字典都只是將《全韻玉篇》標題字的一部分釋義用韓語解釋。由于後兩部字典存在一定的局限性，玄氏有可能視這些字典為與《全韻玉篇》類似的字典。但很明確的是，因為《全韻玉篇》没有韓語釋義，在使用時有種種不便，這可能才是玄公廉認為需要編撰新的字典的原因。《漢鮮文新玉篇》標題字的所有義項都使用了韓語解釋，該字典出版發行後獲得了很高的評價。他希望不論老幼婦孺，還是文人學士都可以通過《漢鮮文新玉篇》來習得漢字4)。

3. 《漢鮮文新玉篇》的版本和收藏處

3.1. 版本

《漢鮮文新玉篇》版本有'大昌書院本(1913)'和'滙東書館本(1918)'等，以及大昌書院本(1921)和永昌書館本(1923)的袖珍版等。《漢鮮文新玉篇》于1913~1930年間反復發行，該字典保留了鄭益魯《國漢文新玉篇》(1908)的體系，并在漢字釋義前添加了該漢字的韓語訓讀和音讀。該字典的扉頁例署名為著作人和發行者玄公廉，印刷時間是1913年2月20日，同月25日出版發行。該字典印刷處為日韓印刷所，發行處為大昌書院，實際由首爾徽文館的申昌均負責印刷、發行兼出售。1913年的大昌書院本中不含序文，但

---

4) 乃將舊日玉篇，以鮮文解譯之，且其脫漏處及緊要字，對照条互於康熙字典而添入之。

1918年在滙東書館發行的版本中添加了作者的序文。滙東書館本于1918年9月23日初版印刷，1924年11月30日發行了第四版。在降文館(代表：金聖枸)印刷，當時定價為一圓二十錢。但在封面、序文和内標題的下方都沒有標註編撰者的姓名，唯獨在序文最後標註了'編者識'的字樣5)。該書由内封皮一張、序文兩頁、上卷目錄兩頁、下卷目錄三頁、《漢鮮文新玉篇》上卷196頁、《漢鮮文新玉篇》下卷242頁、廣告頁一張、扉頁一張構成。標題和内標題都是'漢鮮文新玉篇'。目錄分為上、下卷目錄兩部分。上卷目錄從1畫的一部到4畫的犬部，下卷目錄從5畫的玉部到17畫的龠部，體制與《全韻玉篇》相同。字典的大小為13*19cm，總頁數為552頁。在内文的左邊第一行標有'漢鮮文新玉篇上卷'的字樣，在下一行標註筆畫數，然後另起一行標出部首，在部首下方直接排列標題字。標題字下方首先使用韓語標註出該漢字的訓讀和音讀，然後對漢字進行解釋。下面以'一'字為例將《漢鮮文新玉篇》的記述方法展示如下：

"一하나【일】數之始畫之初고를【일】均也갓흘【일】同也졍셩【일】誠也
슌일홀【일】純也호갈【일】專也天地未分元氣泰一質壹通"

《漢鮮文新玉篇》是以《國漢文新玉篇》為底版，在此基礎上添加了漢字的韓語音讀和訓讀，并添加了《全韻玉篇》(1819)，《國漢文新玉篇》(1908)，《字典釋要》(1909) 中不曾收錄的義項。

3.2. 收藏處6)

《漢鮮文新玉篇》的版本情況與所藏處列表如下。

板本	年代	書名	收藏處	其他
大昌書院本	1913.02.25	漢鮮文新玉篇，玄公廉，京城：大昌書館·普及書館.		初版

---

5) 田日周，「最近世韓國漢字字典研究」，嶺南大學大學院中文系博士學位論文，2002, 95頁。
6) 朴亨翌，《韓國字典的歷史》，首爾：亦樂，2012, 425~426頁。

	1914.09.22	漢鮮文新玉篇, 玄公廉, 京城: 大昌書館·普及書館.	檀國大退溪紀念圖書館收藏本	再版
	1917.03.10	漢鮮文新玉篇, 玄公廉, 京城: 大昌書館·普及書館.		第3版
	1918.08.18	漢鮮文新玉篇, 玄公廉, 京城: 大昌書館·普及書館.	朴亨翌教授收藏本	第4版
滙東書館本	1918.09.22	附音考漢鮮文新玉篇, 玄公廉, 京城: 滙東書館.		部音考初版
	1924.12.30	附音考漢鮮文新玉篇, 玄公廉, 京城: 滙東書館.	朴亨翌教授收藏本	部音考初版的第5版
袖珍版 (大昌書院)	1921.06.20	懷中漢鮮文新玉篇, 玄公廉, 京城: 大昌書館·普及書館.		196+242頁
	1922.05.13	懷中漢鮮文新玉篇, 玄公廉, 京城: 大昌書館·普及書館.	朴亨翌教授收藏本	初版
袖珍版 (永昌書館)	1923.05.13	日鮮懷中新玉篇, 玄公廉, 京城: 永昌書館		初版
	1926.06.14	日鮮懷中新玉篇, 玄公廉, 京城: 永昌書館		再版
	1927.11.25	日鮮懷中新玉篇, 玄公廉, 京城: 永昌書館		第3版
	1930-02-20	日鮮懷中新玉篇, 玄公廉, 京城: 永昌書館	朴亨翌教授收藏本	第4版

　　1918年出版的字典中添加了附錄'가나다音部'，其他内容與1913年的《漢鮮文新玉篇》完全一致。除此之外，袖珍版《漢鮮文新玉篇》(1921，1922，1923)也與1913年發行的《漢鮮文新玉篇》内容完全相同。本文則以1918年

由滙東書館發行的《漢鮮文新玉篇》為研究對象。

4. 《漢鮮文新玉篇》的內容構成

《漢鮮文新玉篇》由序、目錄、《漢鮮文新玉篇》上、《漢鮮文新玉篇》下、音部目次、音部等構成。序言中描述了《漢鮮文新玉篇》編撰的目的，目次由上·下兩卷構成，音部按'가나다'的順序及部首順序排列，方便標題字的檢索。《漢鮮文新玉篇》中收錄的標題字數為16,739。上卷收字7,187個，下卷收字9,552個。上卷共196頁，收錄從一畫的一部開始到4畫的犬部的標題字。下卷共242頁，收錄了從5畫的玉部到17畫的龠部的標題字。《漢鮮文新玉篇》的體制與《全韻玉篇》相同，標題字的排列繼承了《康熙字典》。本文擬從字種、字音、字義等三方面對《漢鮮文新玉篇》的內容進行分析。為了比較《漢鮮文新玉篇》的字種，字音及字義的排列、組成方式，首先需要分析《康熙字典》及《全韻玉篇》，還有同時期出版的《國漢文新玉篇》，《字典釋要》，《新字典》等字典。並且，還需對《漢鮮文新玉篇》的漢字注釋的韓語解釋形式進行分析。

4.1. 字種

(1) 標題字的排列

《漢鮮文新玉篇》的標題字總數為16,739，部首數為214。標題字從1畫的一字部開始，到17畫的龠字部，按照清朝《康熙字典》的部首順序進行排列，為分析《漢鮮文新玉篇》標題字排列的特點，現將6種字典一畫一部收錄的漢字整理如下表：

書名 劃數	康熙字典	全韻玉篇	國漢文新玉篇	字典釋要	漢鮮文新玉篇	新字典	備考
0	一	一	一	一	一	一	
1劃	⊥				⊥		

	丁				丁		
	丂				丂		
	丁	七	七	七	七	七	
	七	丁	丁	丁	丁	丁	
2劃	丏	丌	丌	丌	丌	丌	
	丈	丏	丏	丏	丏	丏	
	三	下	下	下	下	下	
	上	丈	丈	丈	丈	丈	
	下	上	上	上	上	上	
					且		且的古
					午		五的俗
	丌	三	三	三	三	三	
	不			與	丏		
3劃	與	丏	丏	丏	與	丏	
	丏	丏	丏	不	不	丏	
			弌		弌		同一
	丏	不	不	丏	丏	不	
	丑	丑	丑	丑	丑	丑	
				之			之的古 與的俗字
4劃		丕	丕	丕	丕	丕	
	丕	且	且	且	且	且	
	世	世	世	世	世	世	
	丘	丙	丙	丙	丙	丙	
	丙	丘	丘	丘	丘	丘	
5劃			弍		弍		同三 兩的俗字
	丞	丞	丞	丟	丞	丞	
					丟		

6劃	丕				丕		
	旡				旡	卯	天的古字
	卯	卯	卯	卯	卯	卯	酉的古字
	古		古				同世
7劃							所的俗字
	並	並	並	並	並	並	同竝
10劃	㽙	㽙	㽙	㽙	㽙	㽙	同斗

　　《漢鮮文新玉篇》'一'字部共有35个標題字。上表顯示,《漢鮮文新玉篇》標題字的排列順序大體上和《康熙字典》相同。其中, '且'的古字'几'和'一'的同字'弌'等, 《康熙字典》也是收錄在'一'字部, 但順序稍有不同。《康熙字典》裏收錄了'世'及其同字'古'。但《漢鮮文新玉篇》只收錄了'世'字,却沒收錄'古'字。相反地, '五'的俗字'〒'和'之'的古字'㞢'并沒有收錄在《康熙字典》的'一'字部, 并且標題字排列順序也稍有不同。

(2) 收錄字的類型

　　首先,在《漢鮮文新玉篇》的漢文注釋裏有關於該字異體字的內容。異體字大體上與《全韻玉篇》相同。一部分異體字只在《漢鮮文新玉篇》中出現,也有與《全韻玉篇》不同的異體字。下表為《全韻玉篇》與《漢鮮文新玉篇》中異體字的比對,從而將其分類為相同、半相同、不同三種類型。

書名	標題字	異體字	分類
全韻玉篇	伸	无	不同
漢鮮文新玉篇		新通	
全韻玉篇	井	无	不同
漢鮮文新玉篇		丼同	
全韻玉篇	仟	阡芊通	不同
漢鮮文新玉篇		千通	

全韻玉篇	伎	技跂同	半同
漢鮮文新玉篇		跂通技同	
全韻玉篇	仙	僊同	半同
漢鮮文新玉篇		僊仚同	
全韻玉篇	付	柎通	半同
漢鮮文新玉篇		僅同柎通	

全韻玉篇	些	娑同	相同
漢鮮文新玉篇		娑同	
全韻玉篇	亢	肮同抗炕通	相同
漢鮮文新玉篇		抗炕通肮同	
全韻玉篇	交	鵁通	相同
漢鮮文新玉篇		鵁通	

書名	標題字	異體字	分類
全韻玉篇	伸	无	不同
漢鮮文新玉篇		申通	
全韻玉篇	并	无	不同
漢鮮文新玉篇		并同	
全韻玉篇	仟	阡芉通	不同
漢鮮文新玉篇		千通	

全韻玉篇	伎	技跂同	半同
漢鮮文新玉篇		跂通技同	
全韻玉篇	仙	僊同	半同
漢鮮文新玉篇		僊仚同	
全韻玉篇	付	柎通	半同
漢鮮文新玉篇		僅同柎通	

書名	標題字	異體字	分類
全韻玉篇	些	娑同	相同
漢鮮文新玉篇		娑同	
全韻玉篇	亢	吭同抗炕通	相同
漢鮮文新玉篇		抗炕通吭同	
全韻玉篇	交	鵁通	相同
漢鮮文新玉篇		鵁通	

書名	標題字	異體字	分類
全韻玉篇	伸	无	不同
漢鮮文新玉篇		新通	
全韻玉篇	井	无	不同
漢鮮文新玉篇		丼同	
全韻玉篇	仟	阡芊通	不同
漢鮮文新玉篇		千通	

書名	標題字	異體字	分類
全韻玉篇	伎	技跂同	半同
漢鮮文新玉篇		跂通技同	
全韻玉篇	仚	僊同	半同
漢鮮文新玉篇		僊屳同	
全韻玉篇	付	袝通	半同
漢鮮文新玉篇		僅同袝通	

書名	標題字	異體字	分類
全韻玉篇	些	娑同	相同
漢鮮文新玉篇		娑同	
全韻玉篇	亢	吭同抗炕通	相同
漢鮮文新玉篇		抗炕通吭同	
全韻玉篇	交	鵁通	相同
漢鮮文新玉篇		鵁通	

上表中, '伸'字的通字'申', '井'字的同字'丼', '仙'字的同字'仚', '付'字的同字'僅'等只在《漢鮮文新玉篇》中出現過, 而《全韻玉篇》裏都沒有出現這樣的異體字。概因異體字的概念與範圍及常用字会隨時代變化而變化, 也因時代而有漢字字形的變化。根據《全韻玉篇》與《漢鮮文新玉篇》編纂的時間的間隔能夠了解發生這些的變化的原因。

其次,《漢鮮文新玉篇》的原文中收錄有'【朝】', '【日】', '【華】'等類型的漢字。《漢鮮文新玉篇》的序中也提到"又博採近來各科學問界之新發明字ᄒ야增補之ᄒ며"7)等內容。《漢鮮文新玉篇》中的'【朝】'指的是在韓國使用的漢字及漢字詞, '【日】'指的是在日本使用的漢字及漢字詞, '【華】'指的是在中國使用的漢字及漢字詞。

【朝】	佸	다짐둘 【고】 誓必行 【朝】 (皓)
	垈	집터 【딕】 近屋地 【朝】
	媤	시집 【시】 夫家 【朝】
	㤼	겁닐 【겁】 怯俗字。【朝】
	橻	싸일홈 【추】 地名, 橻郡 【朝】
	...	...
【日】	匁	몸메 【문】 衡目卽朝鮮一錢重日一匁 【日】
	匂	향 【니】 香也 【日】
	妣	어엿불 【화】 豔好 【日】
	峠	고기 【상】 嶺也 【日】
	扨	그러나 【인】 發語近乎然字 【日】
	...	...
【華】	㐬	신창바들 【장】 鞋㐬【華】
	哎	익통ᄒ는소리 【익】 悲痛聲吆哎 【華】
	喒	입마칠 【침】 喒嘴 【華】
	唣	지저귈 【조】 唣囉 【華】
	啣	명함 【함】 與銜通 【華】
	...	...

---

7) 又博採近來各科學問界之新發明字ᄒ야增補之ᄒ며

另外，《漢鮮文新玉篇》標題字中收錄了"[倧]，[圫]，[垠]"等在漢字外部加有括號的漢字。這類漢字都屬於"避諱字"。這類避諱字有'倧，圫，垠，峼，崇，悰，懌，旦，昊，昤，昀，晀，昇，晛，暲，曔，棩，椿，焞，燩，玜，珦，琈，瑈，祘，緈，裪，鈞'等共28字。《漢鮮文新玉篇》給予這些避諱字與別的標題字同等的地位。既，《漢鮮文新玉篇》不僅收錄了啟蒙時期發明的新字，並且收錄了在韓國使用的漢字及漢字詞、在日本使用的漢字及漢字詞及在中國使用的漢字及漢字詞。

從《漢鮮文新玉篇》的標題字排列、標題字種類、釋文中的異體字類型也可以看出，雖然《漢鮮文新玉篇》比《全韻玉篇》晚了100年，但標題字及漢文注釋中的同字、通字、俗字、古字等異體字信息比《全韻玉篇》更為詳細。並且比同一時期發行的《國漢文新玉篇》及《字典釋要》等所收錄的漢字更多。《漢鮮文新玉篇》不僅收錄了大量的古字，而且增補了很多新字。這便是《漢鮮文新玉篇》能成為啟蒙時期收錄漢字最多的字典的原因所在。不僅如此，字典中的古字、俗字、同字及通字等異體字信息在當時也是空前的。

4.2. 字音

為便於了解《漢鮮文新玉篇》字音的排列方式，本文擬在此以'折'字為例列表如河下：

書 名	漢文註釋
全韻玉篇	【제】。安徐貌，折折。(齊)。【절】。斷也，曲也。屈也，折節。挫也，折辱。毀也，夭也。祭壇，泰折。【설】。斷猶連。(屑)。
國漢文新玉篇	천천히【제】。安徐貌，折折。(齊)。꺽글【절】。斷也，曲也。屈也，折節。挫也，折辱。毀也，夭也。祭壇，泰折。【설】。斷猶連。(屑)。
字典釋要	【절】斷也결단할절○拗也꺽글절○曲也굽을절○夭也요'사할절○挫也꺽거질절○祭壇泰折 제'터절 【설】斷猶連 써거저서대롱거릴설 (屑)【제】安徐折折종용할제(齊)

漢鮮文新玉篇	절단홀【절】斷也。쎅글【절】曲也。요ㅅ홀【절】夭也。쎅거질【절】挫也。又毁也。제터【졔】祭壇,泰折。쎅거져셔듸거릴【셜】斷猶連。(屑)。종용홀【졔】安徐,折折。(齊)
新字典	【졔】折折安徐貌쳔쳔할[禮]古事欲其折折爾(齊)【절】拗也쎅글。부지를[詩]無折我樹杞〇斷之결단할[易]无敢折獄〇折中알마즐[漢書]微孔子之言亡所折中〇曲也휘일[禮]折還中矩〇屈也굽힐[漢書]折節下士〇挫也윽박지를[史記]諸侯吏卒乘勝輕折辱秦吏卒〇毁也헐[漢書]高帝常從王媼武負貰酒兩家折劵棄責〇夭也일즉죽을[書]六極一曰凶短折【셜】斷猶連불어질(屑)

首先，上表五種字典的字音排列順序表明，《漢鮮文新玉篇》之前的字典都是在標題字'折'後標註'【졔】,【졔】,【절】'。而《漢鮮文新玉篇》是在標題字'折'後先標註字義'절단홀'，然後再標註字音'【절】'。這一順序排列在《漢鮮文新玉篇》之前編撰的《字典釋要》裏也有。《字典釋要》首先標示標題字的代表字音【절】，後面的字音與字義排列的順序跟《漢鮮文新玉篇》的方式相同，也是'字義-字音'的順序。

上表的《漢鮮文新玉篇》中，'折'字的字音有三個：【절】、【셜】、【졔】，排列順序為：'【절】-【셜】-【졔】'，與之前出版的《全韻玉篇》及《國漢文新玉篇》的排列順序'【졔】-【절】-【셜】'稍有不同。但與現行的朴在淵的《中朝大辭典》(2002)及'NAVER'、'DAUM'等在線字典的排列數序'【절】-【셜】-【졔】'或'【절】-【졔】'相同。換言之，現行的字典繼承了《漢鮮文新玉篇》字音的種類、代表字音及常用字音的排列順序。

不僅如此，《漢鮮文新玉篇》的韻目排列順序，雖然與《全韻玉篇》大體一致，但也有不同之處。例如：《全韻玉篇》的韻目的排列順序為：'(齊)-(屑)'，而《漢鮮文新玉篇》則是'(屑)-(齊)'。這是因為當時漢字代表音發生變化，韻目的排列也隨之發生變化而引起的。由此可見，玄公廉在編撰《漢鮮文新玉篇》時，不僅將古音收錄在內，而且在排列字音時，也是考慮要順應時代潮流的。

4.3. 字義

為了理解《漢鮮文新玉篇》對字義的解釋方式，下面以'比','丁','岭','娚','拵','噥'等字為例進行分析說明。

例1) '比'字

화흘【비】合也。아오를【비】竝也。추례【비】次也，比鄰。호피【비】虎皮，皋比。짜일홈【비】地名，比蒲。(支)。비교흘【비】校也。갓흘【비】類也。젼줄【비】方也，比例。又刑官，比部。(紙)。庀通。씩씩흘【비】密也。미츨【비】及也。기다릴【비】待也。편당【비】黨也。치웃칠【비】偏也。갓가울【비】近也。가지런흘【비】齊也。좇칠【비】從也。괘일홈【비】卦名。又矢括。빈삭흘【비】頻也，比比。참빗【비】櫛具，比余。(寘) 추례【필】次也，櫛比。(質)。

例2) '丁'字

고미리【뎡】幹名，彊圉。만날【뎡】值也，當也。寧丁，居父母喪曰丁憂。쟝뎡【뎡】強壯民夫。셔로부탁흘【뎡】相屬，丁寧。뜻일어버릴丁【뎡】失志，零丁。(青)。벌목소리【칭】伐木聲，丁丁。(庚)。

例3) '岭'字

산일홈【령】山名，산깁흔모양【령】山深貌，岭嶝。(青)。

例4) '娚'字

말소리【남】語聲。(覃)。【朝】오라비【남】姊妹謂男兄弟曰娚。

例5) '拵'字

꼬즐【존】挿也。(願)。【日】됴합흘【존】調和。

例6) '噥'字

달게먹을【농】甘食。(冬)。【華】두덜거릴【농】咕噥。

從《漢鮮文新玉篇》中的'比','丁','岭'等字字義的解釋來看，它繼承了《全韻玉篇》[8]，並且用韓語對其進行解釋。尤其是'例2)丁'字的第一個韓語釋義'고미리'在其他字典裏并未曾出現過。還有'丁'字的釋義，如'셔로부탁흘【뎡】相屬，丁寧。뜻일어버릴丁【뎡】失志，零丁'等，則相比同期的其他字典更為詳細。'例3)岭'字的漢文注釋'산일홈【령】山名，산깁흔모양【령】

---

8) 【뎡】幹名，彊圉。值也，當也。寧丁，強壯民夫。相屬，丁寧。失志，零丁。(青)。【칭】。伐木聲，丁丁。(庚)。《全韻玉篇》

山深貌，岭嶜。(靑)。'으로 '산깊흔모양【령】山深貌，岭嶜。'等在之前發行的字典中也未曾出現過。《漢鮮文新玉篇》中首次出現後，在之後的《新字典》及其他字典中也可以找到，由此可知，後世的字典繼承了《漢鮮文新玉篇》中出現的新釋義。

《漢鮮文新玉篇》的漢文注釋相比其他字典更多、更詳細，其中一個原因應該是該字典中附有詳細的韓語解釋。'例4)娚'，'例5)拵'，'例6)噥'等字在漢文注釋部分注有'【朝】'，'【日】'，'【華】'等字樣，其中【朝】指的是在韓國通用的漢字，【日】指的是在日本通用的漢字，【華】指的是在中國通用的漢字。例如："娚"字注釋"말소리【남】語聲。(覃)。【朝】오라비【남】姊妹謂男兄弟曰娚。"中的"말소리【남】語聲。(覃)。【朝】"在當時只是在韓國通用。"拵"字注釋"쏘즐【존】挿也。(願)。【日】됴합홀【존】調和。"中的"쏘즐【존】挿也。(願)。【日】"在當時只在日本使用。"噥"字注釋"달게먹을【농】甘食。(冬)。【華】두덜거릴【농】咕噥。"中的"달게먹을【농】甘食。(冬)。【華】"在當時則是只在中國使用。這也說明了《漢鮮文新玉篇》的漢文注釋要比其他字典更為詳細之處。

5.《漢鮮文新玉篇》的特徵及價值

本文從編撰者、編撰目的、版本、體制及內容等方面，對啟蒙時期編撰的《漢鮮文新玉篇》進行分析研究，現將該字典的特徵和價值整理如下：

首先，《漢鮮文新玉篇》的標題字數為16,739，在當時是空前的，并用韓語對字義一一進行解釋。《漢鮮文新玉篇》首先將《全韻玉篇》的漢文釋義用韓語進行解釋，然後參考《康熙字典》，補充了大量的標題字。因此，在同時期的字典中該字典收錄字最多。雖然該字典接受了《康熙字典》的體制，按照部首順序，筆畫順序將標題字一一排列。但，仍然繼承了《全韻玉篇》的所有字音和字義，并對其進行了補充完善，這方面有很大的價值。

其次，《漢鮮文新玉篇》標題字的音讀及訓讀的標記方式與之前的字典有所不同。《漢鮮文新玉篇》之前出版的《全韻玉篇》、《國漢文新玉篇》及《字典釋要》是先註明字音，然後配以漢文注釋及字義解釋。而《漢鮮文新玉篇》

則是先註明字義及字音,然後配合漢文注釋。這表明《漢鮮文新玉篇》在體制上是做了新的嘗試的。而在《漢鮮文新玉篇》之前出版的《國漢文新玉篇》,則完全繼承了《全韻玉篇》,僅將漢字的代表字義進行韓語解釋,《字典釋要》僅從《康熙字典》中提取了要旨。因此,對標題字的解釋就顯得有些過於簡單了。相反,《漢鮮文新玉篇》將所有漢文釋義進行了韓語解釋,并脫離了《全韻玉篇》的體制,開闢了字典編撰的新篇章。

另外,《漢鮮文新玉篇》在字典前部附有'檢字部',為漢字檢索提供了便利。'가나다'音部附錄等,這在當時意義非凡。現在的字典裏都註明了漢字的總筆畫數、字音及頁數,為檢索提供了極大的便利。而當時,為了檢索之便做出'가나다'音部附錄這樣的嘗試則是空前的。

最後,《漢鮮文新玉篇》將在韓國新造的漢字,包括僅在日本使用的漢字以及僅在中國使用的漢字都收錄在內,可謂是順應時代潮流的佳作。筆者將在韓國使用的,在日本使用的及在中國使用的漢字一一整理如下表:

【朝】	上	웃【상】下之對。놉흘【상】尊也。인군【상】君也。(漾)。올닐【상】進也。오를【상】登也。 (養)。【朝】차하흘【차】上給下上下。
	串	습관【관】狎習。(諫)。慣同。쇠미【천】物相連貫。(霰)。【朝】짜일홈【곶】地名,竹串島。곶창이【곶】貫物竹釘。
	刺	죽일【즈】直傷,刻除。 무름【즈】訊也。긔롱흘【즈】譏切,諷刺。가시【즈】芒也。통즈【즈】書姓名於奏白。(寘)。&同。씨를【쳑】刃之,黥也。비잡을【쳑】偵伺,挐舟。스스로히말흘【쳑】私語,刺刺。(陌)。諫。【朝】수라【즈】御供曰水刺。
	卜	겸【복】龜問。줍人【복】賜與。(屋) 。【朝】짐【복】擔也。
	太	클【태】大也。심흘【태】甚也。(泰) 。大泰通。【朝】콩【태】菽也。
	套	거듭【토】重沓。장대흘【토】長大。(號)。【朝】젼례【투】例也。
	...	...
【日】	俵	난어줄【표】分畀。흣흘【표】俵散。(嘯) 。【日】가마니【표】秙也。
	姬	어엿불【화】豔好。【日】

	峠	고기【상】嶺也【日】
	扔	그러나【인】發語近乎然字【日】
	掟	지휘ᄒ야베플【뎡】揮張(徑)【日】령갑【뎡】教令
	...	...
【華】	婆	로파【파】老媼。춤추ᄂ모양【파】舞貌，婆娑。(歌)。【華】조모【파】祖母婆婆。
	坌	上同。아오름【분】竝也。모들【분】聚也。(吻)。(願)。【華】ᄯᆫ모양【분】壓腐貌。
	墊	ᄲᅢ질【뎜】溺也。(豔)。䩞通。【華】눌닐【뎜】墊傷。
	墩	돈딕【돈】平地有堆。(元)。【華】안석【돈】靠墩。
	姆	녀스승【무】。女師。(麌)。【華】빅모【무】伯母姆姆。
	...	...

　《漢鮮文新玉篇》雖價值非凡，但與啟蒙時期發行的《國漢文新玉篇》，《字典釋要》，《新字典》等字典相比，它幷未受到眾人的關注。然而《漢鮮文新玉篇》作為同時期收錄字最多，具有詳細韓語解釋的一部字典，它的價值却是不可忽視的。[9] 因為此前的字典都僅有漢文釋義而無韓語注釋，使用上有諸多不便。因此，儘管《國漢文新玉篇》將漢字的代表字音與字義配以韓語解釋，仍顯得美中不足。《字典釋要》則將字義的一部分配以簡洁明了的韓語解釋。而《漢鮮文新玉篇》將所有的字義一一配以韓語解釋，彌補了兩者的不足。《漢鮮文新玉篇》的韓語釋義也在後來的《新字典》，《字林補註》等字典中得以繼承。啟蒙時期的字典的序文中幾乎都提到漢字字音混亂的問題，幾乎所有的字典編撰者都為此絞盡腦汁。

　　筆者以為，《漢鮮文新玉篇》應該是近代啟蒙時期對漢字的音讀和訓讀整理做出最規範化的一部字典，具有很高的研究價值。本文對《漢鮮文新玉篇》研究，主要從作者、編撰目的、版本、收藏處及內容等不同层面對該字典進行宏观的整體研究，幷且也與同時期的其他字典進行比較研究，分析

---

[9] 雖然1915年出版的《新字典》也對所有的漢文釋義進行韓語解釋，但《新字典》是篩選了《全韻玉篇》中的一部分釋義，然後將其加以韓語解釋。與之不同的是《漢鮮文新玉篇》盡可能地將《全韻玉篇》的所有釋義進行韓語解釋。

了該字典的特徵及價值。筆者在本文的基礎上,將計劃進一步對《漢鮮文新玉篇》的字形,字音及字義等方面進行更系統、更深入的研究。筆者同時也希望本文能夠為韓語的研究及漢字異體字、俗字等的研究提供資料參考價值。

6. 《漢鮮文新玉篇》的先行研究

近代啟蒙時期的代表字典有《國漢文新玉篇》(1908),《字典釋要》(1909),《漢鮮文新玉篇》(1913),《新字典》(1915)等四種。這些字典收錄的字數、編輯體裁及種類與現在的字典相比有很多不足之處。然而,一個不能忽視的事實是,近代啟蒙時期的字典為現代字典的誕生提供了基礎。上述四部字典當中,有的字典被大眾熟知,有的字典則不然。例如,《漢鮮文新玉篇》便是其中不被熟知者之一,雖然出版幾次,仍然無人問津。從當時的時代背景來看,與《漢鮮文新玉篇》相似,很快被人遺忘的字典其實不在少數。

《漢鮮文新玉篇》的標題字數為16,735,與同一時期出版的其他字典相比,標題字數較多,並且所有義項都使用韓語進行了解釋。該字典包含了新字,搜羅了當時朝鮮、日本和中國的通用漢字及漢字的含義,順應了當時的時代大潮,是一本具有很高價值的字典,然而與《漢鮮文新玉篇》有關的研究却為數不多。迄今為止,有關《漢鮮文新玉篇》的論文僅有一篇碩士畢業論文,一篇博士畢業論文及3本書籍。這些研究也並非對《漢鮮文新玉篇》進行的專門研究,有些只是簡單地從字典的種類、屬性及體例等書志學的角度對近代啟蒙時期的編撰進行研究,屬於對該字典進行的部分的研究而已。對《漢鮮文新玉篇》進行的已有研究現整理如下表,以供參考:

種類	題目
碩士學位論文1篇	-權廷厚,近代启蒙期漢字字典研究」,釜山大學教育大學院碩士學位論文,2009.
博士學位論文1篇	-田日周,「最近世韓國漢字字典研究」,嶺南大學大學院中文

著作3本	系博士學位論文，2002.
	-田日周，《韓國漢字字典研究》，大邱：中文出版社2003.
	-朴亨翌，《韓國的字典及字典學》，首爾：月印，2004.
	-朴亨翌，《韓國字典的歷史》，首爾：亦樂，2012.

7.參考文獻

1. 鄭卿一,《全韻玉篇》,未詳, 1819,
2. 鄭益魯,《國漢文新玉篇》,平壤：耶蘇教書院, 1908.
3. 池錫永,《字典釋要》,京城：匯東書館, 1909.
4. 玄公廉,《漢鮮文新玉篇》,京城：大昌書館, 1913.
5. 朝鮮光文會,《新字典》,京城：新文館1915.
6. 田日周,《韓國漢字字典研究》,大邱：重文出版社, 2003.
7. 朴亨翌,《韓國的辭典和辭典學》,首爾：月印, 2004.
8. 漢語大辭典編纂處,《康熙字典》,上海辭書出版社, 2007.
9. 朴亨翌,《韓國字典的歷史》,首爾：亦樂, 2012.
10. 田日周,《最近世 韓國漢字字典研究》,嶺南大學校大學院 中語中文學科博士學位論文, 2002.
11. 權廷厚,《近代啓蒙期漢字字典研究》,釜山大 教育大學院 碩士論文, 2009.
12. 李光浩,「開化期的語文政策」,《東洋學》第32輯,檀國大學校 東洋學研究所, 2002.
13. 李忠求,「韓國字典成立的考」,《泮矯語文研究》 第三輯,泮矯語文學會, 1991.

4

《字典釋要》

羅度垣.金玲敬

1. 引文

  《字典釋要》是韓國的一部重要字典之一，於1909年由池錫永（1855~1935）所編撰，對16,309種漢字作漢文注釋，并用韓語表示每種漢字的字音和釋義，令讀者能夠查到漢字正確的韓語音訓。

  一般來說，漢字工具書多用'辭典'、'字典'、'玉篇'之名。在韓國，通常被稱為'玉篇'。該名稱來自於《玉篇》。自從顧野王所撰《玉篇》傳入韓國以來，就普及程度而言，一直有很大的影響力，最後成為"漢字詞典"的代稱。但是，顧野王的《玉篇》距今時代久遠。所以，"漢字詞典"的代稱"玉篇"一詞應該是《全韻玉篇》的略稱。

  《漢語大詞典》中，'字典'的解釋為："以字為單位，按一定次序編排，一一注明其讀音、意義和用法的工具書。"辭典是解釋單詞(words)的，而字典則是以字(characters)為對象加以解釋。因此，"辭典"和"字典"的區分標準就在於解釋的範圍－是只包括標題字，還是擴大到以該標題字為構詞成分的詞彙。

  中國歷代一直有編纂字典的傳統。如東周的《爾雅》和《史籀篇》，東漢的《說文解字》、晉代的《字林》、後魏的《字統》、宋代的《類篇》以及明代的《字彙》和《正字通》等。最早以'字典'為書名的就是清代的《康熙字典》。《字典釋要》的'字典'二字指的就是《康熙字典》。因此，此書名就是'解釋《康熙字典》之要旨'之意。[1]

　　《國漢文新玉篇》(1908)和《字典釋要》問世之前的韓國字典，幾乎都是從中國引進或中國字典的重新刊行。很難找到有韓文加註的。用韓語表示其漢字的音義及用例的做法，雖然在《訓蒙字會》(1527)、《新增類合》(1576)、《註解千字文》(1572)(1752)等的蒙求類字書裡已出現過，但是這些蒙求類字書的編撰目的都在於兒童識字教育。因此，無論字量還是釋義的水平[2]，均莫及于字典的要求。朝鮮正祖在位時編纂的《全韻玉篇》，字量多達10,977個。規模夠格、釋義俱全，可以稱為韓國字典的典範，也是韓國式漢字字典的原型。但是，該字典除了以韓音表示標題字的字音以外，全是漢文釋義。雖然在識字人士層起到相當的影響，仍未能普及到民間。《字類註釋》刊於1856年，字量可以和《全韻玉篇》媲美，達到10,968個字，又以韓文表示音訓，充分滿足國文漢字字典的要求。但是，該書的收字方式卻採取了'意味範疇分類法'。以'天道部'、'人道部'、'地道部'、'物類部'等4種'部'，以及'天文類'、'水火類'、'山川類'等三十幾種'類'來收錄漢字。因此，檢字效率偏低，實用性亦不高。

　　而《字典釋要》對每個字頭下均詳細地提示韓國漢字音、漢文釋文、韓文釋文、韻目、同字、通字、俗字等的信息，能使讀者實質性地掌握漢字知識，實用性相當強。此與池錫永於序文所提的"雖婦孺僬牧費了幾日之工，解得國文"[3]一句一脈相承，也充分反映了池錫永先生對'啟蒙民眾'的熱望。

---

1) 余慨于此，閱康熙字典撮其字之精要，　取其義之簡易釋以國文。《字典釋要》<序文>)
2) 《訓蒙字會》的字量有3,360個字，《新增類合》有3,000個字。
3) 《字典釋要》<序文>。

2. 《字典釋要》編纂

2.1. 《字典釋要》作者

　　《字典釋要》的作者為池錫永（1855~1935）。池錫永是一位國語[4]學家兼醫學家[5]，在韓國以推廣牛痘術為人所知。他的祖籍在忠州。字公胤、號松村。自幼拜中人階級[6]出身韓醫師朴永善為師學韓醫，頗受開化思想和現代醫學的影響。

　　1879年，他在親眼目睹由於痘瘡全國猖獗導致許多兒童的死亡後，對韓醫學產生了懷疑。於是，來到在日本人而開的西式日本醫院學習種痘法。又為了學會從牛採取痘苗的製造法，與金弘集等人到日本掌握了牛痘苗的製造法、採痘痂收藏法、犢牛飼養法以及採漿法等有關技術。並於1880年於首爾建立種痘場，實施牛痘接種法。

　　1883年，池錫永抱著為政府的開化政策立案助一臂之力的願望，參加了式年文科。乙科及第，歷任持平之官。後於1885年，撰述了《牛痘新說》一作。但是，開化派失權，國運衰落，池錫永在擔憂之際，於1887（高宗24年）修本上奏。卻遭到守舊派的讒毀，被流放到了薪智島。在六年的流放歲月中，他撰寫了《重麥說》和《新學新說》等論著。1892年，池錫永恢復自由，任承旨一職。1896年，又歷任東萊府使。1899年，他就任為京城醫學校校長。此後的八年，池錫永一直從事於醫學教學事業，也竭力於韓字普及事業。

　　池錫永自投身于獨立協會（1896~1899)以來，不僅竭力於保健事業，還鑽研國文。他在釜山學習種痘法時，曾幫助日本人編纂韓日辭典。這些經驗使他認知到正確教育韓字的重要性。在1896年，池錫永用純國文撰述《國文論》，載於《大朝鮮獨立協會會報》之上。此文深刻批判了以往的知識階層蔑視國文為'雌字'的錯誤。又於1905年7月8日又修<新訂國文請議疏>一

---

[4] 本文所提到的"國語"或"國文"特指"韓國語"與"韓文"。
[5] 池錫永在醫學和開化運動方面的業績可以參考慎鏞廈，<池錫永之開化思想和開化活動>，《韓國學報》第115輯。河岡震(2010)，664頁。
[6] 朝鮮時代身份階級中的一種，介於貴族與平民之間。

文上奏，請求國文的整理。在此文中他指出，世宗大王所創製的國文表意簡便，其用無窮、無不表音、又易習得，卻被學者丟棄。而學者未定正式標準，導致混亂日益加劇。他還指出在現行的4行154個字中疊韻和失音的各多達36個字，都失去了高低的標準形式。因此，建議重新整備國文，以圖國家的自主富強。高宗皇帝採納了他的建議，於1905年7月19日公佈了'新訂國文'。7)

　　池錫永致力於重新奠定國文地位，於1907年2月設立了國文研究會。此舉得到了政府的支持。於是，在1907年7月學部之下國文研究所也設立起來了。

　　如此，池錫永與周時經、魚允迪、李能和等人一起主導'國文學運動'，推動了韓字的廣泛使用。同時，還主張刪ㅿ和ㆁ而定14子音，以及硬音的各自并書。如"ㅅㄱ·ㅅㄷ·ㅅㅂ·ㅆ·ㅆㅈ"等均改為"ㄲ·ㄸ·ㅃ·ㅆ·ㅉ"等。他和周時經又反對以往的竪排書寫方向，提倡了橫寫，為現在韓語書寫方式打下了基礎。

2.2.《字典釋要》的編纂背景

　　《字典釋要》完成於1909年。但其始作時代遠早於此，推定大約在1892年前後已開始動筆寫稿了。8)該時期正是朝鮮封建體制沒落，日本的國權侵

---

7) <新訂國文>具體內容如下。
① 五音象形辨：國文子音的制字原理就是象發音器官之形。
②初中終三聲辨：初聲終聲通用八字，使用ㄱㄴㄷㄹㅁㅂㅅㅇ，廢除ㅿ，ㆁ，ㆆ。初聲獨用六字ㅈㅊㅋㅌㅍㅎ，中聲獨用十一字 使用ㅏㅑㅓㅕㅗㅛㅜㅠㅡㅣ，廢除'ㆍ'，又使用池錫永所制的'='。
③ 國文合字辨：如同'강'，採取合字形，不並列字母。
④ 高低辨：在上聲，去聲， 曳聲右旁加點表示，在平聲及入聲不加點。
⑤ 疊韻刪正辨：廢除'ㆍ'。
⑥重聲釐正辨：雖然重聲'ㄲ，ㄸ，ㅃ，ㅆ，ㅉ'寫作'ㅺㅼㅽㅆㅾ'，採取更常用的'ㄲ，ㄸ，ㅃ，ㅆ，ㅉ'的寫法，唯獨'ㅳ'表示'以'的寫法更改為'ㅆ'。上述的<新訂國文>所主張的規範，除了'='以外都被接受，而且全國普遍使用了。(慎鏞廈，同上，106~107頁)
8) 河岡震，<《字典釋要》還編纂過程及各種版本體裁變化>，《韓國文學論叢》第56輯(2010年)，664頁。

奪日益加深的動蕩時期。從社會發展的角度來看，近代啟蒙時期－尤其從1880年代到1896年的甲午改革，對韓國人民來說對內自覺到民眾的教育及國文的需求，對外明確認知到國文的真正的地位－在與外國交流時能與外語對應、助於交通的語言。因此，語文問題就成為當時頗受關心的現案問題9)，對民眾的國文教育也受到了相當大的重視。

　　儘管國文的地位得到提高并受大眾的支持，但由於尚未制定能夠正確標記國語語音的標記法，所以國文也未能徹底普及於整個社會。由於國語規範不全，在實際文字教育中出現了很多嚴重的問題：只懂國文的教師分辯不出語意而教錯學生，又因學者的研究不精，只能襲用慣行的字音來教育兒童。於是，引起了國文語音日益訛變的問題。並且，連漢字的正確韓音和對譯釋義也尚未得到規範化，使國文教育在民間根本起不到實質性的作用。另外，知識階層及統治階層已習慣于在生活中以使用漢文為主，對接受以國文為主的'純韓文體'毫無準備。如此，想要一下改變全國人民所熟悉的語言環境，是不容易實現的。這便需要摸索出在不同階層能夠使用的、包容各種不同文字習慣的合理辦法。最終，漢韓混用的'韓文漢字混用體'出現了。

　　在這樣的情況下，池錫永長期投身于國文研究，一直渴望通過國文教育能夠啟蒙民眾、普及新知識。但是，在朝鮮當時的情況下，他的最終目的－撰述韓語國文詞典－是難以實現的。因為，一本國文詞典就是已經規範化的語文之集。編纂國文字典必需先對國文進行統一、深化的研究，并充分積累其成果才能做到。當時的燃眉之急就是知識的普及。因此，首先要構建一套標準化的國文正字法（國文標記法）。然後使之適用於實際文獻編撰之中。憑藉當時的語言環境，唯一能夠有效代替國文詞典的方法只有在漢字字典的基礎上以韓文加註。而且，考慮韓語的特點－不懂漢字則分辨不了正確音義－更需要使民眾掌握全面的漢字知識，擁有更強的國文閱讀能力。長遠看來，這樣才能避免已規範化的國文音義任意變化的負面情況。由此看來，編纂字典可以說是近代國文運動的一個重要環節。10)

---

9) 許在寧，<近代啟蒙期之語文政策 (1) —以開化期《漢城旬報(周報)為主>，《韓民族文化研究》第14輯，2004.06。

3. 《字典釋要》版本及體制

3.1. 《字典釋要》版本

池錫永於1892年前後開始撰寫本書,直到1904年冬季已完成初稿,1906年8月脫稿。翌年(1907年)12月份向學部提交了登梓本。當月通過檢定,於1909年7月在上海周月記書局用石印印刷而問世。自初,刊本問世以來41年之久,《字典釋要》的重刊次數多達21次。最多時,一年重刊過兩次,這在一般出版環境中屬於很罕見的情況。由此可以證明當時的民眾對《字典釋要》的重視,以及該書在韓國字典編撰史上所佔地位何的崇高。《字典釋要》的出版情況和各種版本所藏地點,具體如下[11]。

<表1一>:《字典釋要》出版現況及各種版本的所藏地點

時期	版次	書名	發行日	發行所	所藏處
大韓帝國	初版	字典釋要	隆熙3(1909).7.30	匯東書館	河岡震, 東國大
大韓帝國	再版	〃	隆熙4(1910).3.10	匯東書館	韓國學中央研究院, 數位韓文博物館
日治時期	3版	〃	明治43(1910).10.1	匯東書館	國立中央圖書館
日治時期	4版	〃	明治44(1911).6.13	匯東書館	河岡震, 建國大, 高麗大
日治時期	5版	〃	明治44(1911).11.25	匯東書館	延世大
日治時期	6版	〃	明治45(1912).3.29	匯東書館	首爾大

---

10) 河岡震,<《字典釋要》編纂過程及各種版本體裁變化>,《韓國文學論叢》第56輯(2010年),664頁。
11) 對《字典釋要》版本的研究成果當中,最精湛、開創性的非河岡震(2010)的研究莫屬。上面的表格由河岡震(2010)再引用的。至於第15版本的信息,都基於韓國漢字研究所所藏的第15版本的。河岡震,<《字典釋要》編纂過程及各種版本體裁變化>,《《韓國文學論叢》第56輯(2010年),676~677頁。

	7版	增補字典釋要	大正1(1912).10.7	匯東書館	河岡震
	8版	〃	大正2(1913).5.31	匯東書館	首爾大
	9版	〃	大正3(1914).5.8	匯東書館	-
	10版	〃	大正4(1915).3.12	匯東書館	-
	11版	〃	大正5(1916).2.18	匯東書館	梨花女大
	12版	〃	大正6(1917).5.21	匯東書館	河岡震, 國立中央圖書館
	13版	〃	大正6(1917).5.21?	匯東書館	-
	14版	〃	大正7(1918).5.29	匯東書館	國會圖書館
	15版	增正附圖字典釋要	大正9(1920).10.10	匯東書館	河岡震, 慶北大, 慶星大韓國漢字研究所*
	16版	〃	大正14(1925).6.20	匯東書館	首爾大
	17版	〃	昭和3(1928).6.10	匯東書館	河岡震, 首爾大
	18版	〃	昭和11(1936).3.30	匯東書館	河岡震, 檀國大
	_12)	〃	昭和18(1943).4.20	永昌書館	慶北大, 慶熙大, 高麗大, 東國大, 全南大
大韓民國	再版	〃	1949.8.20		河岡震, 江南大, 延世大, 梨花女大
	3版	〃	檀紀4283(1950).2.28		高麗大, 全北大

---

12) 由於池錫永的去世, 他的長子繼承了'著作兼發行者'的權利而換掉了發行所, 1943年版本就由永昌書館發行。永昌書館又刪除了以前的出版履歷滅掉匯東書館的痕跡, 顯得1943年版像是出版本。而且1943年版本的版權紙上又未表示版次, 於是本文也沒刻意稱之第十九版。河岡震(2010), 693頁。

(1) 各種版本結構比較

　　《字典釋要》以書名為準，可以分為《字典釋要》(初刊本)、《增補字典釋要》(增補版)、《增訂附圖字典釋要》(附圖版)，其體裁概要如下表所示[13]。

版式			字典釋要 (初版~6版)	增補字典釋要 (7版~14版)	增訂附圖字典釋要 (15版~永昌書館3版)
版式	全體		13.0×19.7㎝²	13.3×19.9㎝²	12.8×19.9㎝²
	半郭		11.0×15.4㎝²	11.0×15.0㎝²	10.8×15.0㎝²
體裁	卷頭	標題紙	1張(1面)	1張(1面)	1張(1面)
		照片	1張(1面)	1張(1面)	1張(1面)
		序文	1張(2面)	1張(2面)	1張(2面)
		凡例	4張(8面)	4張(8面)	4張(8面)
		目錄	7張(14面)	5張(10面)	5張(10面)
		檢字	-	6張(12面)	6張(12面)
	正文	上卷	94張(187面)	94張(187面)	94張(187面)
		下卷	121張(241面)	121張(241面)	121張(241面)
	卷末	插圖	-	-	20張(40面)
		跋文	1張(2面)	×	×
		版權紙	1張(1面)	1張(1面)	1張(1面)
總計			231張(457面)	234張(463面)	254張(503面)

　　《字典釋要》是一本仿傳統古書而石板印刷的線裝本。版式結構如下：匡郭四周雙邊、行款縱10行、註雙行，　魚尾版心，　版心由版心題、魚尾、索引信息構成。魚尾為上下內向二葉花紋魚尾，版心題上的書名每種版本均印為'字典釋要'。索引信息包括上下卷次、標題字所屬的部首及其筆畫數，以及張次等內容。

(2) 各種版本內容結構的比較

---

13) 河岡震(2010)，696頁。

各種版本的《字典釋要》在形式、內容上都發生了變化。如標題字的排序順序、釋文內容、韓語語法等。這證明池錫永對本書抱著格外的堅持和執著精神。每當重刊之前,一直不斷地研究并矯正。為了比較初刊本、增補版、附圖版三種版本的內容,現將第3版《字典釋要》、第12版《增補字典釋要》、第15版《增訂附圖字典釋要》為標本進行了對比,得出了如下5項的結果。

其一,不同版本所收字字量有所差異。《字典釋要》目錄之後,均計標題字的總數,可以由此看出字典的規模。初刊本和增補版的目錄後面各計數為'總一萬六千二百九十八字',附圖版計數為'總一萬六千二百九十五字'等。但是,目錄後面的收字總數和在目錄各個部首之下所表示的收字字數總數,均與正文所收的標題字的總數不同。14)並且,此結果又與韓國漢字研究所構建的數據庫的收字字數也有所不同15)。

統計標準	初刊本	增補版	附圖版
目錄後面所計的標題字總數	16,298	16,298	16,295
目錄各個部首下所計的標題字數總數	16,299	16,345	16,343
正文所收標題字字數總計	16,306	16,306	16,310
韓國漢字研究所數據庫字數總計*	-	16,309*	16,315*

在對12版本和15版本的標題字的比較中發現,第12版本上刪除了柰、嵤、筋、茉、淲、漾、瑊、磿、緋、芛、蓳、璕、甃、誐、豊、貗、贄、蹾、躃、靶、轒、昏、髮、鬘等26個字,補進了亡、虯、嵱、洂、朱、泌、溰、玨、玞、琜、瓆、畽、澁、砎、硬、磎、稠、舮、蕺、貏、獮、蹉、釜、靾、鞐、髻、鬖、鬘、渻、蟸等30個字。

其二,在韓文釋文上也可以發現三種版本的差異。比如,第3版本和12版本之'平'字條謂:"【평】正也。평할【평】。○均也。평균할【평】。○坦

---

14) 河岡震所統計的字數不同於筆者數據化之後的字數。
15) 打*記號的地方是基於韓國漢字研究所韓國研究財團項目—"韓中日古代字統合檢索系統建構與比較研究"(NRF-2011-322-A00040)而得出來的數值。在此聲明本表是以河岡震的原資料為基礎加以加工、合并起來的。

也。평탄할【평】。○和也。화평할【평】。(庚)。定物價。물건갑정`할【평
`】。○官名，廷尉平。벼살일홈【평`】。(敬)。【편】辨治平平。분변`하야다
사릴【편】(先)。"，在第十五版本上只對"定物價"修改，改韓文釋文釋謂：
"물건중도위【평`】"又如'惀'，在第3版本和12版本'惀'字條上謂："【요】憂
貌。惀惀。근심하는모양【요】。(蕭)。"，卻在第15版本上修改韓文釋文改
釋謂："【요】憂貌。惀惀。눈ㅅ살씨푸릴【요】。(蕭)。"

　　其三，矯正前版的誤字。第3版本'忯'字條謂："【칙】惕也。忯忯。근심
할【칙】。(職)。"，而在第12版本謂："【칠】惕也。忯忯。근심할【칙】。(
職)。"，將"【칙】"誤寫"【칠】"，於是在第十五版本上加以矯正，改表"【칙】"
音。

　　其四，漢文釋文上有差異。據筆者的分析，附圖版的字義解釋比起《全
韻玉篇》，更接近於《康熙字典》。以'堭'字為例，如下：第3版本和12版本
謂："【황】室無壁。벽업는방【황】。(陽)"，第15版本卻謂："【황】合殿堂堭。
전`각【황】。(陽)。"。《康熙字典》'堭'字條也引用了《博雅》之"堂堭，合殿
也。"，但無"室無壁"之句。但是《全韻玉篇》'堭'字條卻謂"室無壁。合殿，
堂堭。(陽)。"，由此可見，池錫永剛開始編纂《字典釋要》時，基本上繼承
了《全韻玉篇》的釋文，每當發現需要更改時，又參考《康熙字典》進行校
勘。又如'塤'，《字典釋要》第3版本12版本謂："【훈】樂器，土音。흙풍뉴
【훈】。(元)。壎仝。"，但在十五版本改謂："【훈】燒土樂器。질라팔【훈】。
(元)。壎仝。"《全韻玉篇》釋'塤'為"樂器，土音。"，《康熙字典》謂："《集
韻》同壎。"，再找'壎'字條為："樂器也。燒土爲之。"。由此可見，池錫永
在重刊《字典釋要》的過程中，更多參照的是《康熙字典》的釋文。

　　其五，標題字的排序上有差異。初刊本《字典釋要》和《增補字典釋要》
的標題字排序基本上一致。但是與《增訂附圖字典釋要》相比，卻有所變
化。從三種版本《字典釋要》手部字的排序上就能發現其變化的跡象，具體
如下：

扭-抖-扮-抉-扼-抑-找-扱-抪-欣-抐-抪《字典釋要(第3版本)》
扭-抖-扮-抉-扼-抑-找-扱-抪-欣-抐-抪《增補字典釋要(第12版本)》

扭-抖-扔-抉-扼-抑-拼-扱-抪-扻-抐-找《增訂附圖字典釋要(第15版本)》

此外，在凡例和序文的題目以及一些特定詞的表述上發生了變化。如大韓帝國的"韓"強制改為"鮮"。這是為了通過日本的檢閱，採取與前期版本不同的術語。總之，就內容而言，初刊本和增補版大致一致，附圖版與初刊本及增補版有著較大的變化。在此聲明，本文是以第12版本（1917年）為主要底本，將之與初刊本（第三版本，1910年）和附圖版(第15版本，1920年)作比較而撰述的。

3.2. 《字典釋要》的體裁

(1) 全體結構

《字典釋要》大致由標題紙、池錫永先生像、序文、凡例、目錄、檢字、正文、插圖、跋文，以及版權紙構成。其中，檢字和插圖是只在增補版和附圖增補版才有的特色。由此可見每種版本的構成要素大體相同，但是幾種版本卻有各自的特點－如新設檢字和插圖等，可以據此辨別出不同版次。

① 池錫永先生像

《字典釋要》的初版到1943年版，將池錫永的照片置於標題紙的第二張，解放後的版本卻不收了。初刊本到第十八版的照片是戴著三重丁子冠、穿著周衣的上半身的黑白照片。到14版本為止，在照片上面標示'池松村先生像'；從第15版到第18版則改為'池松村先生肖像'。1943年版本的照片與前面的版本不同，收了穿著周衣不戴冠的照片，在底下表示'池松村先生像'。由照片下的說明可以區分初刊本和增補版，據照片說明的位置又可以區分1943年版和其他版本。16)

② 序文

序文在《字典釋要》的所有版本上都有收入。但在適應日本出版法的過程中卻發生了一些變化。首先，序的名稱上發生了變化。初版至第6版本的序文為<字典釋要序>，從第7版以後就改為，<字典釋要原序>。在初版到第5版的序文所用的'我東'或'國文'之詞上也有變化，在第6版上用了'朝鮮'和'諺文'之類的詞。第7版開始，將序文之名改為'原序'，以避開日本的檢閱，'朝鮮'和'諺文'則再回'我東'和'國文'。但是，到1943年版本再次改為'諺文'。17)

③ 凡例

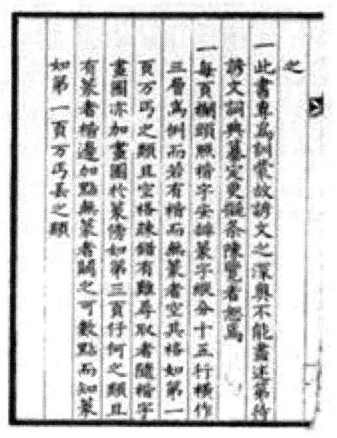 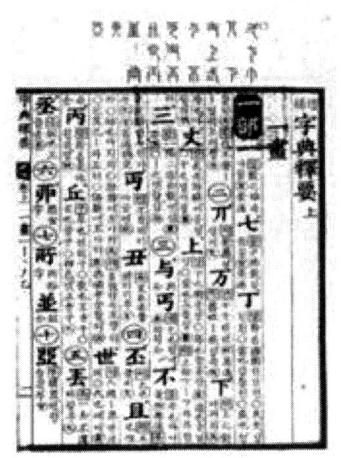

除了作者追求字典的完善而翻改－如調整收錄漢字的字量和字種、校改釋文錯誤等－以外，《字典釋要》當中變化最多的部分非凡例莫屬了。為了適應日本強制的出版法，在凡例上不得不作更改。導致凡例的條目數和內容上都產生了變化。因此，在初刊本總共有20條，而增補版則有20條，

---

16) 河岡震(2010)，700~701頁。
17) 但是第19版本(1943年版本)將"國文"又改為"諺文"。河岡震(2010)，702~703頁。

附圖版則有21條。至於凡例的名稱也有不同之處，初刊本的凡例為<字典釋要凡例>，增補版為<增補字典釋要原序>，附圖版為<增訂附圖字典釋要原序>。

  分析凡例具體的翻改如下：首先，在字句和內容結構上發生了更改。刪除或新設一些凡例。在字典的內容結構上發生了變化。[18]例如，是韓國的'韓'更改為朝鮮之'鮮'。表示國名的順序也發生變化。如"日鮮華"的表達，將日本的國名排在了最前面。直到1943版本，'日'又變更為'內'，反映了國權喪失的悲哀。

  因日本出版法而引起的凡例變化，對正文的結構和內容也起了相當大的影響。初刊本上規定避諱字處理方式的第十二條凡例不得不被刪除，導致全書結構和內容變化較大，必須重新出版增補本。按原來的第十二條凡例[19]，若標題字為御諱字，應該將該君主或王族的說明表示於欄頭上，但是由於第十二條凡例被刪，以後不能收這些御諱字，而欄頭上出現了不必要的空白。增補版為了解決這個空白，找出了一個解決方法：先刪除第十二條凡例，再效法《康熙字典》的體例增添第21條凡例，以此規定在欄頭上以縱15行、橫3段的形式收錄標題字的篆字。這樣不僅提供一般字典所常有的形音義信息，還能使讀者了解到特殊的字形信息。[20]這樣的體系是在《全韻玉篇》、《國漢文新玉篇》、《新字典》等其他字典所未有的特點。從篆字在古文獻和金石文的識別上具有的重要效用，可以看出《字典釋要》提篆字的用意何在。[21]

  將篆字置於欄頭，又在該標題字的右肩上加一點，以便檢字。此為增補版的核心變化，逼不得已選擇刪除欄頭的御諱字，反而變成轉禍爲福的

---

18) 增訂附圖版'開始新設凡例21條，添加插圖與日本的出版法無關，是為了提高字典本身的水平，助於讀者了解漢字釋義而設的。關於插圖的說明，在(7)插圖上具體敘述的。
19) 御諱字，依華東正音例，匡標于本字.擡頭書祖宗御諱，以表敬慎之義.《字典釋要》<凡例12條>
20) 每頁欄頭，照楷字安排篆字，縱分十五行，橫作三層為例.《字典釋要》<凡例20條>
21) Yi, Jun-Hwan, <《字典釋要》之體裁上的特徵及語言上的特徵>，《泮矯語文研究》第32輯， 2012，120頁。

契机。由此,該字典的專業性和價值都得到了提高。

④ 目錄

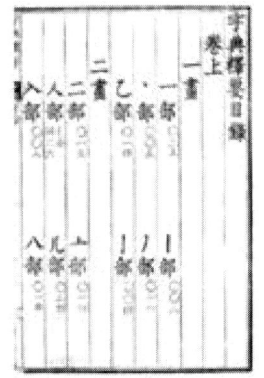 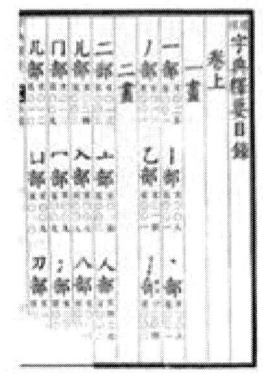

目錄是標題字的索引。初刊本的目錄為<字典釋要目錄>,增補版為<增補字典釋要目錄>, 附圖版為<增訂附圖字典釋要目錄>。三種版本按部首收字的方式基本相同。上卷收一劃到四劃部首字, 下卷收五劃到十七劃部首字。只是初刊本的目錄一行置兩個部首,而各部首之下有一行註表示所屬標題字的字數,增補版和附圖版一行置三個部首而各部首之下有兩行註表示所屬標題字的字數和頁碼,加強索引功能。並且在目錄之後,預先提示了標題字的總數。22)

⑤ 檢字

檢字是從第7版增補版以後新添的部分,初刊本所未有。這可以用作分辨出初刊本的根據。檢字是從1劃到33劃,按筆畫總數的多寡類聚、分類,據此分類排列出所有標題字。除此之外,還參照《康熙字典》和《字彙》的體例新設疑難字的檢索部分,為初學者提供簡便的檢索方法。所以,於'檢字'之下加註如"凡疑難字,不得其部,仍照劃數,於此檢之"23),并羅列28種疑難字。24)在此所列的疑難字其實並不是指僻字之類的難字,而指作為偏旁

---

22) 河岡震(2010), 707~708頁。
23) 河岡震(2010), 707~708頁。

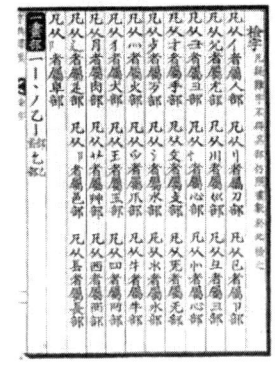

和部首字之時有字形變化的一些部首字的異體。表示其原字形何為，助於查詢。例如，"凡從亻者屬人部"、"凡從扌者屬手部"、"凡從某者屬某部"的體例就與《字彙》和《康熙字典》的完全一致，尤其是檢字開頭所示的"凡疑難字，不得其部，仍照畫數，於此檢之"一文，與《康熙字典》完全一致。但是，《字彙》和《康熙字典》所規定的疑難字共有"亻、刂、巳、允、兀、く、巜、川、彑、彐、忄、㣺、扌、攵、旡、歺、氵、氺、灬、罒、牜、犭、王、內、罒、皿、冖、罔、月、廿、西、辶、阝(邑)、镸、阝(阜)"35個字，《字典釋要》卻刪"兀、く、巜、內、皿、冖、罔"7個字，只留下"亻、刂、巳、允、川、彑、彐、忄、㣺、扌、攵、旡、歺、氵、氺、灬、罒、牜、犭、王、罒、月、廿、西、辶、阝(邑)、镸、阝(阜)"28個字了。

⑥ 本文

本文就由書名而起，如"增補"、"增訂附圖"等表示各種版本屬性之詞。於是，初刊本的上下卷的本文以<字典釋要上>、<字典釋要下>開始，增補版即為<增補字典釋要上>、<增補字典釋要下>，附圖版為<增訂附圖字典釋要上>、<增訂附圖字典釋要下>。按不同版本，本文所收的標題字的字種、排序、釋文內容上有所差異。但是，雖然有效地調整了字頭的字數，每版本的正文的頁數卻相同，均為241頁。25)

⑦ 插圖

插圖為初刊本和增補版所未收的部分，從第１５版本《增訂附圖字典釋要》開始出現。第十五版本之第二十一條凡例規定，"物名之可以圖形而詳明者，冊尾另具繪圖．於其原字，左旁加圈，以便考閱"。若有相關圖像就

---

24) 河岡震(2010)，708頁．
25) 河岡震(2010)，696頁．

更容易解釋其字之意,於是就在卷末附上豐富的圖片,如動植物、身體部位、農具、樂器、交通工具等。並且,在版心上記錄了標題字的部首,以便檢字。用插圖來幫助讀者理解釋文的方式,為其他字典-包括中國和日本-所未取的,是《字典釋要》的獨創特色。現代字典也採取此方式幫助讀者提升對漢字釋義的認知和了解。據河岡震(2010)的統計,附圖版所收錄的插圖共有590幅,標題字有626個。

⑧ 跋文

從《字典釋要》的初版到第6版都附著跋文。但從第7版本開始就消失不見了。跋文由閔濬鎬所撰,闡述了池錫永編纂《字典釋要》的過程和編纂目的。文中有"金東勛白萬玉崔憙鏞同書"一句。金東勛為當時掌隷院的寫字官。因此在準備學部的檢定和石印出版底稿的過程中,得到了政府全面的支持。[26]

⑨ 版權紙

版權紙上所顯示的信息有版權所有、印刷日期、發行日期、著作人及發行人、印刷人及印刷所、發行所及分買所、定價等有關出版印刷、流通過程等。河岡震(2010)指出了各種版本的版權紙上所顯示的變化,其具體內容可以整理成如下表格[27]。

區分	版權紙顯示內容
版權所有	版權所有(初版,再版):匯東書館
	著作權所有(3版~6版):匯東書館
	不許複製(7版~1943年版:匯東書館(7版~18版),

---

26) 河岡震(2010),710~711頁。
27) 河岡震(2010),710~711頁。

	永昌書館(1943年版)
印刷日期及發行日期	初版~再版： 3版~6版：明治 7版~16版：大正 17版~1943年版：昭和 光復後：書記及檀記
著作人	初版~17版：池錫永 18版：池錫永，池盛周(繼承池錫永的著作人權利) 1943年版：池盛周成為著作兼發行人
發行人	初版~18版：高裕相 1943年版：永昌書館
印刷人	初版~6版：校經山房俞子錫，大清上海大東門內大街中市 增補版：俞子錫 附圖版：朴仁煥(15版)、金鍾憲(16版)、金銀榮(17版)、朴翰柱(18版)、朴井仁煥(1943年版)
印刷所	初版~6版：周月記書局(大清上海大東門內唐家衖) 增補版：周月記書局(中華民國上海大東門內唐家街) 附圖版：朝鮮博文館印刷所(15版)、普明社印刷所(16版，17版)、東亞印刷所(18版)、中央印刷所(1943年版)、普成社(1949年版)、博文印刷所(1950年版)
定價	初版~11版：80錢 12版：90錢 14~18版：1圓20錢 15판：1圓50錢 1943年版：2圓50錢 1949年版：800圓 1950年版：1500或2000圓

(2)《字典釋要》的部首體系及標題字排序形式

《字典釋要》如同其他韓國字典一樣採取214部首體系，基本上與《全韻玉篇》的部首種類和排序類似，但是部首和標題字的排序上有細微差別，具體如下[28])。

---

28) *部分是指在部首排序和筆畫數的認定上與《全韻玉篇》有所差異的部分。

部首筆畫數	《全韻玉篇》	《字典釋要》
1	一丨、丿乙亅	一丨、丿乙亅
2	二亠人儿入八冂冖冫几凵刀力勹匕匚匸十卜卩厂厶又	二亠人儿入八冂冖冫几凵刀力勹匕匚匸十卜卩厂厶又
3	口囗土士夂夊夕大女子宀寸小尢尸屮山巛工己巾干幺广廴廾弋弓彐彡彳	口囗土士夂夊夕大女子宀寸小尢尸屮山巛工己巾干幺广廴廾弋弓彐彡彳
4	心戈戶手支攴文斗斤方无日曰月木欠止歹殳毋比毛氏气水火爪父爻爿片牙牛犬	心戈戶手支攴文斗斤方无日曰月木欠止歹殳毋比毛氏气水火爪父爻爿片牙牛犬
5	玉玄瓜瓦甘生用田疋疒癶白皮皿目矛矢石示禸禾穴立	玉玄瓜瓦甘生用田疋疒癶白皮皿目矛矢石示禸禾穴立
6	竹米糸缶网羊羽老而耒耳聿肉臣自至臼舌舛舟艮色艸虍虫血行衣襾	竹米糸缶网羊羽老而耒耳聿肉臣自至臼舌舛舟艮色艸虍虫血行衣襾
7	見角言谷豆豕豸貝赤走足身車辛辰辵邑酉采里	見角言谷豆豕豸貝赤走足身車辰辵邑酉采里
8	金長門阜隶隹雨靑非	金長門阜隶隹雨靑非
9	面革韋韭音頁飛風食首香	面革韋音*頁*韭飛風食首香
10	馬骨高髟鬥鬯鬲鬼	馬骨高髟鬥鬯鬲鬼
11	魚鳥鹵鹿麥麻	魚鳥鹵鹿麥麻
12	黃黍黑黹黽	黃黍黑黹黽鼎*
13	鼎鼓鼠	鼓
14	鼻齊	鼠*鼻齊
15	齒	齒
16	龍	龍
17	龜龠	龜龠
總計	214	214

如上列所表,《字典釋要》的部首種類和排序基本上與《全韻玉篇》相

同。但在筆劃數相同的部首之間的排序上有差異。度且算定部首筆劃數的標準也稍微不同，因而分類結果也有變化，如9劃的'音'、'頁'部首的排序各不相同：《全韻玉篇》將此二種部首置於'韭'之後，《字典釋要》卻將此置於'韭'之前。又如《全韻玉篇》將'鼎'部首置於13劃部首，《字典釋要》卻將之置於12劃部首，還有《全韻玉篇》將'鼠'部首置於13劃部首，《字典釋要》卻將之置於14劃部首。

除了部首排列之上有所差異以外，標題字的排序上也有差異，以'人'部三劃的標題字來比較《全韻玉篇》、《字典釋要》、《康熙字典》的標題字排序情況，則更容易看出來。

仝-仔-仕-以-付-代-仮-仙-仚-仟-他-仗-令-仡	《全韻玉篇》
仔-仕-付-以-代-仮-仙-仚-仟-仝-仗-令-仡-他-**仇**	《字典釋要》
仔-仕-(仴)29)-他-仗-(仺)-付-仙-仚-(仛)-(仜)-仝-仞-仟-(仠)-仡-(休)-仮-(仢)-代-令-以-(仦)-(仚)-(仭)-仮	《康熙字典》

正如上面所顯示，三種字典的標題字字種和排序並不完全相同。就標題字的排序看來，《全韻玉篇》和《字典釋要》更為相近，《字典釋要》增補《全韻玉篇》所未收的**仇**(仉)。這個字均未收於《奎章全韻》和《全韻玉篇》，應該是在增補標題字的過程中，從《康熙字典》當中選出而補充來的字種。

(3)《字典釋要》的釋文體例

《字典釋要》的釋文大致由每一欄裡的標題字及其釋文，以及欄頭上的篆字構成。《字典釋要》從增補版開始便將一些標題字的篆字置於欄頭上，橫15列縱3行，最多列45個字，若無篆字的則不列。而且，在新列入篆字旁邊以漢字記入了部外筆劃數，以便檢字。如果在欄之內的標題字有篆字的話，如'蒼'一樣右肩上加一個黑點，然後如同'𪛕'一樣在欄頭上列該字的篆字。

標題字的排列，按部首類聚并分類，又照部外筆劃數之多寡而排序。每個標題字下加註兩行釋文。開頭部分像'囪'一樣以方塊圈上其漢字的代表

---

29) ( )裡面的漢字是未收於《字典釋要》的。

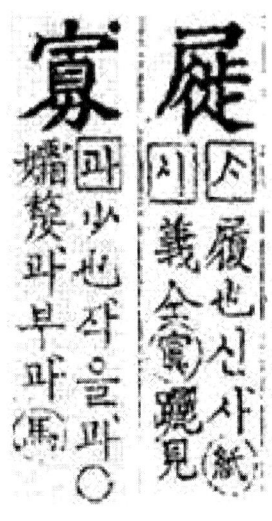

音來注音，之後，以漢文注釋其漢字的義項，接著以韓語解釋其漢字的訓音。若一個漢字具有兩個以上的訓音，就以'○'來區分，一個標準漢字音的釋義解釋完畢，就如'馬'一樣將韻母置入圓圈，以便讀者容易得知該漢字的正確之韻（參照'寡'字條原文圖像）。

如左邊第二個原文圖像所示，具有幾個漢字音的標題字，以方塊來表示該漢字的代表音，按漢文義項、韓語訓音、韻母的順序進行解說。至於多音字的幾個義項和代表音的提示次序，首先就照常用的次序。若音義相同，先列平聲而後排上聲及去聲來進行解說。此外，需要提示與標題字有同字關係之時，採取以'某仝'的形式；俗字就取'俗某'的形式；如果兩個字的音義有甲可通乙而乙不通甲之時，就採取'某通'、'某見'的形式30)，以便讀者能夠聯繫到這些標題字而了解到其字義。

4. 《字典釋要》釋文的特徵

4.1. 漢文釋文的釋義特徵

分析《字典釋要》的漢文釋文，就可以發現大致遵循《全韻玉篇》的釋義。以"令"、"洗"的釋文比較《奎章全韻》、《全韻玉篇》、《字典釋要》、《康熙字典》漢文釋文的差異如下表。

書名	釋文內容
《奎章全韻》	庚韻平聲：使也。鐶聲，令令。

---

30) 一.兩字音義俱同者，兩字下各書與某字仝，而音義則註于一字，以從簡要。如與与所 㸒 之類。<凡例>第4條。一.兩字音義有甲通於乙，而乙不通於甲者，甲下註與乙通，乙下註見于甲，如一壹，二貳之類。<凡例>第5條。

	敬韻去聲：善也。命也。 青韻平聲：使也。鏍聲，令令。複姓，令狐。
《全韻玉篇》	【령】使令，鏍聲，令令。(庚)。義同。複姓，令狐。甍也。令適。(青)。瓴通。又法律，告戒，命令。長也。縣令。善也。令聞。又時令。(敬)。
《字典釋要》	【령】使也。하여곰【령】。O鏍聲，令令。고리소래【령】。(庚)。善也。착할【령'】。O命也。명'령【령'】。O長也。어'른【령'】。(敬)。姓也。令狐。성【령'】。(青)。
《康熙字典》	《集韻》《正韻》並力正切。零去聲。律也，法也，告戒也。《書·囧命》：發號施令，罔有不臧。《禮·月令》：命相布德和令。《周禮·秋官》：士師掌士之八成，四曰犯邦令，五月撟邦令，又三令。《前漢·宣帝紀》：令有先後，有令甲，令乙，令丙。又縣令。漢法：縣萬戶以上爲令，以下爲長。又時令月令，所以紀十二月之政。又善也。《詩·大雅》：令聞令望。《左傳·成十年》：忠爲令德，非其人猶不可，況不令乎。又姓。又《集韻》郎丁切。《正韻》離呈切。並音零。廝役曰使令。又丁令，地名。見《前漢·張湯傳》。或作丁零。又令狐，亦地名。又令狐，複姓。又《詩·齊風》：盧令令。註：盧，田犬，令令，犬頜下環聲。又與鴒通。《詩·小雅》：脊令在原，兄弟急難。即鶺鴒鳥。又令適，甍也，與瓴甋同。又《集韻》郎定切。音笭。令支，縣名，在遼西。又《廣韻》力延切。《集韻》陵延切。並音連。亦縣名。《前漢·地理志》：金城郡有令居縣。又《集韻》盧景切。音領。官署之長。又叶呂張切。音良。韓愈《豨堂》詩：凡公四封，既富以強，謂公吾父，孰違公令。叶下邦。《說文》載卩部，从亼，从卩，發號也。徐曰：亼，即集字，人而爲之節制，會意。

由上表可知，《奎章全韻》的義項與《字典釋要》基本一致，而《字典釋要》的義項比《全韻玉篇》少一些。《字典釋要》"令"字條未收錄'縣令'、'令聞'、'時令'等我國不大常用的義項，謹遵'釋要'的原則選錄最常用的字義。"洗"亦如此，未收我國不大常用之"律名"之意。

排列義項的順序也擺脫了傳統的"平上去入"之序，盡量將最常用的義項排前，反映了重視漢字義項的實際效用的思路。

4.2. 漢字表音上的特徵

(1) 以實際音為主的表音

池錫永在凡例中表明了《字典釋要》的漢字音基本上遵循《全韻玉篇》之

音。但若《全韻玉篇》漢字音有俗音之時，就舍正音而取俗音。

一.字音從全韻玉篇而有俗音者從俗音， 如乏字本音법而俗音핍之
類．有正音者從正音， 如雙字本音상而正音쌍之類．至若剳字拘於
韻， 廢其俗音차從原音잡．《字典釋要》<凡例>第3條．

據上述<凡例>，"乏"的本音為"법"，卻取其俗音"핍"為代表音。又《全韻玉篇》將"倬"字代表音規定為"【착】"，俗音為"【탁】"。但是《字典釋要》謂："【탁】大也．클【탁】"，只將俗音"탁"定為代表音了。又如"偕'，《全韻玉篇》將此字的漢字音規定為"【기】俗【히】"，表示"偕"的正音為"【기】"，俗音為"【히】"。《字類注釋》(1856)將"기"規定為"偕"的規範音而將"히"定為諺音。但是《字典釋要》卻謂："【히】俱也．함끠【해】"，只列一個"히"為代表音。比起《字典釋要》，之後問世的《新字典》(1915)仍將本音和俗音並列如"【개、기】俗【해、히】"的注音方式相比，《字典釋要》更關注實際通用之音。由此可見，《字典釋要》撰述當時俗音遠比傳統的規範音更為常用，池錫永相當果敢地採取實際通用的漢字音來表示漢字音了[31]。

《字典釋要》凡例出現"本音"、"正音"、"原音"、"俗音"等術語，雖然《字典釋要》未對此類術語下過正確的定義，但是可以推定，"本音"、"正音"、"原音"等應該是指自《訓蒙字會》至《全韻玉篇》所傳下來的、與韻書上的規範音符合的漢字音；"俗音"就是在民間實際通用的漢字音。

(2) 漢字音的排序

按《字典釋要》的釋文體例，在標題字之下表示其字的代表韓音，又以方塊圈上，然後再提示相關漢語義項和韓語訓音，例如，"坭，水和土．즌흙【니】"。若標題字有兩個以上的代表音，按平上去入四聲的順序排列。這樣傳統的漢字音排序方式，能使人了解該標題字的的正確的韻，而在一定程度上還可以追求檢索更加便利。

但是，盡管《字典釋要》序文表明過漢字音遵循《全韻玉篇》[32]，實際排

---

31) 《字類注釋》："偕，한가지【H】諺【히】"， 《新字典》"【개、H】俗【해、히】俱也．한게．"

32) 一．一字隸平上去三韻，而音義俱同者，先圈平韻，次圈上去韻， 覽者詳之．<凡例>第8條。

列漢字音的情況並非全然如此，發生了部分變化。例如，"寠，㋺貧也。가난할【구`】。㋺寠仝。㋺便側地。㋺寠。기우러진짜【루】。㋺。"，㋺為韻，屬於上聲，㋺為㋺韻，屬於平聲。這樣的排序法不同於傳統的方式，應該是重視最常用的義項而將之排在第一義項之位的表現，由此可見《字典釋要》並不是依靠現有"字典的傳統和權威"而撰，而在對當時語言的實際情況充分了解的基礎上所撰寫的。33)

4.3. 韓字標記法上的特徵

(1) 反映到國文標記法的變化

池錫永在<凡例>詳細說明韓字標記法的原則，大致概括則如下。其一，有了顎音化現象，先記原音然後并記俗音。34)其二，等'·'系列母音，先記傳統音，不大發生問題則遵循現實音'ㅏ'而記錄。35)其三，以韓語注釋其義之時，遵從由'~을'而注的傳統。36)其四，'받을'、'곧을'等字的發音與'밧을'、'곳을'一樣，又長期使用了，故遵循俗音而記錄。最後，까，따，싸等的漢字並書，照傳統而不改。37)

---

33) 李準煥, <《字典釋要》之體裁上的特徵及語言上的特徵>, 《泮矯語文研究》第32集, 2012, 113~144.
34) 挽近諺文之訓蒙也。不能以字母合讀成音, 但以成字後音混淪讀去轉轉訛誤。天音본텬讀若천, 丁音本뎡讀若정, 사샤서셔소쇼수슈八字合作沙沙書書疎疎叟叟四音讀。자차以下八字亦同。甚至於댜뎌됴듀디與자저조주지同讀。탸텨툐튜티與차처초추치同讀。習俗已久有難卒變。今於此書先書原音於逐字之下次書現行俗音以便讀者, 如天【텬】하날천, 丁【뎡】장‘졍졍之類。
35) 國文每行尾末之ㄱ、ㄴ、ㄷ、ㄹ、ㅁ、ㅂ、ㅅ、ㅇ、ㅈ、ㅊ、ㅋ、ㅌ、ㅍ、ㅎ等字各有本音而今并通用於每行頭字, 讀若가나다라마바사아자차카타파하, 尤屬無證并廢之而直用頭字, 但於逐字原音仍舊書之以示重古之義。如艮ᄀ、思ᄉ、子ᄌ、恒ᅙ之類。
36) 을字爲讀漢字時音義引接之詞, 而喫먹을抱안을포受받을수黑검을흑執잡을집紅붉을홍烹삶을팽廣넓을광之類爲引接之正則也。折꺾글졀坐앉을좌無업슬무有잇슬유報갑흘보從조흘종迎마즐영脫버슬탈等字, 如從正則當, 作折꺾을졀坐앉을좌無없을무有있을유報ㅏ을보從좇을종迎맞을영脫벗을탈.而넓을광붉을홍삶을팽之類行之已久, 人皆曉之坐報等字譯之以앉을ㄱ을則人必驚異, 故今姑從俗。
37) 까, 따, 싸等字以訓民正音初聲並書比例當以까따빠짜釐正, 行之旣久, 且

《字典釋要》依據上述的<凡例>所示的原則,並提代表音和實際音,顯示出韓字的演變軌跡,在韓國國語史上具有相當高的價值。下列表格,反映了韓語音韻變化標記法的變遷。38)

	音韻變化	漢字	韓語規範音	實際音	變化	現代音
(1)	齒音之下/ㅛ, ㅑ, ㅠ, ㅕ/之單母音化	丈	쟝	어룬쟝, 열자쟝	쟝>장	장
		上	샹	웃샹, 놉흘샹	샹>상	상
		丑	츄	지지츄	츄>추	추
		世	셰	인간셰, 대셰	셰>세	세
		中	즁	가온대즁	즁>중	중
		丁	쵹	자촉어릴쵹	쵹>촉	촉
(2)	顎音化	丁	뎡	천간뎡, 장정뎡, 당할뎡, 성할뎡	뎡>정	정
		佃	뎐	밧다룰뎐	뎐>전	전
		佻	됴	도적할됴, 홀노행할됴	됴>조	조
		坫	뎜	병풍뎜, 대청모룽이뎜	뎜>점	점
(3)	顎音性子音之下的顎元音化	則	즉	법측즉, 어조사즉	不變	즉
		瑟	슬	슬슬, 바람ㅅ소래슬	不變	슬
		叱	즐	꾸지즐즐	不變	질
(4)	母音圓唇化	不	불	아니불	블>불	불

有可說,姑仍之。
38) 李準煥指出套住方塊的漢字音是傳統的規範音,韓語釋文裡面的漢字音舊式實際音,并列表分析了其差。在表裡所顯示的韓國語大變化過程當中,《字典釋要》的規範音和實際音有所差異的只有上述的三項。《字典釋要》就不遵循第六音韻變化,即'ᅴ'逐漸變為'ㅣ'的現象,對此李準煥認為此就是作家選擇維持規範音的特色,而捨棄反映實際音的結果了。例如,《字典釋要》偲字條謂:"【싀】詳勉偲偲。살피고힘쓸【싀】",又在氣字條謂:"【긔】息也。긔운【긔'】"。但是比《字典釋要》晚一些的《新字典》之氣字條也謂:"【긔】候也。긔후。",又在偲字條並記【싀】和俗音【시】,筆者由此認為,與其說當時'ᅴ'之'ㅣ'音化已經一律變化,不如說維持俗音和本音的關係來得更妥當。李準煥, <國語學:《字典釋要》之體裁上的特徵及語言上的特徵>,《泮矯語文研究》第32輯, 2012。

		品	픔	무리픔, 범픔, 픔수픔	不變	품
		物	믈	만믈물, 일물	믈>물	물
		弗	블	말불, 바릴불	블>불	불
(5)	/ㆍ/ > /ㅏ/	亥	히	지지해	히>해	해
		仔	즈	능할자, 질자	즈>자	자
		仕	스	벼살할사, 살필사	스>사	사
		似	스	갓흘사, 니을사	스>사	사
		伯	빅	맛백	빅>백	백
		佷	흥	고을이름항	흥>항	한
(6)	/ㅢ/ > /ㅣ/	柴	싀	쌀나무시	不變	시
		緦	싀	열다섯새비싀, 석달복싀	不變	시
		緇	츼	검은빗츼	不變	치
		肌	긔	살긔	不變	기
		汽	긔	물슬긔운긔	不變	기
		稀	희	드믈희, 묽을희	不變	희

(2) 表示韓音聲調

　《字典釋要》最大的特徵是表示韓音聲調。此已在池錫永曾修過的<新訂國文請議疏>一文提過。當時他指出漢字的韓語讀音相同的甚多，未聽其音，單看文字，不知其字何為。他對韓音表示聲調的堅決意志在《大朝鮮獨立協會會報》之<論說>上也能看出來。

　　　우리나라국문을읽어보면모다평성뿐이오높게쓰는거슨업스니
　　　높게쓰는거시업기로어음을긔록ᄒ기분명치못ᄒ야東녁동즉는
　　　본리나즌즈즉동ᄒ려니와動움즉일동즈는높흔즈연마는동외에는
　　　다시표홀거시업고棟디들쏜동즈는움즉일동즈보다도더높것마는
　　　동외에는 쏘다시도리가업스며棄버릴기列버릴열이두글즈로말홀진던첫즈에표
　　　가업스니국문으로만보면列버릴열즈뜻도棄버릴
　　　기즈뜻과굿흐며擧들거野들야두즈도국문으로만보면과연분간
　　　ᄒ기어려운지라이러홈으로여간한문ᄒ는사름다려국문을계집사름의글이라ᄒ
　　　야치지도위ᄒ기로[39]。

另外，在《字典釋要》<凡例>具體提示了表示韓音聲調的方法了。

> 諺文釋音參酌小學諺解凡例一按英廟甲子本曰凡字音高低를皆以旁點為準이니無點은平而低ᄒ고二點은厲而擧ᄒ고一點은直而高ᄒ니라. 訓蒙字會에平聲은無點이오上聲은二點이오去聲入聲은一點而近世時俗之音이上去相混ᄒ야難以卒變이라. 若盡用古音이면有駭俗聽故戊寅本上去二聲을從俗爲點일시今依此例ᄒ야以便讀者ᄒ니라一上聲去聲字傍加一點, 而平入兩聲, 人所易曉, 故闕之. 以從簡便, 凡係做語之曳聲處亦加一點.

據上所述, 作者參考《小學諺解》的凡例提出了表示韓音聲調的方式, 如較容易認出來的平聲及入聲字就不加任何記號, 在上聲、去聲和曳聲字的右肩上加一個點來表示其聲調。這樣的原則都是作者池錫永先生長年鑽研國語研究的成就, 既是《字類注釋》區別于其他字典的標誌性特徵, 又是其國語專業性和極高造詣的表現。這樣的韓語聲調表示法-如"旗, 鳥隼旗. 새ˋ매그ˋ린기【여】. (魚)."-在編纂該字典的整個過程裡一直貫穿到底, 體現了《字類注釋》體例的嚴密性。

5. 《字典釋要》字形上的特徵

5.1. 《字典釋要》的同字

《字典釋要》共出現了2,986次[40]'某仝'. 池錫永在<凡例>上說明仝字, 如下.

> 一.兩字音義俱同者, 兩字下各書與某字仝, 而音義則註于一字, 以從簡要。如與与所﨎之類。

兩個字的音義完全相同, 只在其中一個字下註解, 在與其音義相同之

---

39) 池錫永, <國文論>, 《大朝鮮獨立協會會報》第1號<論說>, 1896.11.30 (河岡震(2010)再引。)

40) 2,986個字表示《字典釋要》解釋'某仝'的條目共有2,986項。但是, 這2,986項的'某仝'意味著A仝B, 按理上可以形成1493條的仝字組合。但是, 實際上并不這樣, 因為A仝BCD、B仝A、C仝A的情況都出現, 或者由於池錫永的失誤將A仝B卻表示B仝C的緣故了。據筆者的初步統計, 共出現1833條的仝字。

字下只記"某仝"。《字典釋要》的仝字與《全韻玉篇》及《奎章全韻》的同字幾乎相同，但是也有一些例外，比如《字典釋要》將'些'釋為'尖'之仝字，但是《全韻玉篇》卻將之釋為'娑'之同字，《奎章全韻》又釋為'尖'之同字。《康熙字典》'些'字條就出現該字的這兩個'同字'，謂："《廣韻》少也。《集韻》或作尖。……又同娑。邏些，吐蕃城名。"《字典釋要》一般只收常用的義項加註，而沒選取與吐蕃城名'邏些'之'些'的同字'娑'有關的義項，因而未記錄'些'字的另一個仝字。

分析《字典釋要》的仝字可以發現有幾種類型，可以幫助了解漢字和對漢字進行字形分析。從漢字的字形、字音、字義三個方面分析仝字的類型，可以做如下分類。

其一，與字義有關的仝字。例如，《字典釋要》'堋'字條謂："【붕】窆也。장'사지낼【붕'】。(徑)。堋仝。○射埻。살바지토둔【붕】(蒸)。"，'堋'表示'安葬'之意，又釋'堋仝'。由於一般的安葬法就是將尸體埋葬於山裡，所以加一個山字形成了'崩'，'堋'和'崩'就成為仝字關係了。又如'畺'、'壃'、'疆'都是仝字關係，都表示'境界'之意。'壃'的本字為'畺'，在'畺'上加一個'土'來表示'封土為界'，由此表示'境界'之意。'疆'蘊含著古代以弓量界之事。這些字都是添加意符來明確字義而成的仝字。另外，還有替換意符而成的同字。例如，'俾'和'𠊧'、'偟'和'徨'、'佪'和'徊'、'傜'和'徭'都是以'彳'換'人'的仝字。'嚨/䪨'、'叩/訆'、'呃/詻'、'叫/訆'、'叱/訛'、'吟/訡'、'呭/詍'、'咏/詠'、'嗜/諸'、'喻/諭'、'嗔/謓'、'嘖/讀'、'嘲/謿'都是'口'和'言'互換的仝字。

其二，與字音有關的仝字。這是指屬於同一個部首，並且聲符相近或相同的仝字。例如，'嗾/嗾'、'喧/嚾'、'廟/廟'、'囲/圃'、'坡/墢'、'宇/寓'、'括/捊'、'擒/捡'、'擣/搗'、'枰/槃'、'椎/槌'、'櫸/柜'、'泠/淦'、'泄/洩'、'涌/湧'、'猄/猴'、'粮/糧'、'絨/繡'、'誠/諤'、'錫/鉐'等。

其三，與字形有關的仝字。有些仝字基本上是小篆、隸書字形的楷定字，從而與它的楷書字成為仝字關係。例如，'夏'和'更'、'嘤'和'哽'、'搜'和'捜'，這些字具有共同字素'更'，甲骨文作'𠕘'，金文作'𠕋'，小篆作'𠕋'，漢簡作'𠕋'，隸書作'更'，'夏'就是'更'字小篆字形的楷定字，實為同一個字素．'桜/桵/椄/艘'、'媭/嫂'、'捜/搜'、'睄/瞍'、'䶒/䶞'、'檣/檣'、'牆/牆'、'暴/曓'、'瀑/灝'、'蹀/攃'也屬於同一個類型。

有些仝字，其構字字素相同，結構方式卻有所差異。字素的位置發生改變，從左右結構變成上下結構；上下結構便變成包圍結構；交換左右字素等。例如，'忕/忢'、'䍃/䍅'、'䎚/䎚'、'埪/堡'、'墰/墮'、'姓/㚣'、'嶚/𡼨'、'嵼/𡻞'、'幙/幕'、'悒/㥁'、'擎/攬'、'槃/穀'、'榭/犀'、'舩/舩'、'誉/讎'、'輿/轝'、'輦/輻'、'鍬/𨰒'、'魦/鯊'、'鮫/鶬'、'鶴/雞'、'鷉/鳍'，都是在字素的結構位置上發生變化卻無音義變化的仝字關係。

5.2.《字典釋要》的俗字

《字典釋要》釋文中以'某俗字'的形式解釋俗字的例子，大部分採用了《康熙字典》的俗字及其解釋。但是，一些例子卻由《康熙字典》以'或作'、'亦作'、'別作'、'古文'、'與同'、'譌字'的形式解釋的異體字裡截取的。[41]

《正字通》'坨'字條謂："坨，俗陀字。陀或作陁。"；《康熙字典》'坨'字條謂："《集韻》余支切，音移。地名。《正字通》陀字之譌。汎云地名，無稽。"；《華東正音》謂："陁，同陀。坨，俗。"；《全韻玉篇》謂："坨，陀俗字。"《字典釋要》雖然最重視的是《康熙字典》的釋文，不過由上述的釋文可見《康熙字典》并未將'坨'明確解釋為陀字的俗字，但是《字典釋要》卻將之解釋為"俗陀字"。

另外，有時《字典釋要》還將《康熙字典》未釋為俗字都解釋成俗字。《康熙字典》未將'樑'看做'梁'的俗字，但是《正字通》謂："樑，俗梁字。舊註樑見《釋藏》。"，《中文大辭典》又謂："樑，梁之俗字。"，按《正字通》和《中文大辭典》，'樑'為'梁'的俗字。由此可見，《康熙字典》雖然未提何為'梁'之俗字，'樑'和梁'卻有正俗關係。可知《字典釋要》將'樑'看做'梁'之俗字的看法是有根據的。

---

[41] 《字典釋要》所出現的'某俗字'形式基本上遵循《康熙字典》之'俗字'解釋，但是《字典釋要》有時連《康熙字典》裡'或作'、'別作'、'同字'、'古字'、'譌字'等形式也歸納為俗字。這是因為韓國的學者從未區分異體字和俗字，而將大部分的異體字看做俗字的緣故了。

《字典釋要》解釋'薑'為"薺俗字",《康熙字典》引《集韻》謂:"俗作薑,非是。";《說文解字》謂:"韰,墜也.从韭,次弔皆聲.韲,或从齊。",可見當時'韰'字才是正字。以後《廣韻》收'薑'字形,又解釋"薺"為"韲同字。"又謂"薑,薑菜,俗。";《集韻》謂:"或作薺薑，通作齊,俗作薑,非是。";《六書正譌》謂:"別作薑,通俗作薑,非。";但是,《字彙》和《正字通》解釋"薑,同薺。";《全韻玉篇》謂:"薑,薺同。",《字典釋要》引《全韻玉篇》解釋為"薺俗字",此應是《字彙》和《正字通》的影響。

由上列實例可見,池錫永並不是盲目地承襲《康熙字典》的看法,而是多方面地參照了其他權威字典,如《全韻玉篇》等。可見,他對漢字字際關係(如仝字、俗字、異體字等)所下功夫之深。

6.《字典釋要》的價值

《字典釋要》是一部在朝鮮末期和日本帝國主義統治交接的混亂時期,作為一個啟蒙民眾的國文運動的環節而編纂的字典。也是近代時期字典當中影響力最大的字典之一。池錫永認為韓國的開化如此遲慢是因為使用漢文之難,又指出了要推廣教育效果,首先得適用標準化的國文標記法,然後使群眾掌握漢字的正確的音義,從而加深他們的漢字知識,以致具備國文閱讀能力。

《字典釋要》收錄當時規模最大的16,309個字,對每個代表字下逐一加註,提示細節義項。尤其每個漢文義項之下都以韓語解釋其音譯,使大眾更加易於掌握漢字音義了。至於標題字的讀音,如'丁囝/천강정', '囝/뜨차', '囝/가운대중',以俗音為代表音,此可以為研究《全韻玉篇》以後問世的韻書類及字典類所載的漢字音以及漢字音的演變情況提供資料和線索。至於漢語釋義後面所提示的漢字音就是當時韓國所使用的實際漢字音,為探索當時的韓國語標記法和當時語言提供優質的資料了。

從如此特徵可以看到《字典釋要》的價值,具體如下。《字典釋要》提供理解漢字和漢文之時所需要的國語詞彙和熟語,使漢字和國語詞彙的對應關係能夠把握,同時了解漢韓翻譯產生的種種對應表達方式、語法知識了。《字典釋要》問世之前，從《全韻玉篇》也能充分地了解到有關韓國漢字音的信息，但是由於《全韻玉篇》未以韓語解釋其意，就不能從中充分地獲取用韓語表達該漢字之義等知識，就算有所收穫，亦無辦法明確地表達出來。比起《全韻玉篇》有這樣的局限，《字典釋要》在韓國語詞彙史和漢韓翻譯史上具有相當大的價值，該書能使人們了解當時或之前的韓國語的特徵，所以在韓國國語史上具有不可忽視的意義。另外，《字典釋要》是在國漢文混用的時代裡，為了使當時的民眾學習國文標記法及相關知識，以致達成國文的普及而編纂的，因此在韓國的國語學史上也具有較大意義。[42]

同時，《字典釋要》的漢字字形明確揭示了漢字的字際關係，如同字、俗字、異體字等。該字典還收錄了韓中日固有俗字及其解釋。據此可以肯定該字典在漢字學史上的價值了。

7. 《字典釋要》研究成果目錄

7.1. 學位論文

1. 權廷厚，<近代啓蒙期漢字字典研究>，釜山大學，2009。
2. 田日周，<最近世韓國韓字字典研究>，嶺南大學研究生院，2002。
3. 申恩貞，<中學校教育用基礎漢字代表訓研究>，東亞大學校教育研究生院，1999。
4. 李恩實，<《新增類合》之漢字音研究>，公州大學研究生院，2004。
5. 安燦玖，<身體語消滅詞彙研究>，江南大學研究生院，2010。
6. 孫熙夏，<註解詞彙研究>，全南大學研究生院，1991。

7.2. 韓國國內論文集論文

1. 姜玟求，<企劃論文：主題：初中高漢文學習字典的現況及編纂方案；學習字典的航向和開發提言>，《漢文教育研究》41輯，2013，101~138頁，韓國漢文教育學會。

---

42) JunHwanYi，<《字典釋要》之體裁上的特徵及語言上的特徵>，《泮矯語文研究》第32集，2012，118頁。

2. 金秉旭，<《字典釋要》之音韻現象研究>，《韓國國語教育研究會論文集》41輯，1991，1~25，韓國語教育學會。
3. 金秉旭，<《字典釋要》之音韻現象研究>，《明知語文學》20輯，1992，65~89，明知大學國語國文學系。
4. 金永玉，<企劃論文：主題：初中高漢文學習字典的現況及編纂方案；韓中日漢字字典的字形提示標準>，《漢文教育研究》41輯，2013，139~157，韓國漢文教育學會。
5. 金善姬、徐守伯，<《訓蒙字會》和《字典釋要》之漢字字釋之意味信息收錄面貌比較研究>，《言語科學研究》55輯，2010，117~140，言語科學會。
6. 羅度垣，<論文：《字典釋要》俗字考>，《中國文學研究》53輯，2013，311~327，韓國中文學會。
7. 羅度垣，<《字典釋要》仝字初探>，《中語中文學》54輯，2013，407~433，韓國中語中文學會。
8. 羅度垣，"韓國字典的漢字收容與整理－以《字典釋要》心部為主"，《中國學》49輯，大韓中國學會。
9. 羅度垣，<《字典釋要》的"疾病"詞彙研究>，《中國言語研究》55輯，2014，203~228，韓國中國言語學會。
10. 呂燦榮，<《字典釋要》之漢字字釋'村名'研究>，《言語科學研究》25輯，2003，195~214，言語科學會。
11. 呂燦榮，<池錫永《字典釋要》之漢字字釋研究>，《語文學》79輯，2003，193~212，韓國語文學會。
12. 李鍾國，<開化期出版活動之一個徵驗－以匯東書館的出版文化史上的意義為中心>，《韓國出版學研究》No.49，2005，215~252。
13. 李準煥，<國語學：《字典釋要》之體裁上的特徵及語言上的特徵>，《泮矯語文研究》32輯，2012，113~144，泮矯語文學會。
14. 李準煥，<現代韓國語形成期之字典編纂以及現代韓國語文學>，《泮矯語文研究》42輯，2016，133~176，泮矯語文學會。
15. 李準煥，<中世、近代開化期的韻書及字書編纂的歷史>，《東洋學》，Vol.57. 2014，159~186。
16. 李準煥，<池錫永<言文>之標記、音韻、詞彙的面貌>，《國語學》，Vol.65. 2012，281~317。
17. 李忠求，<韓國字典成立之考>，《泮矯語文研究》3輯，1991，9~27，泮矯語文學會。
18. 田日周，<《康熙字典》與韓國初期字典之比較研究>，《漢文教育研究》26

輯,2006,357~386,韓國漢文教育學會。
19. 崔範勳,<「關於字典釋要」所顯示的難解字釋>,《國語國文學》70輯,1976,47~75,國語國文學會。
20. 河岡震,<韓國最早的近代字典《國漢文新玉篇》之編纂動機>,《韓國文學論叢》41輯,2005,237~266,韓國文學會。
21. 河岡震,<《字典釋要》的編纂過程以及每版本之體裁變化>,《韓國文學論叢》56輯,2010,663~728,韓國文學會。
22. 河永三,<退溪學及退溪學派;在韓國漢字字典上許傳撰《初學文》所具有的意義>,《退溪學論叢》24輯,2014,77~100,退溪學釜山研究院。
23. <《字典釋要》知語音變化－語彙擴散理論之適用可能性檢討>,《中國學》17輯,2002,23~38,大韓中國學會。

8. 參考文獻

1. 崔範勳,<「關於字典釋要」所顯示的難解字釋>,《國語國文學》70輯,國語國文學會,1976。
2. 韓鐘鎬,<《字典釋要》知語音變化－語彙擴散理論之適用可能性檢討>,《中國學》17輯,大韓中國學會,2002。
3. 河岡震,<韓國最早的近代字典《國漢文新玉篇》之編纂動機>,《韓國文學論叢》41輯,韓國文學會,2005。
4. 河岡震,<《字典釋要》的編纂過程以及每版本之體裁變化>,《韓國文學論叢》56輯,韓國文學會,2010。
5. 金秉旭,<《字典釋要》之音韻現象研究>,《韓國國語教育研究會論文集》41輯,韓國語教育學會,1991。
6. 金善姬、徐守伯,<《訓蒙字會》和《字典釋要》之漢字字釋之意味信息收錄面貌比較研究>,《言語科學研究》55輯,言語科學會,2010。
7. 李鍾國,<開化期出版活動之一個徵驗-以匯東書館的出版文化史上的意義為中心>,《韓國出版學研究》No.49,2005。
8. 李忠求,<韓國字典成立之考>,《泮矯語文研究》3輯,泮矯語文學會,1991。
9. 李準煥<國語學:《字典釋要》之體裁上的特徵及語言上的特徵>,《泮矯語文研究》32輯,泮矯語文學會,2012。
10. 李準煥   <現代韓國語形成期之字典編纂以及現代韓國語文學>,《泮矯語文研究》42輯,泮矯語文學會,2016。

11. 李準煥，　　<中世，近代，開化期之韻書及字書編纂的歷史>，《東洋學》Vol.57，2014。
12. 李準煥，　　<池錫永<言文>之標記、音韻、詞彙的面貌>，《國語學》Vol.65. 2012。
13. 羅度垣，<論文：《字典釋要》俗字考>，《中國文學研究》53輯，韓國中文學會，2013。
14. 羅度垣，　　《字典釋要》仝字初探>，《中語中文學》54輯，韓國中語中文學會，2013。
15. 羅度垣，　　<《字典釋要》"疾病"詞彙研究>，《中國語言研究》55輯，韓國中國語言學會，2014。
16. 呂燦榮，<《字典釋要》之漢字字釋 ' 村名 ' 研究>，《言語科學研究》25輯，言語科學會，2003。
17. 呂燦榮，<池錫永《字典釋要》之漢字字釋研究>，《語文學》79 輯，韓國語文學會，2003。

5

(大增補)《日鮮新玉篇》

金億燮

1. 前言

本字典出版於1910年締結韓日合併之後。此時期為日據時期，當時韓國的'國語'由朝鮮語改為日語[1]，同時又是朝鮮總督府抑制、抹殺朝鮮語而獎勵日語的時期。

韓國原本沒有自己的文字，只到朝鮮世宗年間(1443)才創造了韓文(當時俗稱諺文)。在發明自己的文字之前，韓國不得不借用鄰邦的文字－漢字進行書寫。隨著新文化湧入朝鮮，字典也隨之進入朝鮮。但韓國朝鮮時期的《全韻玉篇》問世後，直到1908年才出版了具有近代意義的漢字字典《國漢文新玉篇》。此時，韓國正遭受日本侵略。並且，自1910年締結韓日合併條約後，韓國便進入日本殖民時期。隨著日語的廣泛使用，僅收錄漢字及韓語的字典已經不能滿足民眾的需要，於是，同時收錄韓日兩國文字的字典的編撰已勢在必行。直到收錄漢字最多的字典《日鮮大字典》1912年問世之後，韓國陸續出現了以'日鮮'、'漢日鮮'等為名的同屬多國語的漢字字典。如，比《日鮮大字典》早三個月出刊的《漢日朝鮮文詳解新玉篇》(1912)[2]、《日

---

[1] "國語"或"國"的意思以1910年締結韓日合併為分，以前和以後指的國家不同。以前指的是韓文或韓國，之後則指日文或日本。

鮮大字典》(1912)、《日鮮華英新字典》(1917)、《模範鮮和辭典》(1928)、《漢日鮮滿新字典》(1937)、《新修日漢鮮大辭典》(1937)、《漢華鮮新字典》(1938)及《增補華日鮮新玉篇》(1944)等。其中，與(大增補)《日鮮新玉篇》屬於同系列版本的字典有1912年出版的《日鮮大字典》及1935年出版的《日鮮新玉篇》。

2. (大增補)《日鮮新玉篇》的編著者

　　(大增補)《日鮮新玉篇》的編纂背景或編纂過程目前沒有可靠資料可查。(大增補)《日鮮新玉篇》的作者在版權紙上寫有著作兼發行者高裕相。雖然在版權紙上寫著著作兼發行者為高裕相，但高裕相當時是匯東書館的發行人。至於著作者是否為高裕相，我們現在無法妄下結論。當時習慣於將出版社發行人記為著作人。那麼，實際的編纂者是誰？依〈對於韓國近現代漢字字典（玉篇）小考〉討論結果，與(大增補)《日鮮新玉篇》有傳承關係的同一系列的字典，還有1912年出版的《日鮮大字典》。(大增補)《日鮮新玉篇》和《日鮮大字典》之間只有標題字的增減，解說方法和字典的體制都完全一致。由此看來，說《日鮮大字典》的作者就是《日鮮新玉篇》的作者也無妨。《日鮮大字典》的作者介紹如下。

　　《日鮮大字典》的編著者是朴重華，擔任過普成中學校校長。於1907年加入新民會，1909年發起新民會的青年團體的青年學友會，成為了韓城聯會會長。之後，擔任第二任青年學友會會長。1909年與80名同志一同組織新民會的地下青年團體--大東青年團而展開恢復國權的運動。

　　關於朴重華的生平，在《韓國民族文化大百科詞典》中有如下記述：
　　　擔任普成中學校校長。1907年4月與梁起鐸、安昌浩、全德基、李
　　　東輝等人一同加入地下結社新民會在漢城活動。

　　1920年，與金明植、朴珥圭等人組織朝鮮勞動共濟會，被選為中央執行委員會委員長，指導勞動運動鼓吹獨立思想。1963年授總統表彰獎，

---

2) 見韓中瑄〈韓國的日本辭典研究〉，139頁，韓國外國語大學校大學院博士論文，2015。

1990年追敘建國勛章愛族獎。朴重華的著作還有（改正）《精選日語大海》（光東書局，1909）和《日語大學》（朝鮮圖書，1922）等。

3. (大增補)《日鮮新玉篇》的版本和體裁

3.1. 版本

(大增補)《日鮮新玉篇》目前我們只能看到1931年刊行的版本，扉頁上印有如下內容：昭和六年十一月二十日印刷，昭和六年十一月三十日發行。定價為金壹圓貳拾錢，著作兼發行者為高裕相。地址爲京城府南大門通一丁目十七番地。書封面寫着匯東書館編輯部編纂，大增補日鮮新玉篇附音考，京城匯東書館藏版。

同屬於《日鮮新玉篇》系列的工具書還有以下幾種，具體內容可參考下表：

序號	書名	出版單位	出版年
1	日鮮大字典	光東書局	1912年
2	日鮮文新玉篇	不詳	1921年初版 1927年5版
3	(大增補)日鮮新玉篇	匯東書館	1931年
4	漢日鮮新玉篇	博文書館	1935年
5	日鮮新玉篇	永昌書館	1935年

上述5種工具書的出版社、刊記的內容、編著者等都不同。但是，經對照發現，這些工具書其實出處相同。

《日鮮文新玉篇》上卷的版本與《日鮮新玉篇》(永昌書館，1935)完全一致，下卷則與(大增補)《日鮮新玉篇》(匯東書館，1931)完全一致。(大增補)《日鮮新玉篇》(1931)"竹"部"筧"字漏落，"玉"部"琥"字下漏落20字：琦、琨、琪、琫、琭、琬、琮、琳、琰、琲、琱、瑁、琖、琕、璗、瑞、瑜、

珧、瑗、瑕。《日鮮新玉篇》在書尾附"附音編",(大增補)《日鮮新玉篇》則在書尾附"가나다音部"。

《漢日鮮新玉篇》(1935)與(大增補)《日鮮新玉篇》(1931)版本基本一致。稍有不同的是,在《漢日鮮新玉篇》每個標題字下標註了中國音。(大增補)《日鮮新玉篇》則只在一部分標題字下標註了中國音,而不是全部做了標註。除此之外,(大增補)《日鮮新玉篇》收錄了一部分《漢日鮮新玉篇》中未收錄的標題字。如,《漢日鮮新玉篇》"玉"部的"玢"字和"玞"字間(大增補)《日鮮新玉篇》多收錄了"玸"字;《漢日鮮新玉篇》中收錄了"貧"字,而(大增補)《日鮮新玉篇》卻沒有收錄該字,這可能是(大增補)《日鮮新玉篇》在排版過程中遺漏了該字的緣故。

3.2. 體裁

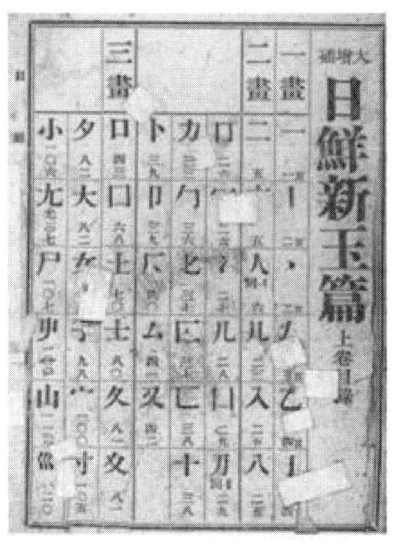 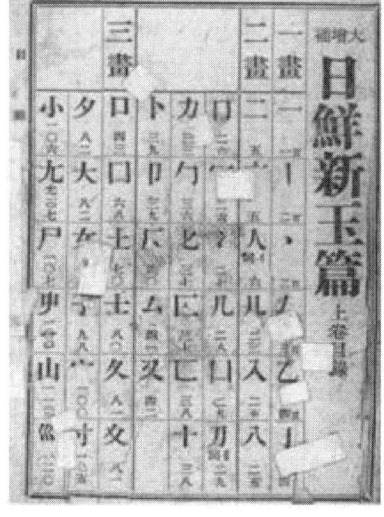

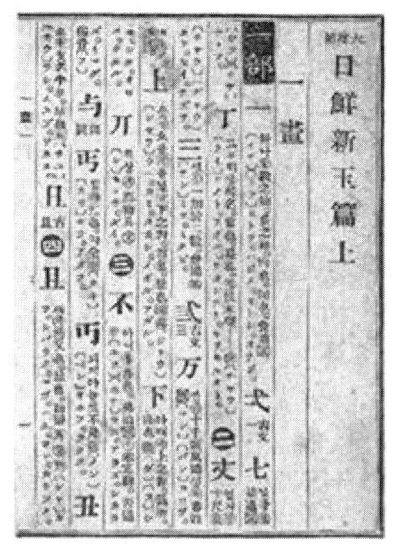

(1) (大增補)《日鮮新玉篇》的編排體例

(大增補)《日鮮新玉篇》共收錄19,816字,分上下兩卷。由扉頁(1頁)、上卷目錄(2頁)、下卷目錄(3頁)、扉頁(1頁)、上卷本文(323頁)、扉頁(1頁)、下卷本文(328頁)、音部題目(1頁)、音部目次(1頁)、가나다音部(104頁)構成。有表如下:

封面	滙東書館編輯部編纂/大增補日鮮新玉篇附音考/京城滙東書館藏版			1面
目錄	大增補日鮮新玉篇上卷目錄			2頁
	大增補日鮮新玉篇下卷目錄			3頁
本文	上卷:"一"部首~"犬"部首	10,099字	19,816字	328頁
	下卷:"玉"部首~"龠"部首	9,717字		
附錄	音部名		1頁	106頁
	音部目次		1頁	
	가나다音部		104頁	
版權紙	昭和六年十一月二十日印刷,著作兼發行者高裕相,(*其他不詳)			1頁

總計	345頁

  (大增補)《日鮮新玉篇》本文，除了首頁將兩行合併為一，寫上題號之外，基本上維持每半葉十行的排版方式。凡214個部首，按部首筆畫排列。同部首的標題字再按去掉部首筆畫以後的筆畫數目，由少到多排列。標題字下面分兩行用小字註明該字的韓、中、日文的字音、字義以及異體字屬性。可見，這種編排體例沿用了《全韻玉篇》的傳統方式。

(2) 標題字

① 收錄字

  根據韓國漢字研究所(大增補)《日鮮新玉篇》數據庫的統計(2016)，其收錄字共有19,816個。值得注意的是'竹'部的'筫'只有字釋，而無標題字'筫'。同時，'玉'部的'琥'下面漏了20個字[3]。本篇的統計，不包括漏收的20個字。具體收錄字情況如下表：

部首	收錄字	部首	收錄字	部首	收錄字	部首	收錄字	部首	收錄字
一	30	屮	8	爻	10	至	9	革	108
丨	10	山	340	爿	27	臼	17	韋	31
丶	7	巛	9	片	46	舌	15	韭	6
丿	11	工	7	牙	8	舛	4	音	12
乙	18	己	12	牛	166	舟	71	頁	111
亅	4	巾	215	犬	286	艮	3	風	51
二	13	干	12	玉	219	色	8	飛	3
亠	14	幺	13	玄	5	艸	777	食	181
人	447	广	198	瓜	20	虍	35	首	11

---

3) 琦、琨、琪、琫、琭、琬、琮、琳、琰、琲、琱、瑁、瑳、琕、璽、瑞、瑜、瑘、瑷、瑕等字。此與《大增補》同系列的《日鮮文新玉篇》、《漢日鮮新玉篇》(1935)、《大字典》(1912)進行比較，可確定此是《大增補》的失誤。請參考金億燮的〈關於韓國近代時期字典的傳承關係〉(2016)。

儿	26	夂	8	瓦	64	虫	443	香	31
入	14	廾	23	生	5	血	24	馬	216
八	15	弋	15	甘	5	行	25	骨	89
冂	13	弓	85	用	5	衣	267	高	11
冖	12	彐	7	田	78	襾	12	髟	100
冫	42	彡	24	疋	9	見	75	鬥	14
几	15	彳	155	疒	243	角	51	鬯	4
凵	9	心	807	癶	5	言	533	鬲	21
刀	121	戈	49	白	42	谷	19	鬼	33
力	56	戶	24	皮	35	豆	31	魚	244
勹	28	手	824	皿	48	豕	50	鳥	356
匕	7	支	11	目	235	豸	45	鹵	19
匚	21	攴	189	矛	12	貝	111	鹿	51
匸	10	文	8	矢	14	赤	15	麥	48
十	21	斗	24	石	192	走	66	麻	18
卜	10	斤	20	示	93	足	223	黃	25
卩	20	方	43	内	8	身	27	黍	24
厂	34	无	5	禾	177	車	168	黑	95
厶	10	日	294	穴	85	辛	18	黹	5
又	19	曰	22	立	34	辰	7	黽	20
口	797	月	42	竹	336	辵	172	鼎	6
囗	62	木	874	米	119	邑	138	鼓	24
土	362	欠	151	糸	403	酉	127	鼠	42
士	13	止	42	缶	22	釆	4	鼻	27
夂	5	歹	142	网	59	里	5	齊	8
夊	9	殳	40	羊	64	金	358	齒	89
夕	14	毋	9	羽	84	長	8	龍	10
大	63	比	10	老	10	門	102	龜	9
女	445	毛	118	而	11	阜	119	龠	13
子	50	氏	10	耒	29	隶	5	계	19, 816

宀	150	气	13	耳	73	隹	42		
寸	18	水	1052	聿	8	雨	108		
小	20	火	420	肉	320	靑	10		
尢	15	爪	13	臣	5	非	5		
尸	82	父	7	自	8	面	15		

② 增刪字

　　匯東書館截至1926年還發行了韓龍雲的《愛人的沉默》, 李光洙的《再生》等多種書籍。但從第二年起, 便停止出版活動, 只維持製作權營業。並於50年代中期正式關門4)。由於(大增補)《日鮮新玉篇》是在出版社停止出版活動後的1931年出版, 無法進行完善的校勘過程。因此, 存在許多不足之處。根據版權頁的資料可知：高裕相是該書的編纂人兼出版人。但當時書籍通常以出版社社長的名字發行。因此, 我們很難據此斷定高裕相為該書的編纂人。(大增補)《日鮮新玉篇》目前只有一種版本, 屬於同系列的字典還有《日鮮大字典》(1912)和《日鮮新玉篇》。此三部字典在釋義體例和內容上基本一致, 唯一不同的是標題字的數量。下面以人部和玉部為例, 來具體分析三部字典標題字的增刪情況。

　　(大增補)《日鮮新玉篇》的"人部"共收錄447字。《日鮮大字典》的"人部"共收錄448字, 比《日鮮大字典》少1字。《日鮮新玉篇》的"人部"共收錄423字, 比《日鮮大字典》少25字, 比(大增補)《日鮮新玉篇》少24字。除去三部字典里都收錄的423字以外, 將多出的24字、25字排列如下表5)：

ID	新玉篇	大增補	大字典	ID	新玉篇	大增補	大字典
1	x	仏	仏	14	x	俉	俉

---

4) 李鍾國,〈開化期初版活動的一個徵驗—以匯東書館的在初版文化史上的意義為中心〉,《韓國出版學研究》通卷第49號, 韓國初版學會, 20005, p. 238.
5) 為敘述方便起見, 將《日鮮大字典》簡稱為《大字典》, 將(大增補)《日鮮新玉篇》簡稱為《大增補》, 將《日鮮新玉篇》簡稱為《新玉篇》, 按標題字由少到多的順序排列。

2	x	仌	仌	15	x	倏	倏
3	x	仅	仅	16	x	俦	俦
4	x	仴	仴	17	x	胤	胤
5	x	仮	仮	18	x	佫	佫
6	x	仺	仺	19	x	俏	俏
7	x	伫	伫	20	x	偖	偖
8	x	伲	伲	21	x	x	㒱
9	x	伷	伷	22	x	儀	儀
10	x	伆	伆	23	x	儲	儲
11	x	伞	伞	24	x	儳	儳
12	x	佈	佈	25	x	儶	儶
13	x	兊	兊	除相同標題字外字數	0字	24字	25字

X為未收錄

(大增補)《日鮮新玉篇》的"玉部"共收錄239字。《日鮮大字典》的"玉部"共收錄266字，比《日鮮大字典》少27字。《日鮮新玉篇》的"玉部"共收錄214字，比《日鮮大字典》少52字，比(大增補)《日鮮新玉篇》少25字。除去三部字典里都收錄的214字以外，將多出的27字、52字排列如下表：

ID	新玉篇	大增補	大字典	ID	新玉篇	大增補	大字典
1	×	玐	玐	28	×	×	珵
2	×	玌	玌	29	×	×	珜
3	×	玖	玖	30	×	×	毃
4	×	玏	玏	31	×	×	瑓
5	×	玑	玑	32	×	×	瑭
6	×	玔	玔	33	×	×	瑯
7	×	玐	玐	34	×	×	瑧
8	×	玊	玊	35	×	×	瓆
9	×	玒	玒	36	×	×	瑡
10	×	玘	玘	37	×	×	瑎

11	×	玢	玢	38	×	×	璜
12	×	珥	珥	39	×	×	瑛
13	×	×	珪	40	×	×	瓊
14	×	玫	玫	41	×	×	歷
15	×	珅	珅	42	×	×	璒
16	×	珏	珏	43	×	×	璣
17	×	玺	玺	44	×	×	璧
18	×	玥	玥	45	×	×	瑤
19	×	璽	璽	46	×	×	璽
20	×	珆	珆	47	×	×	瑾
21	×	珍	珍	48	×	×	瓌
22	×	珆	珆	49	×	×	瓘
23	×	×	珡	50	×	×	瓃
24	×	珮	珮	51	×	×	瓚
25	×	珲	珲	52	×	×	瓛
26	×	遺漏6)	瑁	總數*	0字	25字	52字
27	×	遺漏	瑽	'玉'部總數	214字	239字	266字

※ ×為未收錄的標題字，*為去除相同標題字後的總數

　　筆者選取的部首是人部和玉部，選取的總字數為714字。人部：448字中，《大增補》447字比《新玉篇》多24字；比《大字典》少1字。玉部：266字中，《大增補》239字比《新玉篇》多25字；比《大字典》少27字。

3.3. 釋義體例

　　(大增補)《日鮮新玉篇》在標題字下分兩行用小字排列該字的韓文、漢文、日文釋義。首先排列韓文字義和讀音，下面排列漢字釋義和異體字，而后排列韻目，最後排列日文讀音、字義以及俗音。如下：

　　首先，看標題字"一"，①하나【일】：字的代表訓和讀音。②數之始。畫

---

6) (大增補)《日鮮新玉篇》的 '玉'부部遺漏了20個標題字。由于遺漏是編輯所造成，故，本文仍將这20字算入總數。

一	하나【일】。數之始。畫之初。均也。同也。壹通。(質)。【イチ】【イツ】ヒトツ。ハジメ。ヒトシ。オナジ。
不	아니【불】。非也。弗通。(物)。【부】。未定辭。否通。(有)。【ホツ】【ホチ】セズ。アラズ。シカラズ。イマダ。俗音【フ】。
上	웃【상】。오를【상】。올닐【상】。下之對。尊也。登也。(漾)。(養)。【シヤウ】ウヘ。カミ。タカシ。ノボル。アガル。

之初。均也。同也。：中文義項。③壹通：異體字信息。意為壹是一的通用字。④(質)：韻目。後面提供日文信息。⑤【イチ】【イツ】：日文漢字音。⑥ヒトツ。ハジメ。ヒトシ。オナジ。：日文釋義。⑦俗音。若無俗音則不記。

再看標題字"不"，①아니【불】：代表訓和音。②非也。：義項。③弗通：異體字信息。意為"弗"是"不"的通用字。④(物)：韻目。"不"又有異音而重複前面排列方式。①【부】：標韓音。②未定辭。：義項。③否通：異體字信息。意為"否"是"不"的通用字。④(有)：韻目。後面提供日文信息。⑤【ホツ】【ホチ】：日語漢子音。⑥セズ。アラズ。シカラズ。イマダ。：字釋。⑦俗音【フ】：俗音。也有先排列韓文訓和音的情況，如"上"字："웃【상】。오를【상】。올닐【상】。

標題字排列順序遵從《康熙字典》和《漢和大字典》，如果有漢音和吳音，先記漢音後記吳音[7]。但是，日文漢字音的排列順序與當時在日本啓成社刊行的《大字典》(1917)和陌文舍刊行的《漢和大字林》(1906)有所不同。就"一"字來看，當時日本漢字字典《大字典》以【イツ】【イチ】的順序排列，(大增補)《日鮮新玉篇》則以【イチ】【イツ】的順序。其他字典也與日本字典的排列順序大相徑庭。在韓國發行的漢字字典當中，《日鮮大字典》、(大增補)《日鮮新玉篇》和《韓日鮮新玉篇》等字典的排列順序大致相同，《模範鮮和辭典》和《懷中日鮮字典》等字典與《漢和大字林》大致相同。有表如下[8]：

如上述比較：(大增補)《日鮮新玉篇》"上"字除將"【ジヤウ】"刪除外，其

---
[7] 與(大增補)《日鮮大字典》標題字排列順序相同的《日鮮大字典》(1912)在<例言>說："漢字下左邊括弧內表記的二種音，即以漢音和吳音次第表記。"
[8] 韓中瑄，<韓國的日本辭典研究>，韓國外國語大學校大學院博士論文，2015。第156~157頁。

	(大增補)日鮮新玉篇	日鮮大字典	模範鮮和辭典	懷中日鮮字典	漢和大字林	大字典
一	イチ イツ	イチ イツ	イツ イチ	イツ イチ	イツ イチ	イツ イチ
七	シツ シチ	チ	シチ	シチ	シツ シチ	シツ シチ
丁	チヤウ テイ	チヤウ テイ	テイ チヤウ	テイ チヤウ	テイ チヤウ	テン テイ チヤウ
丈	チヤウ ヂヤウ	チヤウ ヂヤウ	ヂヤウ	ヂヤウ	チヤウ ヂヤウ	チヤウ ヂヤウ
三	サン	サン	サン	サン	サン	サン ソン
万	マン バン	マン バン	マン バン	マン バン	バン マン	バン マン
上	シヤウ	ジヤウ シヤウ	シヤウ ジヤウ	シヤウ ジヤウ	シヤウ ジヤウ	シヤウ ジヤウ
下	ゲ カ	ゲ カ	カ ゲ	カ ゲ	カ ゲ	カ ゲ
不	ホツ ホチ	ホツ ホチ	フ	フ	フ フツ	フウ フ

餘部分與《日鮮大字典》幾乎相同。與《漢和大字林》或《大字典》相比，出現了倒置現象。這是因為(大增補)《日鮮新玉篇》和《日鮮大字典》先記漢音的結果。《模範鮮和辭典》和《懷中日鮮字典》、《漢和大字林》排列順序一致。

從上表可知，大部分的標題字有發音和釋義信息，有些標題字無此信息而只提供俗字、古文、上同等簡單的信息。下面舉例說明：

標題字	字釋信息	標題字	字釋信息
弎	古文三。	亗	廩本。

| 与 | 與同。 | 摘 | 摘擲通。 |
| 么 | 幺俗字。 | 那 | 仝上。 |

從上表可知,"弍"為"三"的古文,"与"與"與"同字,"么"為"幺"的俗字,"㐭"為"廩"的本字,"摘"與"摘"、"擲"為通用字,"那"是與上條的"那"同字的意思。

4. (大增補)《日鮮新玉篇》的特徵

4.1. 收錄字特徵

(1) 增減字

(大增補)《日鮮新玉篇》收錄了19,816字,幾乎是《全韻玉篇》(10,977字)收錄字數的兩倍,也遠遠超出了1908年出版的《國漢文新玉篇(1908)》的11,000字、《漢鮮文新玉篇》的16,739字、《新字典》的13,084字。(大增補)《日鮮新玉篇》在收錄字數上占据絕對的優勢。

1912年出版的《日鮮大字典》的標題字的總數,目前沒有資料可考。但是,通過"人"部和"玉"部的全數統計,顯然可以推斷要比(大增補)《日鮮新玉篇》多。具體的數量如下:

(大增補)《日鮮新玉篇》的"人"部總收錄447字,《日鮮大字典》則448字;(大增補)《日鮮新玉篇》的"玉"部總收錄239字,《日鮮大字典》則266字。由此可知,(大增補)《日鮮新玉篇》的收錄字比《日鮮大字典》少一些。這樣看來《日鮮大字典》的標題字的總數很有可能會超過(大增補)《日鮮新玉篇》的19,816字。現將《日鮮大字典》增加的字羅列如下:

| 人部(1字) | 恭 |
| 玉部(27字) | 珒 珗 琿 瑎 瑴 瑮 瑵 瓥 瑧 瑨 瑠 璃 瓊 璡 瓔 瑆 瓎 瑽 瓙 瑬 璺 瑶 璺 瑢 璟 瓘 瓛 |

(2) 異體字

(大增補)《日鮮新玉篇》收錄了非常多的異體字信息。異體字種類有以下幾種："本字"、"古字"、"或省"、"見"、"俗字"、"通用字"、"同字"等。異體字具體情況統計如下：

本字：共有41字種，"A，B本字"的形式有37例，"A，B本"的形式有4例。

古字：共有225字種，"A，B古字"的形式有173例，"A，B古"的形式有18例，"A，古文B字"的形式有12例，"A，古文B"的形式有3例。

或省字：共有1字種，"A，或省作B"的形式有1例。

見字：共有129字種，"A，見B"的形式有129例。

俗字：共有211字種，"A，B俗字"的形式有101例，"A，B俗"有2例，"A，俗B字"的形式有96例，"A，俗B"的形式有12例。

通字：共有502字種，"A，B通"的形式有502例。

同字：共有2,701字種，"A，B同"的形式有1,587例，"A，B仝"的形式有1,114例。同字包括仝字。

異體字	ID	標題字	釋義
①本字	178	伱	你本。
	15879	贒	貴本字。
②古字	9552	夵	肝古字。
	1852	齇	艱古。
	212	侖	古甲。
③俗字	367	俻	俗備。
	1591	甞	嘗俗。
	3791	柰	牀俗字。
	6836	床	上俗字。
④通用字	11838	箇	낫【개】。枚也。個仝。(箇)。个通。
	9351	荣	惸婷通。
⑤仝(同)字	9876	㹴	怯同。
	18991	馴	駕仝。
	17205	鑒	仝上。
	19652	觳	上同。

(3) 特殊字

(大增補)《日鮮新玉篇》收錄了韓國、日本和中國各國自造的漢字。韓國自造的漢字以"朝鮮作"（2）、"朝鮮俗作"（1）的形式標註；中國自造的漢字以"華作"(3)的形式標註；日本造的漢字以"俗作字"(2)、"日本作無音"(6)、"日本作"(1)等形式標註。現將這些俗字羅列於下表：

① 韓國俗字

6827	桂	장승【싱】。路程表木。(朝鮮作)。
10445	畓	논【답】。水田。朝鮮俗作。
16491	迲	짜일홈【수】。地名。[朝鮮作]。

② 中國俗字

10536	賠i	팔목업슬【쵀】。無腕。[華作]。
10563	症	병증세【증】。病勢。[華作]。
13204	�	석캐【셩】。虫子。[華作]。

③ 日本俗字

5203	扨	쓴어바릴【인】。切去意。除也。日本俗作。
6826	柾	나무바른결【정】。木之正理。（日作）。
13161	腺	줄기【션】。體中諸液之分泌路。[日作]。
13219	膵	지래【취】。臟腑名。[日作]。

4.2. 部首

(大增補)《日鮮新玉篇》承襲了《康熙字典》的部首體系－214部首體系。最早繼承該部首體系的韓國字典為《全韻玉篇》。而近代的漢字字典如《國韓文新玉篇》、《日鮮大字典》、《漢鮮文新玉篇》、《新字典》等也都採用了該214部首體系。214個部首按筆劃數由少到多排列。部首排列順序各字典中稍有不同。下面列舉三種字典部首體系簡表，以資比較。

筆劃數	康熙字典	全韻玉篇	(大增補)日鮮新玉篇	備註
1劃	一丨丶丿乙亅	一丨丶丿乙亅	一丨丶丿乙亅	
2劃	二亠人儿入八冂冖冫几凵刀力勹匕匚匸十卜卩厂厶又	二亠人儿入八冂冖冫几凵刀力勹匕匚匸卜卩厂厶又	二亠人儿入八冂冖冫几凵刀力勹匕匚匸卜卩厂厶又	
3劃	口囗土士夂夊夕大女子宀寸小尢尸屮山巛工己巾干幺广廴廾弋弓彐彡彳	口囗土士夂夕大女子宀寸小尢尸屮山巛工己巾干幺广廴廾弋弓彐彡彳	口囗土士夂夕大女子宀寸小尢尸屮山巛工己巾干幺广廴廾弋弓彐彡彳	
4劃	心戈戶手支攴文斗斤方无日曰月木欠止歹殳毋比毛氏气水火爪父爻爿片牙牛犬	心戈戶手支攴文斗斤方无日曰月木欠止歹殳毋比毛氏气水火爪父爻爿片牙牛犬	心戈戶手支攴文斗斤方无日曰月木欠止歹殳毋比毛氏气水火爪父爻爿片牙牛犬	
5劃	玄玉瓜瓦甘生用田疋疒癶白皮皿目矛矢石示禸禾穴立	玉玄瓜瓦甘生用田疋疒癶白皮皿目矛矢石示禸禾穴立	玉玄瓜瓦甘生用田疋疒癶白皮皿目矛矢石示禸禾穴立	玉部和玄部與《全韻玉篇》順序同，生部和甘部與《康熙字典》《全韻玉篇》倒置。
6劃	竹米糸缶网羊羽老而耒耳聿肉臣自至臼舌舛舟艮色艸虍虫血行衣襾	竹米糸缶网羊羽老而耒耳聿肉臣自至臼舌舛舟艮色艸虍虫血行衣襾	竹米糸缶网羊羽老而耒耳聿肉臣自至臼舌舛舟艮色艸虍虫血行衣襾	
7劃	見角言谷豆豕豸貝赤走足身車辛辰辵邑酉釆里	見角言谷豆豕豸貝赤走足身車辛辰辵邑酉釆里	見角言谷豆豕豸貝赤走足身車辛辰辵邑酉釆里	
8劃	金長門阜隶隹雨青非	金長門阜隶隹雨青非	金長門阜隶隹雨青非	
9劃	面革韋韭音頁風飛食首香	面革韋韭音頁飛風食首香	面革韋韭音頁風飛食首香	風部和飛部尊《康熙字典》。
10劃	馬骨高髟鬥鬯鬲鬼	馬骨高髟鬥鬯鬲鬼	馬骨高髟鬥鬯鬲鬼	

11劃	魚鳥鹵鹿麥麻	魚鳥鹵鹿麥麻	魚鳥鹵鹿麥麻	
12劃	黃黍黑黹	黃黍黑黹黽	黃黍黑黹	《全韻玉篇》將黽部排在12劃。
13劃	黽鼎鼓鼠	鼎鼓鼠	黽鼎鼓鼠	
14劃	鼻齊	鼻齊	鼻齊	
15劃	齒	齒	齒	
16劃	龍龜	龍	龍	龜部尊《全韻玉篇》排在17劃。
17劃	龠	龜龠	龜龠	

　　(大增補)《日鮮新玉篇》五劃裏的"玉"、"玄"遵循《全韻玉篇》，先"生"後"甘"的順序與《康熙字典》和《全韻玉篇》的先"甘"後"生"不同，《國漢文新玉篇》、《新字典》、《字典釋要》、《漢鮮文新玉篇》、《字典大解》等書都是以先"甘"後"生"的順序排列。而唯獨(大增補)《日鮮新玉篇》是先"生"部後"甘"部，這可以說是(大增補)《日鮮新玉篇》的一大特點。九劃裏的先"風"後"飛"在《全韻玉篇》里卻是先"飛"後"風"，而(大增補)《日鮮新玉篇》則遵循《康熙字典》。又如《康熙字典》16劃的"龜"移到了17劃，這與《全韻玉篇》相同。通過以上三種字典部首體系的對比，可以得知，(大增補)《日鮮新玉篇》的部首體系基本上與《全韻玉篇》相同，只是將《全韻玉篇》5劃的先"生"後"甘"改為先"甘"後"生"，9劃的先"飛"後"風"改為先"風"後"飛"而已。

5. (大增補)《日鮮新玉篇》的地位

　　綜上所述，(大增補)《日鮮新玉篇》的特徵為：一、收錄字最多的字典之一；二、提供各種各樣的異體字信息。這一點可以說具備了字典必須具備的條件。字典是讀者學習文字的工具書，標題字的多寡可以作為衡量字典效用的標尺。因此，收錄字將近2萬字的(大增補)《日鮮新玉篇》可謂是相當有價值的字典。

　　不僅如此，就當時的社會背景及時代狀況而言，增加了日文的多國語字典對大眾來說，其實用價值無可厚非。1910年締結韓日合併條約，韓國進入日據時代，加上朝鮮總督府展開獎勵日文政策。在這樣的時代背景下，同時可以學習漢字和日文的(大增補)《日鮮新玉篇》字典，正可謂是一部極具時代意義的工具書。

6. 參考文獻

1. 《日鮮大字典》：1912年初版本，2卷2冊，朴重華，廣東書局，國民大學省谷圖書館藏本。
2. (大增補)《日鮮新玉篇》：1931年發行，2卷1冊，匯東書館，慶星大學韓國漢字研究所藏本。
3. 《日鮮新玉篇》：1935年發行，2卷1冊，永昌書館，慶星大學韓國漢字研究所藏本。
4. 朴亨翌，《韓國字典的歷史》，亦樂出版社，2012。
5. 韓國漢字研究所'韓國近代漢字字典專題論壇'資料，2016。
6. 金億變，<對韓國近現代漢字字典小考>，《中國言語研究》第64輯，韓國中國言語學會，2016。
7. 崔容基，<日據時期的國語政策>，《韓國語文學研究》，第46輯，韓國語文學研究會，2006。
8. 韓中瑄，<韓國的日本辭典研究>，韓國外國語大學校大學院博士論文，2015。

6

《新字典》

河永三

1. 導論

　　正如"言以足志，文以足言"所說的，語言和文字使人類的思考成爲可能，也是區分人類和動物的最重要的手段。語言的使用要准確無誤，字典就是參考的典範。因此，字典的編撰也成爲衡量文明發展的尺度。一本優秀的字典能代表一個民族和一個國家的文化水平。

　　雖然在1445年世宗大王發明的用於記錄韓語的Hangul已經問世，但直到20世紀，用來記錄韓語的中國漢字的主導地位才慢慢被Hangul所替代。所以，在此之前韓國並不具備編撰Hangul詞典的條件，而是完全致力於漢字字典的編撰上。雖然這些字典並非是將漢字的字義收錄在內，而是以收錄漢字讀音的韻書爲主，但是僅是這些韻書的編撰已足以讓我們感受韓國民族的自尊心及力圖振興的決心。

　　步入20世紀，西方和日本文物洪水般洶湧而至，韓國國民對韓語和Hangul的覺悟也隨之漸長。世人對韓語的重視比過去任何時候都高漲。事實上，直到那時韓國和中國都是共存的狀態。甚至於什麼是韓國的，什麼是中國的都難以區分。尤其是在文字的使用上，對Hangul的覺悟仍然不足，對漢字的崇拜依然如故。因此，對於漢字的解釋也並不使用Hangul，仍是多以漢字爲主。

例如：朝鮮時代最權威的漢字字典《全韻玉篇》也僅是在讀音上使用韓語標注，所有的字義解釋全部使用漢字。這樣的傳統直到近代的第一部字典－《國漢文新玉篇》問世才有所改變。它爲漢字的義項使用韓語解釋開了先河。但是，《國漢文新玉篇》也並非是對所有義項進行韓語解釋，而是只針對其中最具代表性的一個義項。並且，基本上只是將《全韻玉篇》的標題字和義項全盤照搬，所以存在很大的局限性。

1915年，《新字典》問世。這部字典正如其名－新的字典。《新字典》不僅在標題字上有所增加，而且對大量添加的義項進行了韓語解釋。不僅如此，對該義項的出處和用例也一一進行明示，使這部字典更具可信度。《新字典》並非一人之作，它是以"朝鮮光文會"爲骨幹，在周密的籌劃後集體完成的著作。添加了現代字典所需要具備的多種屬性。所以，稱這部字典爲韓國最早的近代漢字字典也絕不爲過。它爲之後的漢字字典起到了模範作用，對之後漢字字典的編撰影響甚大。

2. 《新字典》的編撰

2.1. 編撰背景

據柳瑾和崔南善所作的兩篇序文可將該字典的編撰背景歸納爲如下幾點：

(1) 確立了韓國語言文字的獨立性

《新字典》編撰最重要的背景是通過對韓國語言文字和文化的獨立性的認識，確保相對於漢字的韓語的獨立性。在序文中這樣說道：

> 漢字並不是以韓國天生的語言爲基礎，也不是根據韓國人本身的性情而發明的。因此漢字無法精確地闡明韓語的妙趣，無論如何學習也無法擺脫晦澀，如何崇尚也無法運用自如。因此即使歎息用來傳

達信息的文辭不順暢又有什麼用呢？（崔南善《序文》）

韓國是與中國一衣帶水的鄰邦。受中國文化的影響，長久以來韓國對中國漢字的崇尚和尊重已超過韓語。因此，漢字和韓語的分界線漸漸模糊，兩者之間的關係也被人們所忽視，混淆使用的情況屢現不鮮。《新字典》的編撰對修正這些錯誤具有重大意義。柳瑾在序文中這樣說道："

> 況邦人言自言，字其字，雖宏學博識之士，未免佔畢之歎，而歷代以來，尚無以邦文邦語彙集其字義者，只有簡略摘要之《全韻玉篇》.《奎章全韻》而止，新進後生之學漢字者，從何以析其疑難哉.（柳瑾《序文》）

韓國開化時期，通過與世界其他國家的交流，韓國接觸到了新的語言和文化，對本國語言和文字的重視日益加深。之前以漢字爲主的時代正慢慢結束，韓語逐漸獨立出來。因此，使用韓語解釋漢字、理解漢字、開辟新的領域已勢在必行。於是就需要一本能夠作爲向導的漢字韓語對譯及漢字釋義字典。在這樣的環境下，《新字典》應運而生。

(2) 弘揚啟蒙意識，完成曆史使命

開化期的沖擊和新鮮感都是暫時的。面對西方列強的蠶食，最終韓國被日本吞並成爲日本的殖民地。面對這樣殘酷的現實，開化國民，增強國力則成了重中之重。因此，崔南善、玄采、朴殷植等人在1910年結成"朝鮮光文會"，致力於振興古代文化和古代文獻的啟蒙事業。崔南善這樣描述《新字典》編撰完成時的社會現狀：

> 如今我們正面臨著韓國文明史上的一大轉機，在這個可以發揮光明的絕好時機我們可能無法判斷是生存還是滅亡。那麼我們應該如何繼承先輩的傳統，如何面對現在危急的狀況，如何開創我們的未來？（崔南善《序文》）

危機一詞包含"危險"和"機會"兩層含義。不僅如此，在"危機"一詞中，危險和機會並非同等的存在。相比危險，機會更占上風。換句話說，當時的危機可以算是一個新的機會。然而重要的是，如何抓住這個機會開創文明的未來。也就是說，應該如何將危機轉化成機會？當然可能有很多種途徑。然而，崔南善的主張是這樣的：

過去的已經過去，現在仍然混沌，未來還很迷茫，但胸懷大志的光文會崛起並豎起了"修史"，"理言"，"立學"等三大旗幟。（崔南善《序文》）

朝鮮光文會將"修史"，"理言"，"立學"等作爲自己的使命。崔南善在《序文》中說道："在辭典的編撰和文法的整理兩大使命中，可以用於語言對照翻譯的辭書的編撰將成爲辭典計劃中不可或缺的一部分。"通過字典的編撰，不僅是爲了實現國民啓蒙，也爲編修曆史和確立文化體系奠定基石，《新字典》的編撰正回應了此使命。

(3) 完善了漢字字典的不足

朝鮮時期，尤其是步入實學時期，有關漢字、漢字讀音、漢字詞、物名、周邊國家語言的字典以及百科類的辭書雨後春筍般湧現出來，迎來了辭書編撰的鼎盛時期。

正如崔南善所說"正祖時期發行的《全韻玉篇》和《奎章全韻》，前者爲朝鮮最早的一部按部首分類，同時具有較爲系統體例的字書，後者爲韻書中最全面的字書"（《序》）。之後，《華東正音通釋韻考》（朴性源，1747）、《三韻聲彙》(洪啓禧，1751)、《玉彙韻考》(李景羽，1812) 等韻書出版，《古今釋林》(李義鳳，1789)、《字類註釋》(鄭允容，1856)等詞典也隨後出版，《物譜》(李嘉煥、李載威，1770年李嘉煥完成初稿後，李載威於1802年將該初稿系統化)、《家禮釋義》(高汝興，1792)、《名物記略》(黃泌秀，1870)、《物名攷》(丁若鏞，19世紀)等有關物名的字書也隨後發行。除此之外，當時《才物譜》(李晚永，1789)、《廣才物譜》(未詳)等也隨即出爐。翻譯用書《譯語類解》(愼以行等，1690)、《譯語類解補》(愼以行等，1775)、《方言類釋》(洪命福，1778) 等則擔當了漢字字典及漢字詞詞典的功能。

然而，這些辭書僅夠應對初露萌芽的近代時期，用作研究近代學問的工具書還遠遠不夠。近代《新字典》問世之前的大量字典都是如此。因此，柳瑾也歎息說："除只摘選要點的《全韻玉篇》及《奎章全韻》之外，基本上沒有使用韓語解釋字義的字書，這給漢字的學習帶來了很大的困難。崔南善也這樣說道：

雖然已修繕了幾本書籍，但這些書不僅缺乏內涵，訓釋反面存在很多不當之處，而且筆畫錯誤、訓詁不當及注解粗疏的情況也是數不勝數，作爲求學者實用的工具書還遠遠不夠。字書中出現的例句和典故的出處目前還不曾在哪本字典中有過標注，這不僅是文學界的一個遺憾，甚至於作爲一般人的日用工具書還存在很多不便。這些字和文章以被使用了幾百年，但世人至今還不明確它們真正的含義，這是何等的玩忽懈怠呀！（崔南善<序>）

　　正如大家所說的那樣，《全韻玉篇》當之無愧是朝鮮時期最傑出的漢字字典。步入現代，雖有幾部字典已編撰發行，但都頗具局限性。例如，近代最早出版的漢字字典《國漢文新玉篇》（鄭益魯，1908）也僅僅是在《全韻玉篇》的基礎上，對具有代表性的其中一個漢字義項添加了韓語的訓讀。標題字方面也幾乎未做修改而完全繼承了《全韻玉篇》。《字典釋要》（池錫永，1909）是將義項進行大幅地篩選，提高了字典的實用性。《日鮮大字典》（朴重華，1912）不過是添加了日語解釋而已。上述幾部字典基本上都屬於同一範疇。嚴格地說，都是以《全韻玉篇》爲模板編撰的。爲了彌補上述字典的不足，迎接新時代，那就需要有新體系的漢字字典的出版。《新字典》正是在這樣的背景下誕生了。

2.2. 編撰過程

　　因此，《新字典》的編撰已刻不容緩。崔南善也說：“所有的書都可不具備，但是唯獨字書決不能不具備”。（序）然而集一個國家的語言和文字之大成的詞典的編撰絕非想象的那樣簡單。加上中國和韓國的語言及文字長時間混同共存已久。在韓國你我不分的特殊時代背景下，對於剛剛步入近代，與現在的物質基礎完全無法相比的20世紀初的韓國來說，編撰一部優秀的字典更是難上加難。崔南善對於這些困難這樣討論道：

　　　　字書的編撰確實並非易事。需要聰敏的頭腦來分析，需要銳利的判斷來思辨，需要博學多識來訓詁，需要敏捷的手腳來編撰收集。要想恰當地表達清事物、感情及世間萬象，不僅要上識天文，下知地理，中曉人和，還要博覽群書，通曉古今。在應對無時無刻不在變化的世間萬象時，要如同以諸子百家下酒，以四書五經爲伴奏，還需精通字源和文典。在考證時，要求具有裁判官的心理；收集和搜索時要求具有探險家的洞察力。這些怎能是一般的學者或者文人可以具備的才能呢？

詞典的編撰確實如崔南善所言，用聰敏的頭腦分析、用敏銳的判斷思辨、用廣博的知識訓詁、用敏捷的手腳編撰收集。不僅如此，還需要洞悉世間萬象從而進行准確地表達。通過對大量文獻的熟知來舉例，通過裁判官的心理來證明和探險家的冒險精神來收集。這些才能並非一般的學者或是文人可以具備的。這還不夠，編撰的學者們還要對其內容提供准確詳細的語源。對變遷史的介紹要提供確鑿的證據，要有條理地提供典故，對這些介紹和典故要有打破砂鍋問到底的精神，對於難表達的字詞更是添加了圖畫來介紹。除此之外，還需經過無數次地校對和修改，需要活字版、紙張及最後一道工序裝訂才能完成這項龐大的任務。

這正是唯獨字典才具有的特殊性。它是語言和文字所要遵循的模範和標准。因此對於字典來說，內容的准確性是基本，且是連一個錯字也決不能容納的對精確性要求極其高的作業。

其他任何書籍的錯誤都可以得到原諒，唯獨字書絲毫的錯誤都無法被允許。其他書籍的解讀一個人一次就可以完成，但字書的解讀需要眾多的學者專家經過數十百次的努力才能最終完成。

編撰字典是文化事業中最緊急也是最重要的事情，是可以展示一個民族的整體性的大作。它反映了一個民族和一個國家的自尊心。因此，字典的准確性要求極高，編撰要極其慎重，是用語言無法形容的相當艱巨的任務。

世上所有作品的創作都非易事。對於字典這樣一件龐大的作業更是如此。在先輩成就的基礎上進行補充、完善，添加具有創意的構想和更為詳細的解說從而誕生一部新的作品。

《新字典》也是如此。《新字典》是在當時最權威的字典《全韻玉篇》的基礎上誕生的。漢字讀音的體系和釋義的排列都是仿照《全韻玉篇》編撰的。但像《序文》中描述的，《新字典》的編撰是以中國最權威的《康熙字典》為基礎文獻編撰而成的。

> 是書也， 以《康熙字典》字作本位， 以邦文邦語解正義， 苦心講
> 討， 五年於玆， 始乃停手， 而篇什浩大， 遽難付刊， 自旣艸
> 中， 更選其簡易緊要者， 編成一卷， 名曰《新字典》(柳瑾「序」)

《康熙字典》作爲最具權威的漢字字典。其收錄字之多，內容之詳細，對於《新字典》的編撰具有極高的參考價值。但因《康熙字典》涉及內容多，對使用者來說有諸多不便。於是，急需編撰出一部能夠取其精華，更簡練更實用的字典。這便是《新字典》。書名中仍然使用"字典"二字，說明它繼承了《康熙字典》，加"新"字以示它是一部嶄新的著作。不僅如此，體裁上不僅參考了中國出版不久的《新字典》而且吸取了近代西方字典的精華。

然而，《新字典》最初不是從《新字典》開始的，而是從柳瑾執筆的《漢文大字典》開始的。即，"朝鮮光文會的同仁向柳瑾拜托執筆《漢文大字典》原稿，柳瑾在李寅承和南基元的協助下耗時將近5年完成初稿。但由於原稿規模龐大難以在短時間內出版。然而，朝鮮光文會要求早日出版該字典，於是柳瑾取《漢文大字典》原稿之精華，將其重新編輯後，加以"新字典"的名稱。柳瑾執筆的《漢文大字典》因朝鮮光文會內部原因沒能出版。但是，於1915年12月以縮小版的《新字典》在京城的新文館出版。至於《漢文大字典》原稿的規模及其所在至今不爲人知。"

《新字典》便是在如此覺悟與在尋求韓文獨立性的艱難編撰過程中，歷經千辛萬苦完成的。在當時的時代背景及物質基礎下，作爲韓民族追求韓語和學問獨立性的遠大理想的工具，它絕對可以被視爲集漢字字典之大成。

2.3. 作者

關於《新字典》的作者至今流傳"柳瑾說"、"朝鮮光文會說"以及"崔南善說"等。其中，"柳瑾說"最可信。原因是《新字典》的編撰是由柳瑾主導，在字典最前面有柳瑾的《序文》爲證。然而，該書是在眾多學者和專家的共同努力下完成的。在書的內封皮上印有"朝鮮光文會編撰"等字樣，所以就主張作者是"朝鮮光文會"也無可非議。

雖然如此，但筆者仍舊認爲《新字典》的主要編撰者是崔南善。原因有

以下幾點：首先，這本字典絕非一人之作，僅崔南善在的《序文》中就提到柳瑾，李寅承，南基元，周時經，金枓奉，崔誠愚等人參與了字典的編撰工作。由此可知，字典的編撰是在多名的學者的共同努力下完成的。當然絕不否認柳瑾作爲該字典編撰的主導這一事實。但是這樣說並不代表字典是柳瑾個人的著作。其次，崔南善《序文》末尾這樣說道："如果這本書對我們的社會和文化發展起到積極作用的話，那功勞當屬上述的各位學者。因爲該字典的從策劃到整體的設計都是由我個人主管負責的，因此如果該字典出現問題或遭到世人的批判、指責的話，那麼這些批判和指責應該由我一人來承擔。"由此，我們可以推斷該書整體的構思和設計是由崔南善領導指揮的，因此可以認爲崔南善是《新字典》的總負責人。加上新文館的所有者是崔南善，《新字典》的策劃，執筆班子的組織，監督，出資，印刷等由崔南善負責完成。那麼，他必然是當之無愧的《新字典》的代表編撰者。另外，1947年出發行的縮印版《新字典》-《大版新字典》的扉頁中印有"作者兼發行者：崔南善"的字樣。因此，筆者認爲《新字典》的代表作者是崔南善。

3. 《新字典》的版本及體裁

3.1. 版本

《新字典》於1915年12月在京城新文館初版初次出版後，直到1947年一共印刷8次。全部使用活字印刷，共255張（內封皮1張，序文8張，正文245張，扉頁1張，共498頁）。據朴亨翌（2016，13頁）的調查，版本現狀整理如下：

① 1915. 12.《新字典》， 京城：新文館). 初版. 國立中央圖書館收藏， 4卷1冊， 22.2×15.6cm.
② 1918. 03.《新字典》， 京城：新文館. 再版. 國立國語院， 朴亨翌收藏.
③ 1920. 02.《新字典》， 京城：新文館. 3版. 朴亨翌收藏.
④ 1922.《新字典》， 京城：新文館.

⑤ 1924.《新字典》，京城：新文館. 高麗大，東國大，世宗大圖書館收藏。
⑥ 1925.《新字典》，京城：新文館. 大邱天主教大學中央圖書館收藏。
⑦ 1928. 11.《新字典》，京城：新文館. 5版. 韓國學中央研究院，首爾大，慶北大圖書館收藏。
⑧ 1947.《大版新字典》，京城：東明社.

1915年新文館出版的《新字典》
(22.2×15.6cm)

1947年東明社出版的《(大版)新字典》(18.5×13cm)

其中⑧1947年東明社刊本雖然書名以"大版新字典"出版，實際上是①~⑦的縮印版。朴亨翌教授認爲這一本是影印本，但仔細查看後得知它是在不改變原先頁數的前提下，將錯字和漏字進行了修正和補充。爲了檢索的便利將正文部分的頁碼（1~498）重新進行標注。可以看作是"部分修訂版"。並且，光複以後初版被影印過，而且，還有高麗大學亞細亞問題研究所六堂典籍編撰委員會（編）的《新字典》（1973）及東陽古典學會編輯部的《新字典》（1997）的存在。但令人費解的是，1973年高麗大學影音本卻以《六堂崔南善典籍》第七版爲名。並且,對《新字典》補充及修正的原稿以"補訂新字典"的名稱被添加在字典末尾。該原稿按"一"部首~"厰"部首排列由30頁組成。

3.2. 體裁

(1) 整體結構

《新字典》的封皮裏有一張前扉,然後是柳瑾和崔南善先生的兩篇<序文>。接著,是由11條構成<範例>。之後是根據<康熙字典>的214個部首構成的<部首目錄>及<檢字>目錄。內文共收錄13084個漢字,214個部首按從"一"到"龠"的順序由4卷(第一卷:"一"部~"彳"部;第二卷:"心"部~"犬"部;第3卷:"玉"部~"西"部;第4卷:"見"部~"龠"部)構成。"龠"部的最後一個漢字ㅡ"籲"之後收錄的<朝鮮俗字部>(107字),<日本俗字部>(98字),<新字新義部>(59字)等264個特殊漢字。這是在之前的字典裏未出現過的獨特體裁。與內文的13084個漢字合計13,348字。詳細內容可參考下表:

前扉	朝鮮光文會編撰, 金敦熙題字, 京城新文館藏板			1頁
序文	柳瑾 《序》 崔南善 《序》			2頁 6頁
範例 目錄	《新字典範例)」》(11條) 《新字典部首目錄》(214部) 《檢字》			2頁 2頁 4頁
內文	第1卷:一部~彳部	2,570字	13,084字	13,348字	492頁
	第2卷:心部~犬部	3,501字			
	第3卷:玉部~西部	3,950字			
	第4卷:見部~龠部	3,063字			
附錄	《朝鮮俗字部》	107字	264字		

	《日本俗字部》	98字	
	《新字新義部》	59字	
扉頁	大正4年(1915) 11月 1日印刷，編輯兼發行者：崔南善，總發行所：新文館		1頁
合計			498頁

　　爲了方便搜索標題字，並更有效地利用空間將頁面分爲上中下三行，標題字被縱行排列。相同部首內部，筆畫數轉換時，在左右空格後標出筆畫數。這種方式是與其他字典不同的，便於使用者掃視標題項的各項內容。不僅如此，《新字典》中還含有39幅插圖，這種解釋漢字字義的方式也是在之前的字典中未曾出現過的，對後來《字典釋要》（15版）的編輯影響甚大。

　　然而上中下三行的頁面處理方式和插圖的應用也不能完全被視爲是《新字典》的獨創，應該說是受到國內外字典的影響。之前的《三韻聲彙》等有將頁面一分爲三的傳統，《海篇心鏡》和《玉彙韻考》等則將頁面一分爲二。對《新字典》影響最大的應該要數中國出版的《新字典》。正如《新字典》裏說的"此書初稿旣成後，支那「新字典」出，體例注釋，可合參考。故不害原定之義例者，間或參互，以資解明之一助"，在1911年9月中國商務印書館上海本館出版的《新字典》(蔡文森，陸爾奎，方毅，傅運森，沈秉鈞，張元濟，高鳳謙　編)中可以找到答案。尤其是同一部首內部變化筆畫數時，左右空格後標注筆畫數的形式和必要情況下插入圖畫解釋說明的形

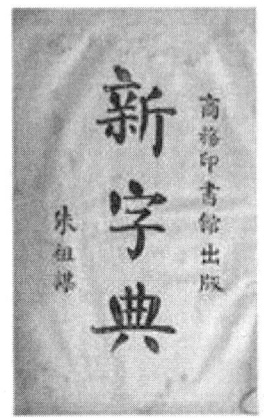 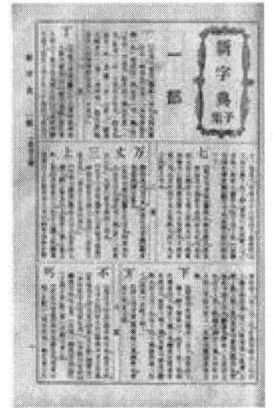 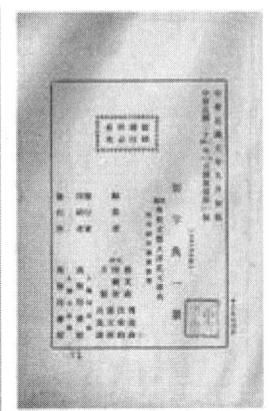

式,可以說是直接受中國《新字典》的影響。加之兩本書名稱一致,更證明了兩者的密切關係。

中華民國 24年(1935年) 國難後 第2版 《新字典》(商務印書館, 上海)(筆者 收藏本)

(2) 標題字

① 收錄字字數

據韓國漢字研究所此次完整的《新字典》數據庫(2016)可知,《新字典》標題字字數共13,348個。由按214個部首(一~龠)順序排列的內文中的13,084字,以及<朝鮮俗字部>(107字), <日本俗字部>(98字), <新字新義部>(59字)264個特殊字構成。214個部首收錄字的具體情況如下:

部首	收錄字	部首	收錄字	部首	收錄字	部首	收錄字	部首	收錄字
一	24	屮	2	爻	3	至	9	革	92
丨	8	山	179	爿	7	臼	18	韋	22
丶	4	巛	5	片	19	舌	17	韭	4
丿	10	工	6	牙	4	舛	4	音	11
乙	12	己	9	牛	89	舟	56	頁	87
亅	4	巾	113	犬	177	艮	3	飛	3

一	13	干	9	玄	5	色	6	風	37
二	14	幺	7	玉	234	艸	554	食	109
人	398	广	85	瓜	11	虍	28	首	5
儿	21	廴	5	瓦	43	蟲	305	香	10
入	6	廾	13	甘	4	血	21	馬	146
八	13	弋	8	生	6	行	18	骨	36
冂	13	弓	45	用	5	衣	204	高	1
冖	9	彐	7	田	68	襾	7	髟	54
冫	36	彡	14	疋	6	見	29	鬥	8
几	9	彳	53	疒	182	角	33	鬯	3
凵	7	心	407	癶	4	言	310	鬲	6
刀	106	戈	33	白	31	穀	13	鬼	20
力	49	戶	19	皮	36	豆	13	魚	113
勹	20	手	521	皿	41	豕	27	鳥	167
匕	4	支	9	目	188	豸	30	鹵	7
匚	19	攴	81	矛	12	貝	97	鹿	30
匸	9	文	8	矢	14	赤	12	麥	17
十	14	鬥	19	石	199	走	41	麻	7
蔔	6	斤	14	示	94	足	177	黃	6
卩	17	方	33	禸	9	身	13	黍	4
廠	14	無	3	禾	162	車	134	黑	32
厶	7	日	185	穴	81	辛	12	黹	4
又	13	曰	15	立	24	辰	5	黽	9
口	373	月	27	竹	263	辵	149	鼎	4
囗	37	木	664	米	79	邑	106	鼓	13
土	234	欠	69	糸	346	酉	98	鼠	13
士	9	止	16	缶	26	采	3	鼻	7
夂	2	歹	58	網	58	裏	5	齊	5
夊	6	殳	22	羊	45	金	297	齒	44
夕	8	毋	7	羽	65	長	6	龍	5
大	45	比	5	老	8	門	70	龜	3

女	239	毛	49	而	7	阜	102	龠	4
子	30	氏	5	耒	33	隶	4	合計	13,084
宀	81	气	5	耳	51	隹	28		
寸	13	水	687	聿	7	雨	85		
小	9	火	230	肉	242	靑	5		
尢	10	爪	6	臣	4	非	4		
尸	35	父	5	自	7	面	7		

② 增加字字數

《新字典》共收錄13,084字（附錄264字除外），與《全韻玉篇》收錄的10,977字相比增加了2,104個字。與《全韻玉篇》相比，增加字數超過10個。其中增加百分率超過20%的部首的收錄字情況整理爲下表：

編號	部首順序	部首	《全韻玉篇》收錄字字數	《新字典》收錄字字數	增加字字數	增加百分率
001	107	皮	12	36	24	2.00
002	093	牛	43	89	46	1.07
003	078	歹	33	58	25	0.76
004	128	耳	29	51	22	0.76
005	127	耒	20	33	13	0.65
006	076	欠	42	69	27	0.64
007	066	攴	51	81	30	0.59
008	109	目	124	188	64	0.52
009	082	毛	33	49	16	0.48
010	112	石	137	199	62	0.45
011	094	犬	124	177	53	0.43
012	211	齒	31	44	13	0.42

013	104	广	129	182	53	0.41
014	115	禾	117	162	45	0.38
015	123	羊	33	45	12	0.36
016	119	米	58	79	21	0.36
017	116	穴	60	81	21	0.35
018	086	火	172	230	58	0.34
019	124	羽	49	65	16	0.33
020	075	木	506	664	158	0.31
021	142	蟲	233	305	72	0.31
022	096	玉	182	234	52	0.29

③ 部首排列

　　《新字典》的部首體系采用了《全韻玉篇》的214部首體系。214部首體系是由明朝《字彙》最早發明，通過《康熙字典》的傳承形成了最具代表性的部首體系。韓國的漢字字典基本上都是采用的這種部首體系。同爲214部首體系，與《康熙字典》的214部首體系相比較，"風"部、"飛"部、"玄"部與"玉"部在順序上稍有不同。之前的《全韻玉篇》也是如此。由此可知，《全韻玉篇》的214部首體系在《新字典》中得到了很好的繼承。

(3) 解說體式

　　《新字典》中對於各標題字的注解大體爲：①韓語讀音，②漢字注釋，③韓語釋義，④漢字例句，⑤韻目，⑥異體字。下面以"一"字爲例作詳細介紹：

| 一 | 【일】數之始. 한ㅇ한아. 凡物單箇曰一. ㅇ誠也. 정성. 《中庸》：所以行之者，一也. ㅇ純也. 슌젼할. 凡道之純者曰一. 《書》：惟精惟一. ㅇ專也. 오로지. 如言一味·一意. 《禮》：欲一以窮之. ㅇ同也. 갓흘. 《孟子》：前聖後聖，其揆一也. ㅇ統括之辭. 왼ㅇ왼통. 如言一切·一槪·一家·一門·一國. 《詩》：政事一埤益我. ㅇ或然之辭. 만약. 如言萬一·一旦. 《漢書》：歲一不登，民有飢色. ㅇ第一. 첫재. ㅇ一一. 낫낫. (質). 壹通. |

首先，關於標題字"一"，①'【일】'爲其韓語讀音，②'數之始'爲其漢字注釋，③'한。한아'爲其韓語釋義， ④'凡物單箇曰一'爲其漢字例句。存在其他義項的情況以'○'隔開後反復上述形式。並且標明了漢語例句的出處，對於義項'誠也， 졍셩'的漢語例句-'所以行之者， 一也.'的出處標注了'《中庸》'。爲了追求字典的簡明性非特殊情況只標注書名而不標注篇名。"一"字展示了 ⓐ數之始， ⓑ誠也， ⓒ純也， ⓓ專也， ⓔ統括之辭， ⓕ或然之辭， ⓖ第一 等7個義項， 而ⓗ'一一'則更像是由"一"字構成的漢字詞。 ⑤之後的'(質)'則是"一"字的'韻目'，該韻目體系爲106韻體系。⑥之後的'壹通'則展示了"一"字的'異體字'信息，意爲'壹'與'一'是通用字。

正如上述描述的那樣，對於漢字義項的解釋可以說是具體、系統而且很具科學性。尤其是對於義項數繁多的漢字，在義項的排列上展示了與《全韻玉篇》的傳統所不同的獨創性。各字典中"一"字的注釋整理如下表：

漢字	書名	字義
一	《全韻玉篇》(1805)	(일)①數之始， ②畫之初， ③均也， ④同也， ⑤誠也， ⑥純也.⑦天地未分， 元氣泰一. (質). 壹通.
	《國漢文新玉篇》(1908)	흔(일)①數之始， ②畫之初， ③均也， ④同也， ⑤誠也， ⑥純也.⑦天地未分， 元氣泰一. (質). 壹通
	《字典釋要》(1909)	(일)①數之始， 하나일. (質). 壹通.
	《(大增補)日鮮新玉篇》(附音考)(1926再版)	(일)①數之始. 한. ②同也. 같을. ③一一. 낫낫. ④誠也. 졍셩. ⑤專也. 오로지. ⑥或然之辭. 만일. ⑦第一. 첫재. ⑧或也. 어느. (質). 壹通. (イツ)(イチ)ヒトツ. ヒト. ハジメ. ヒトスニス. マジハリナシ. マコト. ヒトタビ. アル.
	《韓鮮文新玉篇》(1913)	하나(일)①數之始， ②畫之初， ③고를(일)， 均也， ④갓흘(일)， 同也， ⑤졍셩(일)， 誠也， ⑥슌일홀(일)， 純也， ⑦혼갈(일)， 專也， ⑧天地未分， 元氣泰一. (質). 壹通.
	《新字典》(1915)	(일)①數之始， 한。한아， 凡物單箇曰一. ⑤○同也， 갓흘， 《孟子》：前聖後聖， 其揆一也. ⑨○一一， 낫낫， ②○誠也， 졍셩，

	《中庸》：所以行之者，一也. ③〇純也，순견할,凡道之純者曰一.《書》：惟精惟一. ④〇專也，오로지，如言一味·一意.《禮》：欲一以窮之.
	⑥〇統括之辭，왼。왼통,如言一切·一槪·一家·一門·一國.《詩》：政事一埤益我.
	⑦〇或然之辭，만약，如言萬一·一旦.《漢書》：歲一不登，民有飢色.
	⑧第一，첫재，（質）．壹通.

　　尤其是在義項方面，《新字典》比《全韻玉篇》和《國漢文新玉篇》多出兩項－義項⑥和義項⑦，並對重要義項做了韓語解釋，對於各個義項的順序也進行了重新排列。例如：《全韻玉篇》和《國漢文新玉篇》的第一個義項①'數之始'在《新字典》裏也是第一項，而第四項的'④同也'在《新字典》裏則被調成第二項，第五項的'⑤誠也'則被調成第四項。漢字義項的排列順序表明了該漢字的本義和其延伸義之間的關係，對義項排列順序調整的意義還需進行進一步的研究。而且，《新字典》中引用了很多古文獻中的用例，並對該用例的出處一一做出標注。這些標注爲該義項的解釋提供了文史證據，並且爲使用者進行漢字的高級解讀提供了方便。

4.《新字典》的特徵

4.1. 收錄字特徵

(1) 增減字

　　《新字典》的收錄字數合計爲13,348，比之前的《全韻玉篇》及《國漢文新玉篇》（11,000字）有大幅的增加。爲詳細介紹增加字的情況，與《全韻玉篇》比較後《新字典》在書的後部添加了對各個部首的說明。例如，本文502~505頁107_皮部的介紹：

　　107_皮部：共 36字
　　增24字：肛，皱，坡，岌，陂，皱，皱，皱，皱，披，
　　　　　　皱，皱，皱，皱，皱，皱，皱，皱，皱，皱，皱，

皻，皽

皮部從6671_(皮)字到6706_(皽）字共收錄了36個漢字，比《全韻玉篇》皮部收錄的12字多出2倍，添加字爲：皯，皱，皴，皳，皵，皶，皷，皸，皹，皺，皻，皼，皽，皾，皿，皿，皿，皻，皽。我們由此可以了解，從《全韻玉篇》到《新字典》收錄漢字的變化情況，對研究漢字的變化軌跡有很大幫助。漢字的具體變化情況可參照部首後的詳細說明。

(2) 異體字

《新字典》同其他漢字字典一樣提供了異體字的詳細內容：'俗字'，'同字'，'通字'，'古字'，'今字'，'籒文'等。下面來詳細了解一下"一"部裏收錄的漢字中的異體字信息：

①'俗字'	20_丢：	【듀】一去不還. 아조갈. 古俗謂遺失物件曰丢. (有). 俗作丢.
	22_所：	所俗字.
	10_丐：	【개】乞也. 빌○달랄. ……(泰). 匄俗字.
②'古字'	21_丣：	酉古字.
③'同字'	05_萬：	【만】萬同. (願). 【몽】蕃姓, 萬俟. (職)
	12_不：	【부】未定辭. 아닌가. ……(宥). 不通. 【불】未也. 非也. 아니○아닐○못. ……(物). 弗同.
	23_並：	竝同.
④'今字'	24_聖：	【두】禮器, 舉屬. 큰술국이. (宥). 今作阧.
⑤'通字'	01_一：	【일】數之始. 한○하아. ……(質). 壹通.
	02_七：	【칠】數名. 일곱. 《書》：以齊七政. ○文體名. 글톄격이름. ……(質). 柒通.
	09_三：	【삼】數名. 석○셋. (覃). 參通.
	13_丑：	【츄】地支第二位. 둘재디지. ……(有). 杻通.
	19_丞：	【승】繼也. 이을. ○佐也. 도을. ○副貳, 官名. 벼슬이름. 《戰國策》：禹有五丞. ○丞相. 정승. (蒸). 承通.

綜上所述，'一'部一共收錄了24個漢字，其中13字（14種）附有'俗字'、'同字'、'通字'、'古字'、'今字'等異體字信息。即①'丟'與'所'爲'丟'與'所'的'俗字'，②'丣'爲'酉'的'古字'，③'萬'與'萬'、'不'與'弗'、'並'與'竝'爲'同字'，④'門'爲'堊'的'今字'，⑤'一'與'壹'、'七'與'柒'、'三'與'參'、'不'與'丕'、'醜'與'杻'、'丞'與'承'等爲'通字'，將其之間的關係做了詳細的介紹。

尤其是'俗字'在文字學上具有極其重要的研究價值。因爲它對理解韓國漢字字形的標准及傳統有重要意義。同時，對理解在漢字形體方面編撰者的標准提供了資料。據筆者統計，《新字典》中共出現196例俗字：'A，B俗字'(132例)、'A，俗作B'(45例)、'A，俗B字'(13例)，其他(6例)。'同字'則是出現頻率最高的異體字類型，共有3,053例類型分如下幾類：

通過'非'或'不同'等用詞，我們能夠了解作者對於異體字的見解。

    3390_枾：【시】俗作果名，同柿，非.(紙).【폐】削木劊.대패밥.(隊).杮同.

    4027_柿：【시】赤實果.감.《禮》：棗栗榛柿.(隊).俗作枾，非.

    4429_樣：【양】貌樣，法也.골○본○즛○법○모양.《唐書》：柳公權在元和間書法有名，劉禹錫稱爲柳家新樣.(漾).樣同.【상】栩實.도토리.(養).橡同，非.

    4461_橃：【벌】海中大船.배.(月).俗作筏，非.

    5182_湆：【급】俗.【읍】幽濕.축축할.(緝).與湆不同.

上述的"枾"字，大多數人將其誤寫作"柿"。因此，應將"枾"及"柿"視爲不同漢字。不僅如此，將"樣"及"橡"視爲同一漢字也是不恰當的，將"橃"寫作"筏"字也是不准確的，以及"湆"字及"湆"也是不同的漢字。通過這些異體字信息可以得知當時對標准字形的認識。對自《全韻玉篇》以來的各種異體字信息進行曆時的比較可以了解到有關字形標准的變化。

(3) 特殊字

《新字典》的最顯著的特徵要數214部首後附的<朝鮮俗字部>(107字)，<日本俗字部>(98字)，「<新字新義部>(59字)。它收錄了韓國的固有漢字，日本的固有漢字及近代時期發明的新漢字。固有漢字即由中國傳入因韓國和日本的需要而重新發明的固有漢字，在原有漢字的基礎上添加新的讀音的國音字及在原有漢字的基礎上添加新的意思的國義字。這些漢字有助於了解漢字在韓國和日本的傳播及變異過程。

尤其是有關韓國的固有漢字。自李德懋的《青莊館全書》(卷55，59，60，68)開始，到李圭景《五洲衍文長箋散稿》的<東國土俗字辨證說>及<日本土字辨證說>等著作對韓國及日本的固有字進行了詳細的論證。

這些傳統在近代時期的漢字字典中也可窺一斑，無論是《新字典》還是《字典釋要》都對韓國固有的漢字另做標注。《日鮮大字典》(朴重華，廣東書局，1912)用10頁的篇幅在附錄中對'國字'另做說明。這些著作將在韓國發明或者具韓國特性的漢字公告於世。現代以後檀國大學東洋學研究所的《韓國漢字語辭典》(1996，4冊) 將用於韓國人名，地名，制度名，吏讀，鄉劄及口訣的韓國式的漢字及漢字詞做了史上最爲詳細的整理。並且，在台灣教育部開發的'臺灣教育部的(異體字字典)　 (http：//dict.variants.moe.edu.tw)'中也收錄了大量的韓國固有漢字。

4.2. 釋義形式

《新字典》在釋義形式上標新立異，在之前漢字字典的基礎上添加了大量的例證，從而提高了該用例的可信度。不僅僅是《全韻玉篇》，《國漢文新玉篇》及《字典釋要》等僅對漢字的義項和釋義進行解釋，對該義項的出處及用法只字未提。而《新字典》則彌補了這些字典的不足，對其義項的出處做了標注，通過用例可以很容易地理解該義項的使用環境，對古文的學習幫助甚大。

> 01_一：【일】數之始. 한○한아. 凡物單箇曰一. ○誠也. 정성.《中庸》：所以行之者，一也. ○純也. 순전할. 凡道之純者曰一.《書》：惟精惟一. ○專也. 오로지. 如言一味.一意.《禮》：欲一以窮之. ○同也. 갓흘.《孟子》：前聖後聖，其揆一也. ○統括之辭. 왼○왼통. 如言一切.一概.一家.一門.一國.《詩》：政事一埤益我. ○或然之辭. 만약. 如言萬一.一旦.《漢書》：歲一不登，民有飢色. ○第一. 첫재. ○一一. 낫낫. (質). 壹通.

從上述"一"字的解釋可以看出，《新字典》盡可能地對其各個義項的出處進行標明：①'數之始'出自《中庸》，②'純也'出自《書經》，③'專也'出自《禮記》，④'同也'出自《孟子》，⑤'統括之辭'出自《詩經》，⑥'或然之辭'出自《漢書》.

雖然未對各典籍的引用頻率進行統計，但可以了解到這些引用不僅出自四書五經，而且還出自於史書，哲學書，文集等文化作品。這些傳統作爲一種重要的體裁，在之後的大型漢字字典中得到傳承。

4.3. 編輯體系的特徵

《新字典》除了上述在內容上標新立異之外，在編輯體系上也有創新，其中最值得一提的是：1，爲難解釋的概念添加了插圖；2，在版式上將頁面分爲上中下三部分。

尤其是對於插圖的應用是史無前例的。這是《新字典》的一大創新。如之前所述，書中共有插圖39個，其具體目錄如下：

亭(1-3b)， 俎(1-6b)， 侯(1-7a)， 冕(1-13a)， 幾(1-13b)， 匣(1-17b)， 匴(1-18a)， 卣(1-18b)， 戈(2-7b)， 戟(2-8a)， 敊(2-19b)， 斝(2-21a)， 斧(2-21b)， 旂(2-22a)， 枳(2-29b)， 爵(2-61b)， 塋(3-27a)， 簋(3-28a)， 簠(3-28b)， 簫(3-28b)， 簦(3-29b)， 罩(3-37b)， 臘(3-45b)， 舟(3-47b)， 衰(3-65a)， 觶(4-2b)， 豆(4-8a)， 登(4-8a)， 足(4-12a)， 蹼(4-14b)， 輪(4-16b)， 釧(4-25b)， 錞(4-26b)， 鐸(4-28b)， 馬(4-42a)， 鰭(4-48a)， 黻(4-53b)， 黼(4-53b)， 鼎(4-54a)

但在初版中"胄"(1-12b)字下方保留了一定空間但沒有內容，在1947年的版本中卻添加了圖畫，可以推斷在初版中插圖可能被漏掉了。對於字典中有插圖的漢字的解釋有的是在正文中，有的是在附錄中另作整理，雖位置有所不同，但添加插圖的形式對之後字典的編撰影響巨大。例如《字典釋要》從1909年的初版開始到1914年的第14版一直沒有添加插圖。但在1920年的第15版中卻添加了590個插圖，甚至題目也被改爲《增正附圖字典釋要》。

同時，爲了標題字檢索的便利及空間的有效使用，將頁面分爲上中下三行的形式也是史無前例的、之後受其影響的《模範鮮和辭典》（博文書館）將頁面一分爲四，《懷中日鮮字典》也是以上中下三行的形式排版的。

步入現代後,《國漢文新玉篇》(永昌書館,1959)仍使用一分爲四的排版形式,《大漢韓辭典》(張三植,成文社,1964年初版)使用一分爲五的排版形式,《漢韓大字典》(民眾書林,1981)使用一分爲四的排版形式,這種形式成爲了韓國漢字字典排版的主要形式。

5. 《新字典》的地位

綜上所述,《新字典》在收錄字字數、讀音的詳細程度、漢字義項的個數、義項的出典標注及異體字屬性的多樣化等各個方面具備了強大的優勢,是一部很有價值的漢字字典。不僅如此,插圖的使用和頁面上中下三行的排版形式、部首目錄和檢字的提供,以及韓國與日本近代時期發明的新漢字的收錄等意義空前,對後世字典的編撰影響巨大,成爲後世漢字字典編撰的模板。其內容及體裁等使之成爲近代時期字典的代表,成爲繼《全韻玉篇》之後最具創新意義的漢字字典。

一方面因當時技術和時代的限制,另一方面因字典規模龐大,而且是最初的活字排版,所以字典中別字、漏字情況頻頻出現,但並不影響閱讀。作者也曾爲了修改、補充而做《訂補新字典》,但最終以失敗告終,該書的一部分原稿的影印本附錄在高麗大學《六堂全集》,但原稿整體本現在下落不明,甚是遺憾。

但願經過標點校正及電子排版的《新字典》的初版,能讓更多的學者更加客觀地對其進行深入的研究,使韓國字典的歷史更加飽滿。

6. 國內《新字典》主要研究目錄

1. Dormels, Rainer,「玉篇類의 漢字音 比較研究:全韻玉篇, 新字典, 漢韓大辭典 大字源을 中心으로」, 서울大學校大學院 碩士學位논문, 1994.
2. 강민구,「初中高漢文學習字典現況與編纂方案:學習字典의 向方과 開發에 對한 提言」,《漢文教育研究》Vol.41, 2013.
3. 곽예,「中國과 韓國의 漢字音 口蓋音化에 對한 研究」, 仁荷大學校大

學院 碩士學位論文， 2010.
4. 권정후， 「近代啓蒙期漢字字典的研究」， 釜山大學校大學院 碩士學位論文， 2009.
5. 김종훈， 「六堂의 <新字典>에 觀한 研究：朝鮮俗字를 中心으로」，《아카데미論叢》Vol.3 No.1， 1975.
6. 나영규， 「新字典 體言의 訓釋 研究」， 啓明大學校大學院 碩士學位論文， 1976.
7. 서수백， 「《訓蒙字會》의 異字同釋 研究－同一 새김의 漢字 5字 以上을 對象으로－」，《한국말글학》Vol.22， 2005.
8. 서수백， 「《字類註釋》身體類의 異字同釋 '볼' 研究－意味 分析과 辭典의 處理 樣相을 中心으로－」,《한국말글학》Vol.25， 2008.
9. 徐在克， 「《新字典》의 새김말에 對하여」,《國文學研究》Vol.5， 1976.
10. 손희하， 「漢字注釋詞研究」， 全南大學校大學院 博士學位論文， 1991.
11. 신은정， 「中學校 教育用 基礎漢字 代表訓 研究」， 東亞大學校教育大學院 碩士學位論文， 1999.
12. 안찬구， 「身體語消滅詞彙研究：漢字 初學習書를 中心으로」， 江南大學校大學院 碩士學位論文， 2010.
13. 呂燦榮， 「우리말 鳥類名稱研究」,《語文學》Vol.57， 1996.
14. 吳鍾甲， 「《新字典》의 漢字音 研究：特히 韻母의 對應을 中心으로」,《韓民族語文學》Vol.2， 1975.
15. 李恩實， 「《新增類合》의 漢字音 研究」， 公州大學校大學院 碩士學位論文， 2004.
17. 李準煥， 「朝鮮光文會 편찬《新字典》의 體裁， 漢字音， 뜻풀이」,《語文研究》Vol.40 No.2， 2012.
18. 李準煥， 「中世， 近代， 開化期의 韻書 및 字書 編纂의 歷史」,《東洋學》Vol.57， 2014.
19. 李忠久， 「《新字典》의 近代字典 性格 對한 考察」,《韓中哲學》Vol.6， 2000.
20. 李忠久， 「韓國字典 成立의 考」,《泮矯語文研究》Vol.3， 1991.
21. 이호천， 「《新字典》에 나타난 새김말의 形容詞 研究：類意語를 中心으로 하여」, 啓明大學校教育大學院 碩士學位論文， 1976.
22. 장소림， 「韓國二十世紀代表性字典所收異體字研究」， 釜山大學校大學院 碩士學位論文， 2014.
23. 田日周， 「《康熙字典》與韓國初期字典比較研究：《字典釋要》와《新字典》

을 中心으로」,《漢文敎育硏究》Vol.26, 2006.
24. 田日周, 「最近世 韓國 韓字字典 硏究」, 嶺南大學校大學院 博士學位論文, 2002.
25. 崔美賢, 「字典類漢字音의 사라짐 樣相 연구」,《우리말연구》Vol.40, 2015.
26. 河永三, 「《新字典》'同字' 類型考」,《漢字硏究》(韓國漢子硏究所), Vol.10, 2014..
27. 河永三, 「崔南善《新字典》'俗字' 考」,《中國語文論譯叢刊》Vol.33, 2013.
28. 河永三, 「韓國 漢字 字典史에서 許傳《初學文》이 갖는 意義」,《退溪學論叢》Vol.24, 2014.
29. 韓中瑄, 「韓國의 日本語 辭典 硏究」, 韓國外國語大學校大學院 博士學位論文, 2015.
30. 玄淑子, 「日韓兩國漢字音の對比の硏究」, 久留米大學大學院 博士學位論文, 2003.
31. 玄淑子, 「漢字音의 歷史的硏究:ㄷ, ㅌ 口蓋音化를 中心으로」,《日語日文學硏究》Vol.37 No.1, 2000.
32. 홍선봉, 「《新字典》用語의 訓釋硏究」, 啓明大學校敎育大學院 碩士學位論文, 1976.
33. 黃卓明, 「韓國朝鮮時代漢字學文獻硏究」, 慶星大學校大學院 博士學位論文, 2011.

7. 參考文獻

1. 朴亨翌, 「韓國字典的歷史」, 韓國漢字硏究所 '韓國近代漢字字典論壇資料, 2016.01.
2. 朴亨翌,《韓國字典的歷史》, 亦樂, 2012.
3. 沈慶昊,《韓國漢文基礎學史》(1~3), 太學社, 2012.
4. 河岡震, 「鄭益魯의《國漢文新玉篇》이 갖는 韓國字典史의 位相」, 韓國漢字硏究所 '韓國近代漢字字典論壇資料, 2016.02.
5. 河永三, 「《全韻玉篇》與《新字典》收錄字比較」, 韓國漢字硏究所 '韓國近代漢字字典論壇資料, 2016.01.
6. 韓國漢字硏究所, '韓中日漢字字典綜合檢索數據庫', 2016.
7. 洪允杓, 「國語漢字資料 調査를 위한 文獻資料에 對하여」, 韓國漢字硏

究所 '韓國近代漢字字典論壇資料, 2016.03.

7

《全韻玉篇》與《新字典》標題字增減考

河永三

1. 引言

　　漢字的'增減'研究，與漢字的三要素（形音義）和字頻，可合稱爲五要素。漢字的形音義研究，屬漢字研究的傳統。漢字的頻率是進入近現代以後才開始的新研究，它代表該字的使用能力，對漢字本身和運用研究都具有重要意義[1]。如果前四者的研究是漢字的靜態研究，窺見漢字使用上的變化，可謂是動態研究，漢字的歷時研究上具有重要意義。尤其是特定時期的漢字字典收字情況的比較，可以提供收字、用字情況的科學根據，也可以提供字量、文字使用環境的歷史變化。

　　但其研究的巨大難處，是在於需要建立完整的數據庫。建立數據庫需要有能夠克服艱難與枯燥的意志。由於此故，漢字增減研究，只於現代才開始。以臧克和的《中古漢字流變》[2]爲代表。韓國至今還沒有對漢字字典的收字情況上的增減問題研究。

---

1) 河永三，《朝鮮時代的一部漢字頻率調查報告書－生生字譜》，《文化傳統論集》 （慶星大學韓國學研究所，特別號第三輯，2004），165頁。
2) 臧克和，華東師範大學出版社，2008年。

本文基於以上認識，對韓國朝鮮時期最有代表性的字典《全韻玉篇》和韓國近代時期最有代表性的《新字典》的收字情況進行比較，從而得出增減字的實際情況，一方面可以了解韓國漢字字典從古代到近代收字情況的變化，和所發生的語言環境的變化，另一方面可以作為韓國漢字字典史科學研究的基礎材料。

　　1915年首次出版的崔南善的《新字典》[3]可謂是一部韓國近代時期代表性漢字字典，它從收字、解字方式及編撰體例方面都有嶄新的突破，在韓國字典歷史上佔有重要地位。[4]它既繼承了朝鮮時代代表字典《全韻玉篇》的傳統，又為現代時期漢字字典的編撰開闢了新的道路。不僅如此，它大量吸收了近代時期新語言環境所必要的字，成為韓國近代漢字研究的寶庫。故通過它的收字情況，可以窺見當時語言環境的變化。

　　為了實現本次目標，我們建立了《全韻玉篇》和《新字典》的全文數據庫，並以此作材料，進行了科學比較。其使用版本為：①《新字典》：1915

---

3) 關於作者，參看河永三，《(標點校勘電子排版)新字典》，《解題》，7~8頁。
4) 參看上揭書，《導言》，1~22頁。

年初版本，4卷1冊，22.2 x 15.6 cm。朝鮮光文會編，京城：新文館，韓國國立中央圖書館藏本，韓古朝41。②《全韻玉篇》：己卯(1819)　新刊本，春坊藏板（2卷2冊，四周雙邊，半郭 20.9*15.2cm，10行17字，註雙行，上黑魚尾，30.4*20.3cm）韓國國立中央圖書館藏本，韓古41-3-1。

《全韻玉篇》，己卯(1819) 新刊 春坊藏板。

2.《新字典》的收字情況

1915年初版本的《新字典》5)　8頁，共收13348字，該書的結構及具體收字情況為：扉頁（朝鮮光文會編撰、金敦熙題字、京城新文館藏板，1頁）；序文（　柳瑾《序》2頁，崔南善《敍》6頁　）；凡例、目錄　（《新字典例》(11條)　2頁，《新字典部首目錄》(214部首)　2頁，《檢字》4頁；本文（共4卷，卷一：一部~彳部，2,570字；卷二：心部~犬部，3,501字；卷三：玉部~西部，3,950字；卷四：見部~龠部，3,063字）及附錄（《朝鮮俗字部》107字，《日本俗字部》98字，《新字新義部》59字）共264字，共492頁；

---

5) 1915年初版本後有1916、1917、1923、1924、1925、1928、1930年重版；1947年《大版新字典》（東明社，縮版）；1973複印重版。

ID	部首	全韻玉篇	新字典	純增減	國漢文新玉篇
001	一	23	24	1	26
002	丨	7	8	1	7
003	丶	3	4	1	3
004	丿	9	10	1	9
005	乙	11	12	1	12
006	亅	3	4	1	3
007	二	12	13	1	13
008	亠	12	14	2	12
009	人	349	398	49	350
010	儿	20	21	1	20
011	入	6	6	0	6
012	八	13	13	0	13
013	冂	11	13	2	11
014	冖	8	9	1	9
015	冫	29	36	7	29
016	几	8	9	1	8
017	凵	6	7	1	6
018	刀	100	106	6	100
019	力	47	49	2	47
020	勹	19	20	1	19
021	匕	4	4	0	4
022	匚	17	19	2	17
023	匸	8	9	1	8
024	十	14	14	0	14
025	卜	6	6	0	6
026	卩	16	17	1	16
027	厂	13	14	1	13
028	厶	6	7	1	6
029	又	13	13	0	13
030	口	340	373	33	340
031	囗	36	37	1	36
032	土	212	234	22	213
033	士	9	9	0	9
034	夂	1	2	1	1
035	夊	5	6	1	5
036	夕	8	8	0	8
037	大	41	45	4	41
038	女	206	239	33	206
039	子	27	30	3	27
040	宀	81	81	0	81
041	寸	12	13	1	12
042	小	9	9	0	9
043	尢	7	10	3	7
044	尸	31	35	4	31
045	屮	1	2	1	1
046	山	154	179	25	154
047	巛	4	5	1	4
048	工	6	6	0	6
049	己	9	9	0	9
050	巾	89	113	24	89
051	干	9	9	0	9
052	幺	7	7	0	7
053	广	71	85	14	71
054	廴	4	5	1	4
055	廾	12	13	1	12
056	弋	7	8	1	7
057	弓	42	45	3	43
058	彐	6	7	1	6
059	彡	13	14	1	13
060	彳	45	53	8	45
061	心	349	407	58	349
062	戈	30	33	3	30
063	戶	19	19	0	19
064	手	427	521	94	427
065	支	5	9	4	5
066	攴	51	81	30	51
067	文	6	8	2	6
068	斗	15	19	4	15
069	斤	12	14	2	12
070	方	30	33	3	30
071	无	3	3	0	3
072	日	154	185	30	154
073	曰	15	15	0	15
074	月	27	27	0	27
075	木	506	664	158	507
076	欠	42	69	27	42
077	止	12	16	4	12
078	歹	33	58	25	33
079	殳	20	22	2	20
080	毋	7	7	0	7
081	比	4	5	1	4
082	毛	33	49	16	33
083	氏	4	5	1	4
084	气	4	5	1	4
085	水	585	687	102	587
086	火	172	230	58	172
087	爪	6	6	0	6
088	父	4	5	1	4
089	爻	3	3	0	6
090	爿	4	7	3	4
091	片	14	19	5	14
092	牙	1	4	3	1
093	牛	43	89	46	43
094	犬	124	177	53	124
095	玄	5	5	0	182
096	玉	182	234	52	5
097	瓜	11	11	0	11
098	瓦	36	43	7	36
099	甘	3	4	1	3
100	生	6	6	0	6
101	用	5	5	0	5
102	田	62	68	6	62
103	疋	6	6	0	6
104	疒	129	182	53	129
105	癶	3	4	1	3
106	白	26	31	5	26
107	皮	12	36	24	12
108	皿	34	41	7	34
109	目	124	188	64	124

版權紙（大正4年(1915年)11月1日印刷，編輯兼發行者崔南善，總發行所新文館。）1頁。

3. 《新字典》與《全韻玉篇》的收字比較

《全韻玉篇》共收10,997字，《新字典》共收13,348字（正文13,084字，3種附錄264字）。現羅列《新字典》和《全韻玉篇》部首別收錄字及增加情況則如下6)：

4. 減少字

《新字典》共收13,348字，除了三種附錄264字以外，顯然比《全韻玉篇》增加了2,116字。但減少的部首。經過對比，共出現7例，其具體目錄則如下。

ID	標題字	《全韻》解字
1	倢	【겹】婦官，倢伃。又疾也，儇利。(葉)。婕捷通
2	娛	【와】女侍。(哿)。
3	宥	【유】寬也，赦罪，助也。(宥)。侑同。
4	嶇	【거】俗。【긔】山路峻，崎嶇。(魚)。
5	畊	【경】耕古字。(庚)。
6	衝	【충】同衝。(冬)。
7	襘	【조】衣下縫。(支)。齊通。

減少字裡有些是罕用字，很可能是有意去除的。諸如嶇、畊等字，但其他很可能是遺漏的，諸如娛、倢、宥。因為'娛'和'倢'字雖不出現於標題字，但解字本文裡共出現2次，本文出現而標題字不出現是不太可能的；尤其是'宥'字為106韻的韻目字之一，本文共出現213次，可以肯定是遺漏的。另外，'畊'為'耕'的古字，到近代今字'耕'字使用更為普遍，替代了'畊'字的

---

6) 之前，鄭益魯主編的《國漢文新玉篇》（耶穌教書院，1908年初版，1909年訂正再版；1911年訂正增補補遺初版（補遺142頁）；1914年訂正增補補遺再版；1918年訂正增補補遺第3版。）可謂是近代韓國的第一部漢字字典，共收11000字，對《全韻玉篇》調整了23字，增加24字（弎、弍、㞮、乙、亙、仉、冂、卡、叺、垈、峒、弴、呆、漖、乺、乧、榳、砍、蛋、閅、闧、頙、溯），減少1字（垡）。

110	矛	8	12	4	8	166	里	5	5	0	5
111	矢	12	14	2	12	167	金	254	297	43	254
112	石	137	199	62	138	168	長	1	6	5	1
113	示	78	94	16	78	169	門	68	70	2	70
114	禸	6	9	3	6	170	阜	97	102	5	97
115	禾	117	162	45	117	171	隶	4	4	0	4
116	穴	60	81	21	60	172	隹	27	28	1	27
117	立	20	24	4	20	173	雨	80	85	5	80
118	竹	222	263	41	222	174	靑	5	5	0	5
119	米	58	79	21	58	175	非	3	4	1	3
120	糸	306	346	40	306	176	面	6	7	1	6
121	缶	19	26	7	19	177	革	78	92	14	78
122	网	51	58	7	51	178	韋	20	22	2	20
123	羊	33	45	12	33	179	韭	4	4	0	4
124	羽	49	65	16	49	180	音	10	11	1	10
125	老	8	8	0	8	181	頁	75	87	12	76
126	而	6	7	1	6	183	飛	3	3	0	3
127	耒	20	33	13	20	182	風	37	37	0	37
128	耳	29	51	22	29	184	食	100	109	9	100
129	聿	6	7	1	6	185	首	5	5	0	5
130	肉	197	242	46	197	186	香	10	10	0	10
131	臣	4	4	0	4	187	馬	133	146	13	133
132	自	5	7	2	5	188	骨	30	36	6	30
133	至	6	9	3	6	189	高	1	1	0	1
134	臼	17	18	1	17	190	髟	48	54	6	48
135	舌	12	17	5	12	191	鬥	5	8	3	5
136	舛	4	4	0	4	192	鬯	3	3	0	3
137	舟	49	56	7	49	193	鬲	6	6	0	6
138	艮	3	3	0	3	194	鬼	20	20	0	20
139	色	4	6	2	4	195	魚	98	113	15	98
140	艸	489	554	65	489	196	鳥	166	167	1	166
141	虍	21	28	7	21	197	鹵	7	7	0	7
142	虫	233	305	72	234	198	鹿	30	30	0	30
143	血	16	21	5	16	199	麥	16	17	1	16
144	行	15	18	3	15	200	麻	7	7	0	7
145	衣	181	204	23	181	201	黃	6	6	0	6
146	襾	6	7	1	6	202	黍	4	4	0	4
147	見	26	29	3	26	203	黑	32	32	0	32
148	角	29	33	4	29	204	黹	3	4	1	3
149	言	273	310	37	273	205	黽	9	9	0	9
150	谷	12	13	1	12	206	鼎	4	4	0	4
151	豆	13	13	0	13	207	鼓	13	13	0	13
152	豕	23	27	4	23	208	鼠	13	13	0	13
153	豸	26	30	4	26	209	鼻	7	7	0	7
154	貝	87	97	10	87	210	齊	6	5	-1	6
155	赤	11	12	1	11	211	齒	31	44	13	31
156	走	35	41	6	35	212	龍	5	5	0	5
157	足	154	177	23	154	213	龜	3	3	0	3
158	身	12	13	1	12	214	龠	4	4	0	4
159	車	120	134	14	120	計		10977	13084	2107	11000
160	辛	12	12	0	12	3種附錄				264	
161	辰	5	5	0	5						
162	辵	136	149	13	136						
163	邑	96	106	10	96						
164	酉	91	98	7	91						
165	釆	2	3	1	2						

地位，'衝'為'衝'的異體字，到近代'衝'更為普遍使用，所以去除'衝'字。但《新字典》裏保留了非常豐富的異體字，並沒有只去除'衝'的異體'衝'字的理由。

5. 移動字及重出字

另外，《新字典》也有部首之間的移動，在歸部上有所調整。此例共出現3組，諸如：蝕、誾、髍。'蝕'字在《全韻玉篇》歸屬於'食'部，到《新字典》歸屬於'虫'部；'誾'字在《全韻玉篇》歸屬於'門'部，到《新字典》歸屬於'言'部；'髍'字在《全韻玉篇》歸屬於'麻'部，到《新字典》歸屬於'骨'部。

另外，《新字典》有同一個字重複出現的3個例子，如'辮'字出現於'糸'和'辛'兩部，'畚'字出現於'大'和'田'兩部，'躭'出現於'矢'和'身'兩部。

6. 《新字典》增加字所反映的語言文化背景

通過以上統計，我們知道《全韻玉篇》共收10,977字，《新字典》共收了13,084字（除了附錄3種264字），共增加了2,114字。但部分部首有所減少，共有7例，實際增加數字為2,107字[7]。

其中，增加20字以上的部首共達35部，總數字為1,624字，占增加全數的77.1%。其具體目錄為：

另外，與《全韻玉篇》收字相比，《新字典》增加30%以上的部首共達26部，具體目錄則如下：

其中，長部、牙部的增加率達到5倍和3倍，但該部《全韻玉篇》原只收1字，到《新字典》共收6字和4字，增加的實際數字不大；皮部《全韻玉篇》原收了12字，但到《新字典》共收36字，增加了2倍；牛部《全韻玉篇》原收了43字，但到《新字典》共收89字，增加了1倍多。可見，皮部和牛部不僅在增加比例上占首位，在增加數字上也占首位，在反映當時語言環境上，具有實

---

7) 另外，部首之間有所變動共有3例，則'髍'歸類於'骨'部（原歸於'麻'部），'誾'歸類於'言'部（原歸於'門'部）；'蝕'歸類於'虫'部（原歸於'食'部）。

ID	部首	新字典增字數	ID	部首	新字典增字數	ID	部首	新字典增字數
75	木	158	9	人	50	76	欠	27
85	水	102	93	牛	46	46	山	26
64	手	94	115	禾	45	78	歹	25
142	虫	72	130	肉	45	107	皮	24
140	艸	65	167	金	43	50	巾	24
109	目	64	118	竹	41	145	衣	23
112	石	62	120	糸	40	157	足	23
61	心	58	149	言	37	32	土	22
86	火	58	38	女	34	128	耳	22
94	犬	53	30	口	33	116	穴	21
104	疒	53	72	日	31	119	米	21
96	玉	52	66	攴	30		計	1624

ID	部首	增加比率	ID	部首	增加比率	ID	部首	增加比率
168	長	5.00	66	攴	0.59	104	疒	0.41
92	牙	3.00	109	目	0.52	132	自	0.40
107	皮	2.00	110	矛	0.50	115	禾	0.38
93	牛	1.07	133	至	0.50	121	缶	0.37
34	夂	1.00	114	肉	0.50	123	羊	0.36
45	屮	1.00	139	色	0.50	91	片	0.36
65	攴	0.80	165	釆	0.50	119	米	0.36
128	耳	0.76	82	毛	0.48	116	穴	0.35
78	歹	0.76	112	石	0.45	86	火	0.34
90	爿	0.75	43	尢	0.43	105	癶	0.33
127	耒	0.65	94	犬	0.43	99	甘	0.33
76	欠	0.64	135	舌	0.42	6	亅	0.33
191	鬥	0.60	211	齒	0.42	124	羽	0.33

際意義,需要闡釋該部增加的背景。與此相比,長部和牙部雖然在增加比例上占首位,但增加的數字極少,其在增加意義上遠不如皮部和牛部。

為了分析增減字的文化意義,我們需要提高增減字的實際擔保內容,故還要考慮增加比例和增加總數字上的幅度,進行了增加比率和增加總數上的重複篩選,得到同時滿足增加比率20%以上和增加總數字10字以上的部首,其篩選結果則如下:

同時滿足增加比率20%以上和增加總數字10字以上的部首:共有22部,共903字,占43%。

ID	部首	全韻	新字典	增加數字	增加比率	ID	部首	全韻	新字典	增加	增加比率

									數字
01	皮	12	36	24	2.00	12	齒	31	44	13	0.42
02	牛	43	89	46	1.07	13	疒	129	182	53	0.41
03	歹	33	58	25	0.76	14	禾	117	162	45	0.38
04	耳	29	51	22	0.76	15	羊	33	45	12	0.36
05	耒	20	33	13	0.65	16	米	58	79	21	0.36
06	欠	42	69	27	0.64	17	穴	60	81	21	0.35
07	攴	51	81	30	0.59	18	火	172	230	58	0.34
08	目	124	188	64	0.52	19	羽	49	65	16	0.33
09	毛	33	49	16	0.48	20	木	506	664	158	0.31
10	石	137	199	62	0.45	21	虫	233	305	72	0.31
11	犬	124	177	53	0.43	22	玉	182	234	52	0.29

至於以上22種部首的屬性分類，則如下：

動植物、昆蟲學	動物	犬、肉、牛
	植物	木、禾、火、米、田、木
	昆蟲	虫
工產品、工藝品		巾、皮、手、攴
醫學		歹、耳、疒、目
礦物學		玉、石
建築		穴
其他		欠

從以上屬性分類，可以發現《新字典》增加字集中於如下幾點主題。

第一、有關動植物及昆蟲學的部字，有所明顯的增加，諸如有：犬、牛、肉部；木、米、禾、田、木部；虫部字。這明顯反映近代時期從日本引進來而頗為流行的植物圖鑒、動物圖鑒、昆蟲圖鑒等自然科學、分類學的流行。

第二、有關疾病及醫學字亦有明顯的增加，諸如有：疒、耳、歹、目部字。這也積極反映了當時從日本引進的西方醫學的流行，當時的西方醫學被認為近代科學的一大象徵。

第三、有關礦物學部字的增加，諸如有石與玉部字。這也可以說是與

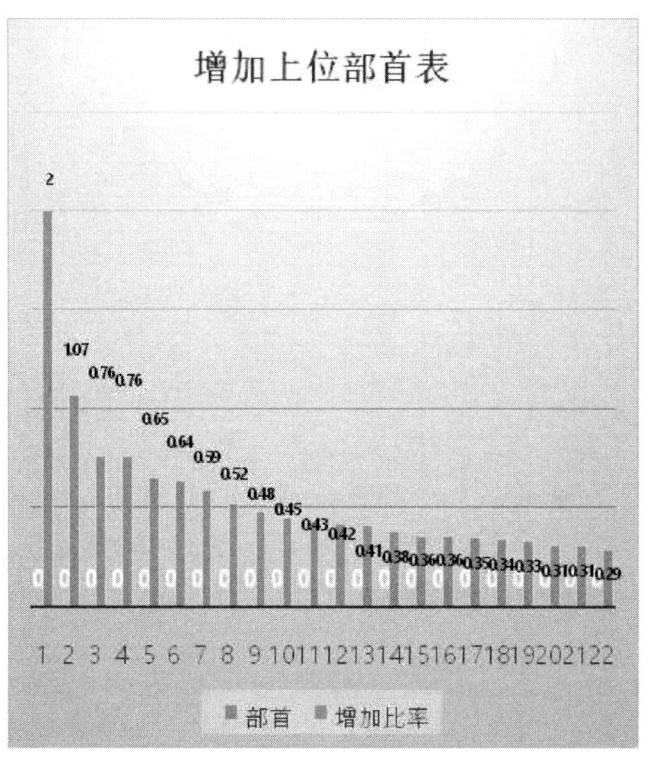

近代科學的發達相關聯。也是由於當時日本的侵略戰爭而急速發展起來的礦物學的反映。

第四、有關工產品類的部字有所明顯增加。諸如有：皮、巾部字。皮、巾部字的增加直接反映着當時皮革製品和纖維紡織產業的發達，此類產業也被稱為近代時期的代表產業。另外，手部的一些字也與手工藝發達相關。對於手工藝的重視正是日本的優越傳統。

第五、積極反映20世紀在韓國流行起來的近代漢語學習的潮流。當時的韓國，學習漢語的潮流發生改變，從朝鮮時代的經學和古代漢語為主的趨勢轉變為近現代的白話學習。故，《新字典》亦有有關現代漢語的專用詞，有如'很'字的增加。

另外，在《新字典》本文最後，特別羅列了《朝鮮俗字部》、《日本俗字部》及《新字新義部》。其中,《日本俗字部》積極反映了日本統治帶來的影響;《新字新義部》則積極反映了當時引進的西方度量衡單位的現實。

總而言之,《新字典》擺脫了傳統的《全韻玉篇》,大量增加了能代表近代文化的新字(包括舊字新用),尤其是科學、醫學、工業的有關字大為增加,以適應當時文字使用的實際環境。

7. 參考文獻

1. Park, Hyeong-Iik(朴亨翌), "The History of Chinese Character Dictionaries in Korea" (韓國字典의 歷史), Paper presented at the *CSCCK* (韓國漢字研究所) Monthly Seminar, 2016.01.
2. Park, Hyeong-Iik(朴亨翌), *The History of Chinese Character Dictionaries in Korea* (韓國字典의 歷史), Seoul:Yeoklak(亦樂), 2012.
3. Park, Hyeong-Iik(朴亨翌), *The Annotated Bibliography of Chinese Character Dictionaries in Korea* (韓國字典의 解題와 目錄), Seoul: Yeoklak(亦樂), 2016.
4. Sim, Kyong-Hoo(沈慶昊), *A History of Philology in Traditional Korea* (韓國漢文基礎學史)(1~3), Seoul:Tae-Hak Press(太學社), 2012.
5. Ha, Gang-Jin(河岡鎮), "The Status of Jeong Ik-ro's Gookhanmun-shinokpyeon in the History of Chinese Character Dictionary Studies in Korea", (鄭益老의 '國漢文新玉篇'이 갖는 韓國字典史的 位相), Paper presented at CSCCK Monthly Seminar, Feb, 2016.
6. Ha, Young-Sam(河永三), *Sinjajeon:New Dictionary of Chinese Character with Punctuation, Collation and Capious Indexes*, (標點校勘電子排版《新字典》) Busan:3Publication (圖書出版3), April, 2016.
7. Ha, Young-Sam (河永三), "Chinese Character Frequency in Shengshengzipu in the Late 18th-century Korea" (《生生字譜》에 反映된 18世紀 後期 朝鮮時代의 文獻用漢字頻度), The Journal of the Research Institute for Korean Studies of Kyungsung University(慶星大學韓國漢字研究所), Vol.3 (special edition), 2004.
8. Wang, Ping(王平), *Chŏnun-okp'yŏn with Punctuation, Collation and Capious Indexes* (標點校勘電子排版《全韻玉篇》), Busan:3Publication (圖書出版3), April, 2016.

9. CSCCK (韓國漢字研究所), *Integrated Search System of Chinese Character Dictionaries in Chinese-Japan-Korean Digital Archive* (韓中日 漢字字典 統合檢索 Database), 2016.
10. Hong, Yoon-Pyo (洪允杓) "For the documentary materials for the examination of Chinese characters and Hanja"(國語漢字資料調查를 爲한 文獻資料에 對하여), Paper presented at the CSCCK Monthly Seminar, 2016. 03.
11. Isabella Bird Bishop, *Korea and Her Neighbours* (韓國과 그 이웃나라들), trans, Lee Inn-Hua(이인화), Seoul：Sallim, 1995.

8. 附錄：《全韻玉篇》與《新字典》增減字表

ID	部首	全韻玉篇	新字典	累計	純增加	增加	減少	移動	比率	增加字	減少字	移動字
001	一	23	24	24	1	1	0		0.04	丢		
002	丨	7	8	32	1	1	0		0.14	丨		
003	丶	3	4	36	1	1	0		0.33	丶		
004	丿	9	10	46	1	1	0		0.11	丿		
005	乙	11	12	58	1	1	0		0.09	乩		
006	亅	3	4	62	1	1	0		0.33	亅		
007	二	12	13	75	1	1	0		0.08	亙		
008	亠	12	14	89	2	2	0		0.17	亠, 亡		
009	人	349	398	487	49	50	1		0.14	从, 仉, 仢, 伀, 沙, 伙, 侶, 体, 优, 侄, 侚, 俤, 俢, 俤, 伩, 伽, 偗, 俆, 俉, 俍, 佳, 倪, 偂, 倈, 偀, 俠, 偲, 偒, 偲, 傑, 傕, 催, 偁, 傴, 傻, 僑, 儎, 儺, 僙, 僕, 儻, 儉, 儎, 儦	-健	
010	儿	20	21	508	1	1	0		0.05	儿		
011	入	6	6	514	0	0	0		0.00	*		
012	八	13	13	527	0	0	0		0.00	*		
013	冂	11	13	540	2	2	0		0.18	冂, 冏		
014	冖	8	9	549	1	1	0		0.13	冖		
015	氵	29	36	585	7	7	0		0.24	氵, 氿, 凍, 凔, 濂, 灌, 滲		
016	几	8	9	594	1	1	0		0.13	凱		
017	凵	6	7	601	1	1	0		0.17	凵		
018	刀	100	106	707	6	6	0		0.06	刞, 刼, 刮, 剭, 剮, 剜		
019	力	47	49	756	2	2	0		0.04	粉, 勖		
020	勹	19	20	776	1	1	0		0.05	勹		
021	匕	4	4	780	0	0	0		0.00	*		
022	匚	17	19	799	2	2	0		0.12	匚, 匧		
023	匸	8	9	808	1	1	0		0.13	匸		
024	十	14	14	822	0	0	0		0.00	*		
025	卜	6	6	828	0	0	0		0.00	*		
026	卩	16	17	845	1	1	0		0.06	卬		
027	厂	13	14	859	1	1	0		0.08	厂		
028	厶	6	7	866	1	1	0		0.17	厶		
029	又	13	13	879	0	0	0		0.00	*		
030	口	340	373	1252	33	33	0		0.10	哞, 哏, 铓, 嗷, 唳, 唰, 嗎, 嗄, 噘, 嚦, 噠, 嗎, 嘓, 嚎, 啉, 噛, 嚕, 嘟, 曤, 嚉, 鼟, 噥, 嚷, 嚦, 呎		
031	囗	36	37	1289	1	1	0		0.03	囗		
032	土	212	234	1523	22	22	0		0.10	圤, 圩, 地, 坿, 垟, 垺, 坮, 埡, 堝, 堧, 塪, 堉, 塌, 增, 墡, 墣, 壏, 壐, 壑, 塱		
033	士	9	9	1532	0	0	0		0.00	*		
034	夂	1	2	1534	1	1	0		1.00	夂		
035	夊	5	6	1540	1	1	0		0.20	夊		
036	夕	8	8	1548	0	0	0		0.00	*		
037	大	41	45	1593	4	4	0		0.10	夯, 奀, 奤, 奋		
038	女	206	239	1832	33	34	1		0.17	妤, 姒, 妮, 姘, 妰, 妷, 婁, 妙, 姖, 姢, 婗, 婍, 矮, 娩, 嫣, 妹, 娌, 媔, 嫘, 嫣, 媽, 嬧, 嫭, 婎, 嬰, 嬑, 嬙	-嬽	

第7章 《全韻玉篇》《新字典》標題字增減考 | 165

039	子	27	30	1862	3	3	0	0.11	孑, 孵, 孵
040	宀	81	81	1943	0	1	1	0.01	宀	-宥
041	寸	12	13	1956	1	1	0	0.08	尅
042	小	9	9	1965	0	0	0	0.00	*
043	尢	7	10	1975	3	3	0	0.43	尢, 尬, 尷
044	尸	31	35	2010	4	4	0	0.13	尿, 屌, 屆, 屒
045	屮	1	2	2012	1	1	0	1.00	屮 1
046	山	154	179	2191	25	26	1	0.17	岎, 峽, 岘, 岬, 岭, 屹, 岭, 岫, 岷, 崎, 嶁, 崚, 嵋, 嵥, 崦, 蝶, 嵲, 嶋, 嶃, 嶂, 嶤, 嶜, 嶠, 嶰, 嶢, 嶭, 嶥	-嶚
047	巛	4	5	2196	1	1	0	0.25	巛
048	工	6	6	2202	0	0	0	0.00	*
049	己	9	9	2211	0	0	0	0.00	*
050	巾	89	113	2324	24	24	0	0.27	帄, 帗, 帢, 帤, 帣, 帒, 帵, 帷, 帲, 幒, 幋, 幋, 幒, 幖, 幬, 幭, 幩, 幫, 幤, 幩, 幞, 幟, 幠, 櫜
051	干	9	9	2333	0	0	0	0.00	*
052	幺	7	7	2340	0	0	0	0.00	*
053	广	71	85	2425	14	14	0	0.20	庁, 庫, 庘, 庇, 庑, 庝, 庿, 廍, 廬, 廎, 廯, 廝, 廡, 廦, 廗
054	廴	4	5	2430	1	1	0	0.25	廴
055	廾	12	13	2443	1	1	0	0.08	廾
056	弋	7	8	2451	1	1	0	0.14	獃
057	弓	42	45	2496	3	3	0	0.07	弡, 彌, 彍
058	彐	6	7	2503	1	1	0	0.17	彐
059	彡	13	14	2517	1	1	0	0.08	彡
060	彳	45	53	2570	8	8	0	0.18	彸, 很, 徛, 徔, 徜, 徹, 徼, 徸
061	心	349	407	2977	58	58	0	0.17	忓, 忕, 忔, 忦, 忪, 恸, 怑, 怙, 怐, 恷, 恢, 恡, 忲, 恧, 恚, 恬, 悚, 悌, 悰, 悘, 悮, 悇, 悻, 愀, 愡, 愢, 慮, 慫, 愓, 愗, 愖, 愒, 慒, 憋, 憪, 憸, 懞, 慹, 愬, 懞, 憌, 怳, 悆, 慁, 憽, 憘, 憱, 憾, 懝, 懞, 懪, 懸, 懿, 懺, 懺, 懻, 懽, 懱, 懿
062	戈	30	33	3010	3	3	0	0.10	戔, 戛, 戩
063	戶	19	19	3029	0	0	0	0.00	*
064	手	427	521	3550	94	94	0	0.22	扔, 扚, 扞, 扤, 抪, 拎, 扰, 扣, 捆, 扰, 抇, 抻, 拃, 抷, 抾, 抻, 捈, 拺, 挭, 挫, 梆, 挢, 捄, 捎, 挦, 挄, 捏, 捱, 捲, 挭, 揆, 掘, 掟, 搂, 搔, 撖, 搉, 摈, 撼, 撆, 摙, 摕, 摒, 攃, 搪, 搯, 擎, 掔, 撖, 撢, 撕, 撈, 撥, 擗, 擒, 擖, 撜, 擎, 撴, 擙, 擤, 擃, 擼, 擺, 擷, 攤, 攦, 攢, 擂, 攫, 攤, 攩, 攡, 擾, 攋
065	支	5	9	3559	4	4	0	0.80	攱, 攲, 攳, 攴
066	攴	51	81	3640	30	30	0	0.59	攴, 敗, 攽, 攷, 敏, 敁, 敚, 敭, 敦, 敤, 敿, 敥, 敩, 敫, 敱, 敳, 敞, 敺, 敷, 敼, 敠, 敨, 敭, 敔, 敛, 敻, 敹, 敼, 敽, 敾
067	文	6	8	3648	2	2	0	0.33	浹, 斐
068	斗	15	19	3667	4	4	0	0.27	斜, 斟, 斛, 斟
069	斤	12	14	3681	2	2	0	0.17	斩, 斷

070	方	30	33	3714	3	3	0	0.10	旂.旖.旒
071	无	3	3	3717	0	0	0	0.00	*
072	日	154	185	3902	30	30	0	0.20	昃.昌.旽.旳.昳.眩.晏.晞.晝.昰.晬.暉.睍.睫.暵.暘.晻.曣.暖.暗.暻.嘔.暲.曒.曘.曦.瞶.朣.矑
073	曰	15	15	3917	0	0	0	0.00	*
074	月	27	27	3944	0	0	0	0.00	*
075	木	506	664	4608	158	158	0	0.31	朷.杆.杲.杝.杭.杭.杫.构.柜.枯.棶.柀.柃.柆.柍.柘.標.桃.栓.契.桙.柷.柤.桀.框.柒.枒.柤.楺.桾.栚.柊.槠.格.桐.枷.榆.梋.棟.梪.捡.楢.枸.榨.桉.栈.桱.捡.椆.柘.梓.楔.榰.榹.榆.桮.橘.機.槢.牒.樸.榛.挄.粱.梗.柟.槍.梍.槪.柹.櫪.楷.楸.犻.榱.樗.穎.栂.槓.榱.攏.樐.楊.樢.燅.燃.樚.懆.壞.槓.樔.樺.槈.橳.槩.熒.槇.橘.樽.樬.穫.檱.襦.檣.檬.檗.樸.榝.横.櫌.鑾.欙.燃.欙.橾.櫻.櫚.攫.攫.權.櫕.欃.欙.欙.擢.櫊.檂.欛.欔.櫸.櫪.橫
076	欠	42	69	4677	27	27	0	0.64	欥.欿.欮.欿.吹.欿.欲.穀.欸.欷.欭.欼.欹.歇.歙.歃.歀.歃.歃.歒.歜.歜.歋
077	止	12	16	4693	4	4	0	0.33	歪.艮.歮.齿
078	歹	33	58	4751	25	25	0	0.76	歺.歽.歽.歿.殆.殊.殉.歿.殊.殆.歿.歿.殢.殗.殘.殣.殦.蕱.殕.殣.殰.殥.殨.殫.斃
079	殳	20	22	4773	2	2	0	0.10	殻.𣪘
080	毋	7	7	4780	0	0	0	0.00	*
081	比	4	5	4785	1	1	0	0.25	毘
082	毛	33	49	4834	16	16	0	0.48	毡.毦.毲.毨.耗.毹.毬.毯.氄.毹.氂.氊.氈.氉.氌.氍
083	氏	4	5	4839	1	1	0	0.25	昄
084	气	4	5	4844	1	1	0	0.25	气
085	水	585	687	5531	102	102	0	0.17	氷.氽.氼.汙.汦.汯.汰.汳.沏.沰.波.泮.泐.海.泲.涇.泳.涷.洝.油.尾.浤.沖.洞.況.濨.淼.浃.湀.湆.溨.洢.洰.淂.湌.浻.澉.淁.湶.淘.清.漱.湉.濠.湙.湦.溒.渲.潡.溷.渶.滺.濊.演.澹.溏.淥.滢.濘.滫.潒.潢.溝.瀀.澀.漉.漠.漤.渣.潰.潏.醭.濱.澕.潚.潠.濠.潜.瀁.潨.泆.濋.滌.漉.濇.濍.濠.滽.濦.濇.濭.濦.濨.灄.灍.潇.灎.灎.漯.澹.灋.灨
086	火	172	230	5761	58	58	0	0.34	灯.炂.焑.炗.炁.炉.烊.抖.炔.炟.炯.烶.烴.炑.烒.焗.焎.煓.煐.炧.炸.焠.焞.煏.煒.焊.焱.焻

번호	부수								한자	
									食,烟,煾,煙,煺,煣,莫,燸,烱,烞,焢,焊,煙,燉,燅,燼,熺,燂,煹,斯,煖,奧,燗,㯰,獻,縋,爛,燰,爆,爛	
087	爪	6	6	5767	0	0	0	0.00	*	
088	父	4	5	5772	1	1	0	0.25	爹	
089	爻	3	3	5775	0	0	0	0.00	*	
090	爿	4	7	5781	3	3	0	0.75	爿,牁,牆	
091	片	14	19	5800	5	5	0	0.36	牀,牋,牐,牘,牓	
092	牙	1	4	5804	3	3	0	3.00	殉,萼,獨	
093	牛	43	89	5893	46	46	0	1.07	牞,牱,牰,牦,牠,牥,牪,牮,牤,牰,牬,牰,牸,牷,牼,挈,牻,犂,犕,犙,犖,犠,犉,犍,犓,牏,觳,犦,犧,犐,摜,犛,犦,犨,犧,犧,犨,犨,犦,犌,犉,牽,犨,犨	
094	犬	124	177	6070	53	53	0	0.43	犯,獻,狃,犾,狂,狆,狇,狎,狘,狖,狐,狗,狩,狙,狘,狟,狼,狻,狵,狴,狶,狷,猁,狹,狺,狻,狽,狻,猊,猇,猍,猓,猗,猖,猙,猞,猨,猩,猴,獦,獩,獯,獬,獾,獬,獰,獲,獬,獿,獯,玃,玁,玃,玃	
095	玄	5	5	6075	0	0	0	0.00	*	
096	玉	182	234	6309	52	52	0	0.29	玏,玕,玟,玩,玭,玕,玗,玖,珈,玸,珲,珖,珖,珵,珶,珈,城,珂,珔,珙,珑,玩,珣,珙,珕,玲,珀,珖,珺,珷,珛,珞,深,珇,琕,珐,珮,珩,珵,珹,瑗,瑇,瑘,琌,瑁,瓘,璨,璧,瓊,瓅,琰,瑃,璲,璉,璊,璊,瓚,瓊,珒,瑡,璿,璷,璽,璽	
097	瓜	11	11	6320	0	0	0	0.00	*	
098	瓦	36	43	6363	7	7	0	0.19	瓷,瓶,甀,甃,甇,瓶,甐	
099	甘	3	4	6367	1	1	0	0.33	甚	
100	生	6	6	6373	0	0	0	0.00	*	
101	用	5	5	6378	0	0	0	0.00	*	
102	田	62	68	6446	6	7	1	0.11	畓,畓,畹,畾,畎,畻,疇	-畊
103	疋	6	6	6452	0	0	0	0.00	*	
104	疒	129	182	6634	53	53	0	0.41	疔,疕,疘,疝,疔,疙,疚,疢,疚,痃,疢,疣,疱,疵,痍,痒,痛,痟,痴,痖,疼,瘀,瘂,痕,瘋,痛,瘇,瘦,瘃,瘓,瘵,瘂,瘩,瘵,瘴,瘩,瘷,瘼,瘧,癇,癒,癈,癢,癣,癥,癨,癬,癮,癱,癰,癰,癰,癟	
105	癶	3	4	6638	1	1	0	0.33	癸	
106	白	26	31	6669	5	5	0	0.19	皁,皋,皽,皪,皫	
107	皮	12	36	6705	24	24	0	2.00	皱,皺,皷,皵,皴,皹,皵,皷,皴,皷,皷,皴,皷,皷,皵,皷,皺,皷,皷,皴,皷,皺,皺,皷	
108	皿	34	41	6746	7	7	0	0.21	盃,盆,盖,盞,盥,濫,盬	
109	目	124	188	6934	64	64	0	0.52	盯,旬,盻,眄,眗,盷,眭,眈,眊,眙,眩,眝,貼,眴,眸,眐,睚,睨,睛,睘,眹,眧,眻,眴,瞒,眶,睟,眯,睽,睅,睄,睆,睷,睬,睴,睽,瞈,睽,瞒,睺,瞌,瞓,瞋,瞌,瞑,瞑,瞠,瞑,瞥,瞷,瞧,瞎,瞹,瞪,矇,矇,瞻,矇,瞠,瞻,矆,矆,矇,矌	

110	矛	8	12	6946	4	4	0	0.50	矞矠矡矝	
111	矢	12	14	6960	2	2	0	+1	0.17	鑼軼	+軼
112	石	137	199	7159	62	62	0	0.45	矻砯砒硫砓砅砐砟,砣碢砱硈砟砵砎碿硼,磋砰砮磘磢硾砳碇,硈硈碤碥碌磚磾砗,磶磝硱硞碟碥磜礚礇,磾礡礀磂磪礞礣穰	
113	示	78	94	7253	16	16	0	0.21	礽祩祍梅禄禑禓禎禋,禩禔禲禪禭禰禶	
114	禸	6	9	7262	3	3	0	0.50	禸禹禼	
115	禾	117	162	7424	45	45	0	0.38	秆秏粉秖秏秕秕秥秢,秳稅稆稇秨秸秸稉稊,粻秱秴秸稈穭稢秳秞,糃稑穄穅穇穉穐穔,穧穦穲	
116	穴	60	81	7505	21	21	0	0.35	宖窎穸穽窙穿穼窳,窣窲窎窮窶寫簆,寋窼窺篬	
117	立	20	24	7529	4	4	0	0.20	竜竚竼竸	
118	竹	222	263	7792	41	41	0	0.18	竻竽苳笞笩筏笻,箈笝笛笭笌笋笌,篡篰筘筦筻筯箐箄,管篌箖筷箞篙篧篏,簎篵簸簈簊糋籓簼,籖	
119	米	58	79	7871	21	21	0	0.36	粃粆粞梾糛粔粃梅粹,粳糅粬粷糠糧糳糯,粲粻糱糷	
120	糸	306	346	8217	40	40	0	0.13	糸紅紺絑絓絣綻絲綬,緼糾緌絈紸紌絤紲絧緁緔,縋縜縑縳縥絾緕緛,縎縗縺縋縓縟纕纋, 纅纈纆絬綸緟	
121	缶	19	26	8243	7	7	0	0.37	缹缷罅罆瑴罌罏	
122	网	51	58	8301	7	7	0	0.14	罜罤罭罯羆羅羉	
123	羊	33	45	8346	12	12	0	0.36	羘羋羥羦羥羧羮羱,羳羷羳羺	
124	羽	49	65	8411	16	16	0	0.33	翀翂翋翓翖翗翙翙,翜翻翺翰翿翧翿翹	
125	老	8	8	8419	0	0	0	0.00	*	
126	而	6	7	8426	1	1	0	0.17	耎	
127	耒	20	33	8459	13	13	0	0.65	耓耚耛耞耤耧耥耦,耬耰耲耲櫌	
128	耳	29	51	8510	22	22	0	0.76	耵耻耿耺耻朓聇聊,瞤聟睡聘聵聎膔,聨聟聻聲聼	
129	聿	6	7	8517	1	1	0	0.17	肁	
130	肉	197	242	8759	46	46	0	0.23	肌肝肵肦肵胂胂胁,朋胎胆胗胸胺胑胰,胳胴腕脭胲脢腰腰,脺腶腗膜膘膜膝膬	

							臍, 胍, 腸, 膜, 曉, 膾, 髓, 臞, 臁, 胸, 嶼, 胴, 胞, 腺		
131	臣	4	4	8763	0	0	0	0.00	*
132	自	5	7	8770	2	2	0	0.40	鼻, 鵙
133	至	6	9	8779	3	3	0	0.50	臸, 臻, 臸
134	臼	17	18	8797	1	1	0	0.06	昧
135	舌	12	17	8814	5	5	0	0.42	敌, 辞, 镁, 舓, 矗
136	舛	4	4	8818	0	0	0	0.00	*
137	舟	49	56	8874	7	7	0	0.14	舩, 舐, 船, 艖, 艦, 艘, 艟
138	艮	3	3	8877	0	0	0	0.00	*
139	色	4	6	8883	2	2	0	0.50	艴, 艷
140	艸	489	554	9437	65	65	0	0.13	苁, 芈, 芄, 苗, 芐, 芪, 苢, 苋, 菜, 苫, 茎, 茵, 萻, 荊, 芯, 苹, 蕎, 廐, 薀, 萘, 茚, 桕, 菝, 莨, 菱, 滷, 蕒, 漢, 藘, 蔗, 黃, 蕆, 莎, 蕧, 薑, 藤, 蕭, 薛, 蕠, 蕶, 蕏, 蒢, 蕳, 葤, 籩, 顡, 楝, 諸, 薐, 蔞, 蕭, 蕼, 薬, 苡, 州, 藤, 臙, 騾, 葉
141	屯	21	28	9465	7	7	0	0.33	虎, 虓, 虤, 魍, 蟒, 貗, 赢
142	虫	233	305	9770	72	72	0	+1 0.31	乳, 虽, 蚩, 虺, 蚕, 蚨, 蚝, 蚊, 蚰, 蚪, 蛋, 截, 蛇, 蚵, 蝶, 蜂, 蜒, 蜆, 蜆, 娛, 蜓, 蜉, 蜩, 壟, 蜺, 蜓, 蛟, 蝦, 蝎, 蜣, 蝎, 蠑, 蛾, 蝸, 蚑, 蝟, 蜾, 蠱, 莫, 蠻, 蠛, 爎, 蟆, 鐾, 曆, 繡, 蟹, 壁, 蟻, 蟶, 蟋, 蚷, 蠟, 蠾, 鱉, 蝴, 蝕		+蝕
143	血	16	21	9791	5	5	0	0.31	衃, 衉, 衊, 衅, 釁
144	行	15	18	9809	3	4	1	0.27	衒, 衢, 衞, 衕	-衡
145	衣	181	204	10013	23	23	0	0.13	橺, 襴, 衦, 袾, 裝, 袛, 裖, 裹, 褟, 裃, 襦, 褙, 褚, 裏, 襷, 禮, 稨, 襲, 釋, 襛, 襦, 襤
146	襾	6	7	10020	1	1	0	0.17	兩
147	見	26	29	10049	3	3	0	0.12	覛, 覟, 覷
148	角	29	33	10082	4	4	0	0.14	觖, 觯, 觺, 觻
149	言	273	310	10392	37	37	0	+1 0.14	訇, 訛, 詒, 諕, 詝, 詻, 詧, 詰, 誺, 記, 諫, 諫, 謭, 諹, 謳, 譁, 譁, 譈, 諝, 譟, 譖, 譯, 譐, 謡, 讇, 護, 譀, 謝, 讖, 譨, 譩, 讕, 謰, 讒, 讃, 謬, 閒	+閒
150	谷	12	13	10404	1	1	0	0.00	鎞
151	豆	13	13	10417	0	0	0	0.00	*
152	豕	23	27	10444	4	4	0	0.17	狼, 猓, 犙, 猪
153	豸	26	30	10474	4	4	0	0.15	貌, 貛, 狳, 獲
154	貝	87	97	10571	10	10	0	0.11	貤, 貴, 賭, 睟, 贊, 贈, 賸, 賍, 賔
155	赤	11	12	10583	1	1	0	0.09	赨
156	走	35	41	10624	6	6	0	0.17	赶, 赳, 翹, 趆, 越, 趨
157	足	154	177	10801	23	23	0	0.15	趴, 跂, 跌, 跎, 踊, 踺, 蹟, 蹳, 蹼, 蹽, 跂, 跒, 踭, 蹎, 蹴, 蹴, 蹢, 蹭, 蹯, 躩, 躅, 躇, 髁
158	身	12	13	10813	1	1	-1	0.08	躬	-躰
159	車	120	134	10947	14	14	0	0.12	耗, 舉, 軋, 輊, 軼, 軑, 軯, 輕, 輢, 輻, 輀, 轇, 轚, 轤

160	辛	12	12	10959	0	0	0	0.00	*	
161	辰	5	5	10964	0	0	0	0.00		
162	辵	136	149	11113	13	13	0	0.10	迬, 迪, 迒, 迿, 週, 逑, 递, 還, 遊, 遛, 違, 遴, 遜	
163	邑	96	106	11219	10	10	0	0.10	郭, 郟, 聊, 郏, 郳, 鄌, 鄢, 鄜, 鄒, 鄑	
164	酉	91	98	11317	7	7	0	0.08	酋, 酗, 酞, 酿, 醐, 醫, 醴	
165	采	2	3	11320	1	1	0	0.50	采	
166	里	5	5	11325	0	0	0	0.00	*	
167	金	254	297	11622	43	43	0	0.17	鈯, 鉽, 鉄, 鉌, 鍆, 鉑, 鉿, 鈬, 鐦, 銘, 鉔, 鈤, 銅, 鉾, 銹, 鋛, 鎔, 錜, 鏷, 鏪, 鎬, 鐱, 鍉, 銂, 鐖, 糜, 鐯, 鑅, 鏢, 鐩, 鐵, 鐫, 鏽, 鑓, 鐐, 鐜, 鐗, 鑪, 鉚, 鋓, 鐵, 鑌, 鑭	
168	長	1	6	11628	5	5	0	5.00	肌, 駃, 驎, 駮, 駐	
169	門	68	70	11698	2	3	1	-1	0.04	閌, 閩, 閭	-閌
170	阜	97	102	11800	5	5	0	0.05	阶, 陎, 陁, 陵, 陏	
171	隶	4	4	11804	0	0	0	0.00		
172	隹	27	28	11832	1	1	0	0.04	雄	
173	雨	80	85	11917	5	5	0	0.06	雰, 霪, 霱, 霸, 霹	
174	青	5	5	11922	0	0	0	0.00		
175	非	3	4	11926	1	1	0	0.33	啡	
176	面	6	7	11933	1	1	0	0.17	靦	
177	革	78	92	12025	14	14	0	0.18	靪, 靰, 靿, 靴, 靼, 鞈, 鞞, 鞭, 鞔, 韃, 韅, 韉, 韆	
178	韋	20	22	12047	2	2	0	0.10	韙, 韌	
179	韭	4	4	12051	0	0	0	0.00		
180	音	10	11	12062	1	1	0	0.10	韷	
181	頁	75	87	12149	12	12	0	0.16	頁, 頊, 頌, 頍, 頤, 頡, 顆, 顏, 顐, 顖, 顠	
183	飛	3	3	12152	0	0	0	0.00		
182	風	37	37	12189	0	0	0	0.00	*	
184	食	100	109	12298	9	10	1	-1	0.10	餐, 餃, 饒, 鐵, 餇, 餛, 餛, 餚, 饑, 饙	-餝
185	首	5	5	12303	0	0	0	0.00		
186	香	10	10	12313	0	0	0	0.00	*	
187	馬	133	146	12459	13	13	0	0.10	馸, 馳, 駃, 駭, 駿, 騟, 騑, 騥, 騆, 駿, 驎, 驥	
188	骨	30	36	12495	6	6	0	+1	0.20	骬, 髂, 髇, 骶, 髒, 髆	+髆
189	高	1	1	12496	0	0	0	0.00		
190	髟	48	54	12550	6	6	0	0.13	髟, 髫, 鬋, 鬐, 鬐, 鬎	
191	鬥	5	8	12558	3	3	0	0.60	鬥, 鬪, 鬭	
192	鬯	3	3	12561	0	0	0	0.00		
193	鬲	6	6	12567	0	0	0	0.00		
194	鬼	20	20	12587	0	0	0	0.00		
195	魚	98	113	12700	15	15	0	0.15	魰, 魲, 魬, 魼, 鮄, 鮕, 鯉, 鮭, 鯌, 鵪, 鰹, 鱸, 鱎, 鰺, 鱠	
196	鳥	166	167	12867	1	1	0	0.01	鴰	
197	鹵	7	7	12874	0	0	0	0.00		
198	鹿	30	30	12904	0	0	0	0.00	*	
199	麥	16	17	12921	1	1	0	0.06	麵	
200	麻	7	7	12928	0	1	1	-1	0.14	麽	-麿
201	黃	6	6	12934	0	0	0	0.00		
202	黍	4	4	12938	0	0	0	0.00		
203	黑	32	32	12970	0	0	0	0.00	*	

204	甫	3	4	12974	1	1	0	0.33	甫		
205	黽	9	9	12983	0	0	0	0.00	*		
206	鼎	4	4	12987	0	0	0	0.00	*		
207	鼓	13	13	13000	0	0	0	0.00	*		
208	鼠	13	13	13013	0	0	0	0.00	*		
209	鼻	7	7	13020	0	0	0	0.00	*		
210	齊	6	5	13025	-1	-1	1	-0.17	*	-齋	
211	齒	31	44	13069	13	13	0	0.42	齕, 齘, 齟, 齠, 齦, 齩, 齪, 齬, 齭, 齰, 齵, 齶, 齼		
212	龍	5	5	13074	0	0	0	0.00	*		
213	龜	3	3	13077	0	0	0	0.00	*		
214	龠	4	4	13081	0	0	0	0.00	*		
計		10977	13084	13084	2,107	2,116	10	0	*	10977+2107=13084	

8

《字林補註》

金憶燮

1. 導言

人類的生活除了食衣住行外，還需要人與人之間的溝通。溝通通過聽、說、讀、寫等四個活動進行。在科學發達的現代，文字更為重要，是一切學問的基礎。

韓國使用漢字的歷史源遠流長，漢字大概在漢末至三國時期，即公元前2、3世紀傳入朝鮮半島。高麗時代，《玉篇》、《字林》、《字統》等字書已經成為貴族子弟學習用的基本教材。[1]

韓國的漢字字典有多種稱謂，如玉篇、字典、字書、字統和字林就是。近代漢字字典主要以玉篇（《國漢文新玉篇》(1908)）、字典（《新字典》(1915)）命名。以字林命名的只有《字林補註》而已。

韓國有系統地編撰本土的漢字字典的歷史並不長，在進入20世紀以後才開始的。朝鮮正祖年間編撰《全韻玉篇》，《全韻玉篇》可以說是韓國使用部首分類的字典的開端，這只是附於《奎章全韻》((1796))而編撰而已。辭

---

[1] 張曉琳，<韓國二十世紀代表性字典所收異體字研究>，釜山大學碩士論文，2014。第2頁。

書的編纂是非常艱難的工作。漢字字典編撰的真正高潮是《國漢文新玉篇》（1908）的出版。《國漢文新玉篇》是韓國第一本收錄了韓文注解的字典。之後陸陸續續出現了《字典釋要》（1909），《日鮮大字典》（1912），《漢鮮文新玉篇》（1913），《新字典》（1915），《字林補注》（1921）。其中對異體字的收錄數量非常多的《字林補注》一書，我們值得注意。字典都提供了很多功能，其中兩大功能分別是：①以溝通為主，幫助對文字的理解、翻譯。②以知識為主，針對某事物來尋獲知識。我們通過文字要了解的對象也有兩個：過去和現在。與過去溝通，要了解很多異體字。可以稱得上異體字寶庫的《字林補注》，現在將在本文進行介紹。

2. 《字林補注》的編撰

2.1. 編纂背景

關於《字林補注》的編撰背景，本文將以該字典的序為基礎從當時的語言背景及時代背景等角度進行分析。從語言背景來看，《字林補注》編撰當時，韓國正處於漢字與漢語混合使用的時期，由於語言環境的混亂而導致大眾對漢字的使用存在諸多困難，序文中這樣描述當時的語言環境：

> 夫書者，萬事百物之統紀也。自有書契以來，歷數千年，人物芸職事為複襟。夫書者萬事百物之統記也。其所以形容於言語筆墨之間者，日益繁衍，雲蒸霧渝，且方言各殊，古今不同，欲畫一而整齊之，為功甚難。(《字林補注·序》)

如上面的序文所描述的：隨著時代的變遷及外來文化的湧入，新的職業、新的文化、新的事物不斷湧現，於是就需要有恰當的詞彙來描述這些事物，漢字的使用範圍也隨之變得廣泛，方言、古字與今字、正字與俗字混用的情況屢見不鮮，因此就需要一個作為嚮導的漢字字典將其整理及區分，《字林補注》也在這樣的環境下誕生了。

從當時的時代背景來看，韓國為了修正語言、解決語言問題派質正官將長期錯誤使用的漢字的含義及事物的名稱進行修正，但仍然避免不了長期以來因為漢字的錯誤使用而導致的外交上的不和諧，並且因長期以來韓國對漢字研究的疏忽，也導致中國及韓國漢字使用上的差距越來越大，解決這些問題便成了韓國啟蒙時期刻不容緩的一大課題。《字林補註·序》：

> 國初，遣質正官于遼東詳問字義物名，以正訛誤。嗣后交通浸疎，玉帛樽俎，僅憑象胥之口。文字義意，不復致究，轉輾差誤，訛謬相襲，失其本旨者多矣。

即朝鮮初期因長期以來韓國對漢字研究的疏忽，導致中國及韓國漢字使用上的差距越來越大，解決這些問題，拉近韓國和中國之間的差距就成了編纂字林補註的動機。

2.2. 編纂目的

《字林補註》的凡例中提到該字典完全是為初學者編撰的。當時現存的字典因規模龐大不便使用，或因內容過於簡便而不利於參考學習等都存在一定的缺陷。為了大眾可以簡單有效地學習漢字則需要編撰一本通俗易懂而又內容豐富的字典。《字林補註》的凡例中這樣描述：

> 此書專為訓蒙而作也。字形之變幻，音義之殊異，同字之分派。遵康熙字典所解之要義。

金允植及閔泳徽在《字林補註》的序文及跋文中對該字典這樣描述到：

> 《康熙字典》為字學集大成，而卷秩浩多，不便於初學之考閱，又有坊刻《新玉篇》等書，往往疏略，未盡事物之義。)《字林補註·序》
>
> 蓋《爾雅》，《說文》等書則古矣。而最精博者，《康熙字典》也。若《全韻玉篇》則取其簡，而近時代《新玉篇》雖以訓民正音釋之，註腳太略矣。(《字林補注·跋》
>
> 於是，參閱諸家，裁其繁而補其略，皆以方言註解，使婦孺一見瞭然，足免魚魯之譏，名曰《字林補註》。《字林補註·序》

《字林補註》之前雖大量字典已經出版，但其中有的字典內容過於繁多不便於檢索及使用，有的字典內容過於簡便而存在種種局限。於是編撰者參閱眾多字典及典籍，取之精華、棄之糟粕，對字典的不足加以補充，並且加以方言註解，編撰了一本通俗易通，使婦女和兒童也可以一目了然的漢字字典，該字典便是《字林補註》。

另外，閔泳徽在跋文裡描述編纂動機與目標時，說中國的爾雅及說文太古，康熙字典則精巧而龐大。全韻玉篇取康熙字典之精華，新玉篇雖以韓文訓釋但又過於簡單，因而參照古書補缺來編纂字林補註。其原文如下：

> 《爾雅》·《說文》等書則古矣而最精博者《康熙字典》也。若《全韻玉篇》則取其簡，而近時《新玉篇》雖以訓民正音釋之，註脚太略矣。此書則糸之於古，補其註脚，兼之以訓民正音之詳。

2.3. 作者

《字林補注》的編撰者為劉漢翼。劉漢翼出生於1844年，逝世於1923年。他以近代書法家聞名於世，尤其在楷書及金石文方面造詣很深。劉漢翼號海觀，籍貫為杞溪。劉漢翼雖以書法家聞名於世，但關於他的生平知道的人卻不多，文獻記錄更是少之又少。現存的關於劉漢翼唯一的的記錄是《朝鮮時代雜科合格者總攬》里的1861年辛酉通過式年試雜科的記錄。他的父親劉晉祜任寫字官，弟弟愚觀劉漢春(1856年～未詳)於1876年通過了雲陽科取得功名，父子三人均為書法家。據《朝鮮時代雜科合格者總攬》記載，大安門的門額改為大韓門是名筆劉漢翼的傑作。不僅如此，閔泳徽在《字林補注》的跋文中也提到劉漢翼因篆書和隸書聞名於世。

> 君以篆隸聞，自弱冠至隆耋，精力所到，乃能述前人之未述也。
> （《字林補注·跋》）

3. 《字林補注》的版本和體裁

<圖1> 封面書名   <圖2> 內紙落款

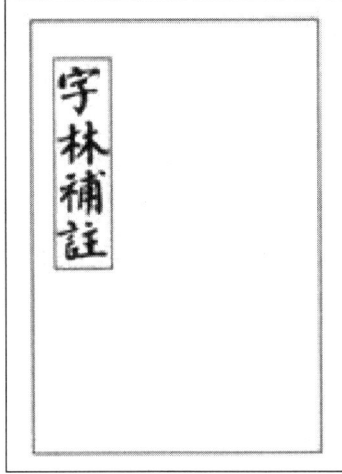
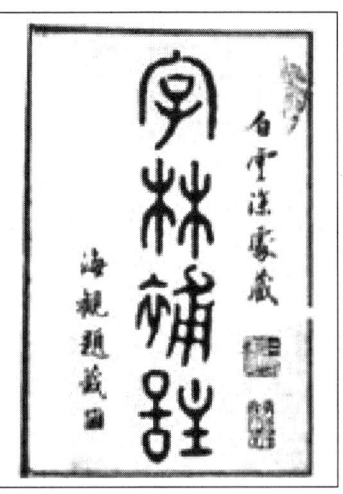

<圖3> 上篇   <圖4> 下篇

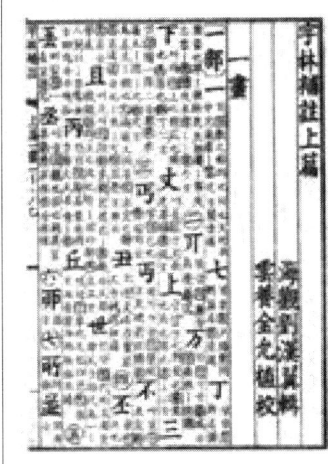
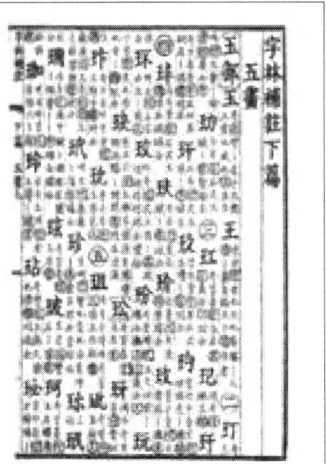

3.1. 版本

《字林補注》於1921年8月20日印刷，同年9月10日發行初版，於一年後1922年1月發行再版，1924年5月由大廣書林再發行，在此版本的扉頁中有"無雙字典大海附字林摭奇"字樣。[2]截止到現在，《字林補注》的版本共有上述三種，並且正文的內容完全一致。

《字林補注》的編撰者與發行者都為海觀劉漢翼(1844年～1923年)，審閱由金允植(1835年～1922年)擔任，跋文由荷汀閔泳徽書寫，印刷由中國上海二馬路千頃堂書局負責，在中國上海九江路289號的千頃堂印刷所印刷。該字典在朝鮮京城府貫鐵洞44番地由朴敬沼負責發行。《字林補注》重刊本發行兩年後，即1924年發行的《字典大海》與該版本的印刷者與印刷所相同，都為中國上海二馬路千頃堂書局及中國上海九江路289號的千頃堂印刷所，唯發行者由朝鮮京城府貫鐵洞44番地的朴敬沼變為京城府鐘路3丁目65番地的大廣書林。

《字林補注》由序文兩頁，凡例兩頁，目錄4頁，及上卷128頁，下卷142頁組成。除此之外，《字林補注》的附錄《字林摭奇》則由目錄12頁及正文110頁組成。因此本書由《字林補注》上·下卷及目錄《字林摭奇》共392頁組成。《字林補注》的封皮上有劉漢翼本人的親筆寫的書名。使用篆書在中央寫上書名，左右兩側的款識為"白雲深處藏"及"海觀題籤"。

該字典兩年之後以《字典大海》的書名重新出版發行，印刷者與印刷所完全相同，唯獨將發行者略作了更改。該書最終完成的時期雖然現在無從考證，但字典中有兩個線索可以幫助我們推斷該字典完成的時間：首先是該字典的序文的落款時間，金允植為《字林補注》做的序文的落款時間為乙卯（1915年）12月上澣；其次是該字典的跋文的落款時間，閔泳徽為《字林補注》寫的跋文的落款時間為丙辰（1916年）2月上旬。因此可以初步推斷該書的完成時期是比1921年更早的1915年。[3]

---

2) 朴亨翌（2012），同上，第453頁。
3) 據全日周（2001，373頁）和朴亨翌（2016，72頁）認為共18, 177字，不同於韓國漢字研究所統計為11, 370字。

3.2. 體裁

(1) 總體構成

　　《字林補註》是由海觀劉漢翼(1844~1923)編纂的，於1921年發行初版，由雲養金允植(1835~1922)校閱，荷汀閔泳徽(1852~1935)撰寫跋文。本字典構成如下：封面1張、《字林補註》敘2頁、《字林補註》凡例2頁、《字林補註》目錄4頁、《字林補註》上篇64頁、《字林補註》下篇71頁、作者親寫的標題字1張、〈字林撼奇〉目錄6頁、跋文1頁、〈字林撼奇〉55頁。

　　題號是"字林補註"，內題是"字林補註·上篇"和"字林補註·下篇"，後面附〈字林撼奇〉一卷。

(2) 標題字

① 收錄字數

　　據韓國漢字研究所數據庫（2016），《字林補註》的標題字總數為11,370字。[4]標題字按214部首排列，按214部首收錄情況如下表：

部首	收錄字	部首	收錄字	部首	收錄字	部首	收錄字	部首	收錄字
一	24	屮	2	爻	2	至	5	革	76
丨	6	山	117	爿	8	臼	13	韋	21
丶	4	巛	5	片	21	舌	11	韭	4
丿	8	工	5	牙	4	舛	4	音	8
乙	12	己	7	牛	79	舟	52	頁	78
亅	4	巾	102	犬	144	艮	3	飛	3

---

4) 全日周（2001，373頁）和朴亨翌（2016，72頁）說18,177字，這是因為字林補註目錄下一頁記"總一萬八千一百七十七字"，以為《字林補註》的標題字數為18,177字，與實際統計有些出入。據韓國漢字研究所數據庫（2016）統計，總數為11,370字。金珉晟（2015）則說11,369字，有1字之差。

二	9	干	5	玉	177	色	6	風	35
亠	13	幺	3	玄	2	艸	500	食	104
人	370	广	89	瓜	12	虍	20	首	4
儿	16	廴	6	瓦	41	虫	194	香	6
入	7	廾	12	甘	2	血	16	馬	120
八	11	弋	5	生	4	行	24	骨	38
冂	12	弓	42	用	5	衣	153	高	2
冖	9	彐	6	田	57	襾	8	髟	54
冫	34	彡	15	疋	9	見	28	鬥	10
几	9	彳	70	疒	184	角	31	鬯	1
凵	7	心	308	癶	5	言	274	鬲	7
刀	104	戈	30	白	28	谷	9	鬼	17
力	44	戶	13	皮	24	豆	12	魚	137
勹	22	手	480	皿	33	豕	29	鳥	126
匕	2	支	5	目	154	豸	27	鹵	11
匚	19	攴	80	矛	11	貝	69	鹿	28
匸	10	文	4	矢	12	赤	10	麥	17
十	13	斗	15	石	143	走	39	麻	8
卜	4	斤	12	示	78	足	148	黃	6
卩	12	方	30	内	5	身	17	黍	6
厂	18	无	3	禾	144	車	108	黑	33
厶	7	日	134	穴	69	辛	8	黹	5
又	14	曰	14	立	25	辰	5	黽	3
口	337	月	23	竹	252	辵	145	鼎	4
囗	41	木	551	米	85	邑	85	鼓	13
土	192	欠	69	糸	283	酉	88	鼠	18
士	10	止	10	缶	12	釆	3	鼻	10
夂	2	歹	63	网	47	里	4	齊	5
夊	6	殳	15	羊	33	金	237	齒	34
夕	5	毋	6	羽	32	長	3	龍	4
大	37	比	2	老	11	門	73	龜	2

女	212	毛	42	而	6	阜	98	龠	4
子	25	氏	4	耒	24	隶	4	계	11,370
宀	88	气	5	耳	46	隹	27		
寸	13	水	654	聿	6	雨	74		
小	12	火	172	肉	199	靑	8		
尢	9	爪	6	臣	4	非	4		
尸	39	父	4	自	4	面	9		

② 部首排列

　　《字林補注》的部首體裁與《康熙字典》一致，共214個部首按部首筆畫數從1畫到17畫共分為17個。《字林補注》的上卷收錄了1畫到4畫共4個筆畫部首的漢字，下卷收錄了從5畫到17畫共13個筆畫部首的漢字。雖然附錄2畫里沒有收錄'刀'、'力'、'匕'、'匚'、'匸'等部首，但卻收錄在正文里。《字林補注》214個部首的劃分完全遵循《全韻玉篇》的方法。5)

　　但有個別部首的排列順序及劃分稍微有所變動。首先，《字林補注》5畫的'玉'部與'玄'部排列順序為先'玉'部後'玄'部，而《康熙字典》里則是先"玄"部後"玉"部，除此之外，其他部首的排列與《康熙字典》完全一致；其次，《康熙字典》、《全韻玉篇》及《漢鮮文新玉篇》(玄公廉，1913)等字典都將'鼎'部及'鼠'部劃分在13畫，而《字林補注》卻將'鼎'部劃分在12畫，將'鼠'部劃分到14畫，無獨有偶，與之相同的還有《國漢文玉篇》(鄭日魯，1908)，《字典釋要》(池錫永，1909)等字典。為了使讀者更一目了然，筆者將《字林補

卷數	劃數	部首
上卷	1획	一，丨，丶，丿，乙，亅
	2획	二，亠，人(亻)，儿，入，八，冂，冖，冫，几，凵，刀，力，勹，匕，匚，匸，十，卜，卩，厂，厶，又

---

5) 朴亨翊(2012)，第454頁。

下卷	3획	口, 囗, 土, 士, 夂, 夊, 夕, 大, 女, 子, 宀, 寸, 小, 尢(兀, 尣, 允 兀), 尸, 屮, 山, 巛, 工, 己, 巾, 干, 幺, 广, 廴, 廾, 弋, 弓, 彐(彑, 彐), 彡, 彳
	4획	心(忄), 戈, 戶, 手(扌), 支, 攴(攵), 文, 斗, 斤, 方, 无, 日, 曰, 月, 木, 欠, 止, 歹(歺), 殳, 毋, 比, 毛, 氏, 气, 水(氺, 氵), 火(灬), 爪(爫), 父, 爻, 爿, 片, 牙, 牛, 犬(犭)
	5획	玉(王), 玄, 瓜, 瓦, 甘, 生, 用, 田, 疋, 疒, 癶, 白, 皮, 皿, 目(罒), 矛, 矢, 石, 示, 禸, 禾, 穴, 立
	6획	竹, 米, 糸, 缶, 网(罒 罓, 罓 冂), 羊, 羽, 老, 而, 耒, 耳, 聿, 肉(月), 臣, 自, 至, 臼, 舌, 舛, 舟, 艮, 色, 艸(艹), 虍, 虫, 血, 行, 衣, 襾
	7획	見, 角, 言, 谷, 豆, 豕, 豸, 貝, 赤, 走, 足, 身, 車, 辛, 辰, 辵(辶), 邑(阝在右同), 酉, 采, 里
	8획~9획	金, 長, 門, 阜(阝在左同), 隶, 佳, 雨, 青, 非, 面, 革, 韋, 韭, 音, 頁, 風, 飛, 食, 首, 香
	10획~11획	馬, 骨, 高, 髟, 鬥, 鬯, 鬲, 鬼, 魚, 鳥, 鹵, 鹿, 麥, 麻
	12획~17획	黃, 黍, 黑, 黹, 黽, 鼎, 鼓, 鼠, 鼻, 齊, 齒, 龍, 龜, 龠

注》筆畫的劃分以表格的形式展示出來：

③ 解說體裁

　　從字義方面來看，《字林補注》完全遵循了《全韻玉篇》的體裁。二者最大的不同是在漢字的"韓語字釋"的標註上。《全韻玉篇》在漢字後面只標註了漢字的音讀，而《字林補注》在漢字的音讀前添加了該漢字的"韓語字釋"。此體例形式在字典上使用始於《国汉文新玉篇》(1908)。《字林補注》則遵循了《全韻玉篇》的"韓語字釋"體例。另外，在字義後面提供了大量的異體字信息，例如古字、俗字、同字、篆字及通字等，這正如序文中說道的"字形之變幻，音義之殊異，同字之分派。遵康熙字典所解之要義。"下面以'一'字與'歸'字為例詳細比較分析《字林補注》與《全韻玉篇》之不同。

字例	書名	釋義
一	字林補註	한【일】。數之始。均也。同也。天地未分，元氣泰一。(質)。弌古。醫壹通。

	全韻玉篇	일。數始。均也。同也。天地未分，元氣泰一。（質）。壹通。
歸	字林補註	도라올【귀】。還也。稼也。于歸。卦名，歸妹。（微）。婦婦罏、歸鯢譴逗餗嘯餑皈仝。【궤】。餉也。(寘）。饋通。
	全韻玉篇	귀。還也。投也。附也。許也。于歸。卦名，歸妹。（微）게。餉也。饋同。

正如上面描述的《字林補註》在《全韻玉篇》的基礎上，在音讀"일"前添加了"一"字的韓語字釋"한"。在音讀"귀"前添加了"歸"字的韓語字釋"도라올"。

本文將從字形、字音、字義等三個方面對《字林補註》的體裁進行具體分析：

1. 字形

《字林補註》在"部首目錄"的末尾明確指出收錄字數為18,177，但根據韓國漢字研究所的統計，《字林補註》收錄的漢字的總數為11,370，因此18,177並非《字林補註》的標題字的個數，而是加上《字林撼奇》的6,994個漢字后的總收錄字數。[6]

下面筆者將以'一'、'世'、'導'三字為例，詳細分析《字林補註》的字形排列的特點：

一：한【일】。數之始。均也。同也。天地未分，元氣泰一。（質）。弌古，䇂壹通。

世：인간【세】。代也。王者受命。父子相代爲一世。人間曰世界。（霽）。𠦂古，卋丗𠅄仝，丗俗。

導：인도할【도】。引也。治也。通也。啓迪。（号）。導古，逎本，𨗁籀，道通。

通過'一'字韻目'(質)'后的"弌古，䇂壹通。"的內容可知：'一'字的古字為'弌'，與'䇂'及'壹'為通字的關係；'世'字韻目'(霽)'后的"𠦂古，卋丗𠅄全，丗俗。"等內容為我們展示了'世'字的一個古字'𠦂'，三個全字'卋'、

---

6) 參看金珉晟，《<字林補註>異體字研究》，33頁，釜山大學大學院博士論文，2015。

'𠭣'及'𠭣'等及一個俗字'哩';'導'字韻目'(号)'后的"導古,遒本,䆏籀,道通。"等内容則不僅展示了'導'字的一個古字'𨗴',一個通字'道',還展示了'導'字的本字'遒'及籀字'䆏'。這些内容應對了該書「凡例」中所提到的"同字出於籀文.說文.鐘鼎文.石鼓文,又有古文.同文.俗文.通文之稱者,並省冗,以籀.說.鐘.鼓.古.仝.俗.通.單字,懸註於下,俾便考覽。"等内容。《字林補注》提供的異體字信息大體上為篆、隷、古、籀、本、通、俗、同等8種。

2. 字音

《字林補注》的漢字音與韻目的排列順序與《全韻玉篇》完全一致。凡例中明確指出:"音則依諧聲法而定之",但並沒有具體說明'諧聲法'所指。不過,我們可以通過凡例中提到的"遵《康熙字典》,《古文四聲韻字學》。"初步推斷《字林補注》的漢字音是遵循了《康熙字典》和《古文四聲韻字學》兩書。

3. 字義

《字林補注》的凡例中指出"字形仿《玉篇》式,以原部載之,而原註之外,或有一字而含數義者,皆以方言解之。"由此可知,《字林補注》在字形方面,遵循了《玉篇》,但在字義方面,如果某個漢字有多個含義時,是通過方言進行解釋的。不僅如此,《字林補注》字義的體裁繼承了《全韻玉篇》。下面以'一'字為例將《字林補注》與《全韻玉篇》進行比較:

　　《全韻玉篇》[一]일數之始,畫之初。均也,同也,誠也,純也,天地未分,元氣泰一,質。壹通。
　　《字林補注》[一]한【일】數之始,均也,同也,天地未分,元氣泰一【質】式古。䆏壹通。

上述'一'字的釋義的體裁來看,《字林補注》與《全韻玉篇》大同小異,有所不同的是,《字林補注》沒有全部摘抄,而是將《全韻玉篇》中'一'字的漢字釋義進行了篩選。還有前文曾提到過的,《字林補注》在《全韻玉篇》字音的前面添加了漢字的韓語字釋。

4. 《字林補註》的特徵

4.1. 異體字

    《字林補註》的特徵是異體字收錄相當豐富。《字林補註》所收錄的異體字有篆字2字，今隸1字，古字1,758字，籀文170字，說文32字，本字709字，通字1,833字，俗字1,215字，仝字8,589字（包括同字12字）等異體字總數為14,309字。由此可知，《字林補註》是收錄異體字數龐大的近代字典之一。

    《字林補註》的標題字（11,370字）[7]加異體字（14,309字）共計25,679字。標題字下收多收異體字，為初學者學習漢文典籍提供了方便。為了了解《字林補註》的收錄異體字情況，現列表舉例說明。具體內容可參考下表：

id	標題字	本文
1	一	한【일】。數之始均也。同也。天地未分，元氣泰一。(質)。弌古，𡔷壹通。
2	七	닐곱【칠】。少陽數。問對篇名。(質)。柒通。
3	丁	장정【졍】。幹名，彊圉，當也，寧丁，强壮民夫。相屬，丁寧失志，零丁。(青)。【쟁】。伐木聲，丁丁。(庚)。个古。
5	万	만【만】。【号】。十千。(願)。萬仝，蕃姓，万俟。(職)。
6	下	아래【하】。上之對。底也。賤也。(馬)。落也。(禡)。丅二古。
7	丈	어룬【쟝】。十尺長，老尊稱。(養)。𠆢古。
8	上	웃【상】。下之對。登也。(養)。君也。高也。尊也。(漾)。丄二古。
9	三	셋【삼】。陽一陰二合數。(覃)。參通。又三思三之。(勘)。弎古。
10	丐	빌【개】。乞也。(泰)。匃句仝。
12	不	아닐【부】。未定辭。鳥名，夫不。姓也。(尤)。𠀚通。又同否。

---

7) 金珉晟（2015）的〈劉漢翼的〈字林補註〉研究〉統計為11,369字。

		(有)。未定之辭。(宥)。丕通。【불】。非也。不然，不可。(物)。㔻𠚪古，弗仝。
13	丑	소【츄】。支名，赤奮若。又手械。(有)。杻通。
14	丕	클【비】。大也。(支)。㔻仝，㔻通。
15	且	어조사【져】。語辭。多貌。芭蕉，巴且。(魚)。趄仝。又恭敬貌。(語)。【차】。又也。此也。苟且。借曰辭。(馬)。且𠀇古。
16	世	인간【셰】。代也。王者受命。父子相代爲一世。人間曰世界。(霽)。𠫑古，丗𠀍𠀓仝，曳俗。
18	丘	언덕【구】。阜也。大也。四邑。(尤)。北古，丠𡊣𡊅仝，濂a坵俗，址通。
20	丞	이을【승】。繼也。佐也。副貳官名。(蒸)。姃a本，氶丞仝，承通。
21	丣	酉古。
22	所	所俗。
23	並	竝并仝。
24	㿲	술준【두】。禮器斝屬。(宥)。石經《毛詩》：酌以大㿲。今文作斗，《周禮》作豆。蓋此字之訛。(增)。

從以上圖表可以看到，"一"部首24字中，有20個標題字收錄各種異體字，有的是收錄多個異體字。例如20號"丞"字條收錄"姃a本。"、"氶丞仝。"、"承通。"等3個異體屬性共4個字；又如"不"，則有多個義項各收錄了不同的異體字。例如"不"：

①아닐【부】。未定辭。鳥名，夫不。姓也。(尤)。鴀通。又同否。(有)。

②未定之辭。(宥)。丕通。

③【불】。非也。不然，不可。(物)。㔻𠚪古。弗仝。

《新字典》（1915）"一"部首24個字當中，有13個字(14種)收錄了異體字，[8]《字林補註》的24個字當中，有20個字(48種)收異體字，與《新字典》相

---

8) 河永三，（標點校勘）《新字典》，解題，圖書出版3，2016。第17頁。

比，就可知《字林補註》所收錄的異體字之多。由此可知，《字林補註》所收錄的異體字信息的價值之高。

4.2. 特殊字（韓·中·日固有俗字）

《字林補注》收錄的中·日·韓三國固有俗字大致可以分為兩種：一種是《康熙字典》中沒有收錄的新造的漢字；另一種是雖然在《康熙字典》里有所收錄，但沒有明確表明固有讀音及含義的漢字，《字林補注》將這類漢字也作為新的標題字進行了收錄。

《字林補注》在收錄中·日·韓三國固有俗字時，以'[華]'、'[日]'、'[鮮]'等形式做了區分，并標註了該漢字在該國的固有讀音及含義。《字林補注》收錄的三國的固有俗字的數量分別為：中國28個，日本26個，韓國15個。〈凡例〉對此這樣表述：

> 俗字不載於字典者，載於原部之末，而圈註日、鮮、華，音則依該聲法而定之。即俗字並不以標題字的形式收錄在字典之內，是將其標註在標題字的末尾，并以'[華]'、'[日]'、'[鮮]'的形式作出標註，字音則都按照本國的讀音而定。

《字林補注》收錄固有俗字時可以分為兩種：一種是固有俗字為標題字的情況；另一種是固有俗字非標題字的情況。固有俗字為標題字的情況，只標註出韓語的字釋、字音及漢字注釋，而將韻目省略。省略韻目的原因可能是因為該俗字是在韻書完成之後才出現的。筆者將這類俗字稱作"標題字俗字"。現舉出三例予以說明：

①岾고개【졈】[鮮]嶺也。
②咕두덜거릴【구】[華]咕噥。
③働굼니를【동】[日]行動竭力。

除上述情況外，還有一種是固有俗字非標題字的情況。這類漢字首先將該漢字原來的字音，字義，韻目標註完畢后，以'[華]'、'[日]'、'[鮮]'的形式標註后，將該漢字作為俗字使用時的字音及字義加以補充說明。筆者將這類俗字稱作"非標題字俗字"。現以'串'字為例予以說明。

串친근할【관】【천】狎習。諫。慣仝。物相連貫。覼。[鮮]곶地名，

長山串,貫物竹釘。

正如上面展示的那樣,標題字'串'字原非俗字,但除了該字原本的讀音'【관】'、'【천】'及原本的含義'친근할,狎習,物相連貫'以外,在韓國還被讀作'【곶】',用於地名長山串,釋為'貫物竹釘'。因此在該字韻目的後邊標註出'[鮮]'予以區別。下面,筆者將具體分析《字林補注》中收錄的韓·中·日三國的固有俗字:

(1) 韓國的固有俗字

《字林補注》中共收錄韓國固有俗字15個:其中有10個為韓國所創岾、柱、欋、獤、畓、稼、緦、迲、鐥、魮;另外5個非韓國所創,但賦予了韓國訓讀。有串、套、朋、銃、頉。這些讀音及含義是韓國獨有的。下面舉例對此加以說明:

-韓國發明,并只在韓國使用的漢字,共10個,下面舉兩例予以說明:
①岾고개【점】[鮮]嶺也。
②柱사슬【생】[鮮]籖也。路表長。

-非韓國所創,但賦予韓國訓讀的漢字,共5個,下面也舉兩例予以說明:
①串친근할【관】【천】狎習。諫。慣仝。物相連貫。霰。[鮮]【곶】地名,長山串,貫物竹釘。
②套들씰【토】重沓。号。夬套夸仝。[鮮]전례【투】

(2) 中國的固有俗字

《字林補注》收錄的中國固有俗字也分為兩種:一種是在《康熙字典》編撰完成後新發明的漢字,另一種是在原有漢字的基礎上賦予它新的含義的漢字。這樣的固有漢字共28個,其中在《康熙字典》編撰完成後新發明的漢字20個:厼、咕、哎、嗳、唣、啷、嶙a、晌、橵、労a、噁a、褂、賬、跊、犹、餎、髻、髯、鮰、魕;在原有漢字的基礎上賦予該漢字新的含義的漢字共8個:噥、嗳、屌、疮、砑、褙、症、飥。

-《康熙字典》編撰完成後新發明的漢字共20個,下面舉兩例予以說明：
①旡신창바들【자】[華]
②咕두덜거릴【구】[華]咕噥。
-在原有漢字的基礎上賦予該漢字新的含義的漢字共8個，下面舉兩例予以說明：
①症병ㅅ증세【증】[華]病勢。
②噥달게먹을【농】甘食。[華]두덜거릴【농】咕噥。

(3) 日本的固有俗字

《字林補註》收錄的日本固有俗字也可分為兩類：一類是日本所創，只在日本使用的漢字，這類漢字共14個：働、娍、扚、剹a、樫、盼、勢a、辷、辻、迚、逎、問、鱈、込；另一類並非日本所創，但賦予了該漢字新的日語讀音及日語含義，該類漢字共12個：雫、掟、拵、栓、樋、笘、腟、苋、迲、鯛、鰹、朳。

-日本所創，只在日本使用的日本俗字共14字，下面舉兩例予以說明：
①働굽니를【동】[日]行動竭力。
②娍어엿불【화】[日]豔好。
-並非日本所創，但賦予該漢字新的日語讀音及日語含義的日本俗子共12字，下面舉兩例予以說明：
①雫물울【하】[日]涓滴。
②掟지휘하여배풀【정】揮張。徑。[日]령갑【정】教令。

5. 附錄 《字林摭奇》

《字林摭奇》，就是采奇異之意。分58個項目從《康熙字典》選取了奇異字形的書。《字林摭奇》雖然以《字林補註》附錄的形式存在，若以單行本出版也毫不遜色。《字林摭奇》具有一定的遊戲性質，看這本書就像在玩一場文字遊戲，為書法界提供了十分寶貴的資料。

《字林摭奇》的分量為110頁，收錄的字數為6,994。每字組下注有字義和字音以及同字、俗字、古字等異體字信息，因此不查閱《字林補註》也可以了解收錄字的字義。《字林摭奇》所收錄的同字、俗字、古字、通用字等奇異字基本上是按《康熙字典》的方式分類的。9)字形分類名稱如下：

序號	名稱	序號	名稱	序號	名稱
1	上下相反	19	體全首異	37	三橫左鴈
2	上雙下雙	20	上和下睦	38	三橫右鴈
3	上承下接	21	二直上和	39	三層雙鴈
4	上二層雙	22	二直中和	40	三鴈曲行
5	下二層雙	23	二直下睦	41	∴形成字
6	上護一雙	24	二直左和	42	∴形上成
7	下護一雙	25	二直右睦	43	∴形中成
8	左右反對	26	夫唱婦隨	44	∴形下字
9	左補右弼	27	二橫上唱	45	∴形左成
10	左雙右雙	28	二橫中唱	46	∴形右字
11	左右背面	29	二橫下隨	47	四方平安
12	左右扶腋	30	二橫左唱	48	四方上平
13	左右層雙	31	二橫右隨	49	四方中方
14	體變義全	32	三直不疑	50	四方下安
15	體變義異	33	三橫鴈行	51	四方左平
16	體變不完	34	三橫上鴈	52	四方右安
17	體變神奇	35	三橫中鴈	53	四方俱平
18	體異首全	36	三橫下行	54	四方俱安

　　字組的名字以四字成語形式命名。如上所列，目錄上只有54個項目而本文最後多出4個，如[顛沛匪虧]、[顛沛反對]、[諺文相似]、[諺文合法]等項目。這4個項目為什麼不收目錄，我們不得而知。全日周（2001）推測認為"54個項目按部首、字形可以分類而這4個項目超出這個原則"。現將58個項目羅列如下：

　　1、上下相反

---

9) 全日周，〈漢字字典字林補註研究〉（大同漢文學會誌第14輯（2001.6））382〜383頁以及〈最近世韓國漢字字典研究〉（2002），第126頁。

這形式為兩個字對比時互相相反的字形的字，共136字。舉例如下：
一丨，上下，三川，丰卅，了㇄，冂凵，音昱，易智，杏呆，由甲，杳杲，吞吴。

2、上雙下雙
這形式為一個字內部之間上下成對的字，共73字。舉例如下：
琵，笄，駝，篛，㮺，翡，競，茲，秝，苢，菲，蔴，蒻，幷，蒜，棘，𦯔，鬭，競。

3、上承下接
這形式為有一部件承接上下雙雙成對的字，共38字。舉例如下：
翁，㮺，蘜，靡，蕻，篦，蠱，蒼，茈，麗，麗，麓。

4、上二層雙
這形式為分三部件，上面部件成對的字，共84字。舉例如下：
炎，簹，簡，簞，笚，簨，簪，篁，雙，蘭，贊，夒。

5、下二層雙
這形式為分三部件，下面部件成對的字，共14字。舉例如下：
僉，簽，莢，靡。

6、上護一雙
這形式為上端左右護衛中央的字，共159字。舉例如下：
脊，坐，幽，畿，樂，覺，虋，鹵，戀，變，孌，鸞，鷟，鑾，樂。

7、下護一雙
這形式為下端左右護衛中央的字，共18字。舉例如下：
乖，舌，㲋，纝。

8、左右反對
這形式為兩個字之間偏旁或字形向背的字，共744字。舉例如下：
勺-己，丿-㇏，和-咊，匙-堤，眿-昶，邵-陥，爿-片，鄰-隣，烁-秋，部-陪，颺-飆。

9、左補右弼
這形式為從左右輔弼中央的字，共122字。舉例如下：
卿，弼，粥，班，斑，辨，辯，瓣，辦，瞓，獄，讎，雠，奔。

10、左雙右雙
這形式為左右雙雙成對的字，共11字。舉例如下：
翃，翎，飛，賤。

11、左右背面
這形式為左右向背的字，共22字。舉例如下：
丬，爿，北，卯，兆，卯，卵，門，非，亞。
12、左右扶腋
這形式為从左右擎起或挾持中央的字，共59字。舉例如下：
巫，夾，來，函，皋，率，乘，喪，爽，爽，藥，舉。
13、左右層疊
這形式為从左右撐起中央或挾持而层叠的字，共7字。舉例如下：
蠱，轡，鷟，爽。
14、體變義仝
這形式為偏旁換位對字義未變的字，共918字。舉例如下：
刎-刏，悑-悥，峰-峯，槪-槩，案-桉，岾-峇，崐-崑，鑑-鑒，急-悈，懍-懔。
15、體變義異
這形式為部首換位字義不同的字，共594字。舉例如下：
仝-仜，仙-仚，另-加，唯-售，啼-喑，忠-忡，侮-每，俚-厘，呼-君，咬-吝，忡-忠，忉-忉，忙-忘。
16、體變不完
這形式為換用異形偏旁而字義未變的字，共188字。舉例如下：
劍-劎，炮-炮，是-昰，炑-杰，怀-丕，臀-臋，堆-焦，脚-腳，郡-䣛。
17、體變神奇
這形式為同一部件換位的字，共92字。舉例如下：
滙-滙，銑-銍，潤-閏，本-夲。
18、體異首仝
這形式為字的上部相同的字組，共870字。舉例如下：
哉栽載栽戴截裁，券卷拳眷帣举絭莽虉醟，墊熱螯熱鼇摰蟄槷。
19、體仝首異
這形式為字的下部相同的字，共29字。舉例如下：
虜，驚，鴛，鴞，鷽。
20、上和下睦
這形式為上下字形相同的字，共56字。舉例如下：
二，爻，哥，圭，奀，灻，畕，妾，多，叕，羽，昌，棗，䀹，炎。

21、二直上和
這形式為上端兩個部件層疊的字，共44字。舉例如下：
忈，囪，宿，兩，恚，益，希，肴，坕，旹。

22、二直中和
　這形式為豎向四個部件層疊，中間兩個部件相同的字。共17字。舉例如下：
晝，厚，亶，夏。

23、二直下睦
這形式為下端兩個部件相同的字，共92字。舉例如下：
竺，竝，爹，夢，箖，奎，窒，茞，閭，庆，庨。

24、二直左和
這形式為左邊部件兩個相同的字，共121字。舉例如下：
俎，邦，刲，焱，雛，歌，斳，鄒，皺，夠，刻。

25、二直右睦
這形式為右邊部件兩個相同的字，共329字。舉例如下：
玲，佳，眭，畦，駁，能，娃，珪，夥，殘，棧，飈，謂，鞋，唱，娼。

26、夫唱婦隨
這形式為左右並列的字，共135字。舉例如下：
明，絲，弱，屾，孖，喆，兢，競，豩，祘，槑，砳，秝，棘，玁，甡，誩，騳，鱻。

27、二橫上唱
這形式為上部兩個部件並列的字，共367字。舉例如下：
惢，皆，習，單，朶，贊，姿，蚩，堊，舉，螢，瑟，矕，雙，燅。

28、二橫中唱
這形式為中間部位兩個部件並列的字，共63字。舉例如下：
䨺，蠱，雙，裏，葶，哀，麽，磨，磿。

29、二橫下隨
這形式為下端兩個部件並列的的字，共233字。舉例如下：
翰，扉，崩，繃，鬋，犀，森，姦，蠢，蠒，蟲，蠢，蕊，蟲，毘，屛，霖，盇，盇，盅，罪，霍。

30、二橫左唱
這形式為左邊偏旁相同字形並列的字，共103字。舉例如下：

扫, 鵬, 猴, 鵃, 瓶, 邦, 孵, 頰, 瑔, 韃, 玨, 糷, 䗺。
31、二橫右隨
這形式為右邊字形相同的部件並列的字，共295字。舉例如下：
弸, 砒, 妣, 秕, 研, 桃, 翅, 翊, 溺, 惆, 跳。
32、三直不疑
這形式為相同的三個部件縱向層疊的字，共1字。舉例如下：
氽。
33、三橫鴈行
這形式為相同的三個部件橫向層疊的字，共20字。舉例如下：
巛, 巜, 彡, 川, 仦, 孖, 卝, 㵲, 㵺。
34、三橫上鴈
這形式為上部相同的三個部件橫向層疊的字，共38字。舉例如下：
竝, 肖, 灾, 畐, 巢, 鼠。
35、三橫中行（鴈10)）
這形式為中間段相同的三個部件橫向層疊的字，共28字。舉例如下：
巠, 穵, 畄, 龠, 靈。
36、三橫下鴈（行）
這形式為下段相同的三個部件橫向層疊的字，共49字。舉例如下：
忌, 衷, 彥, 需, 眾, 蠢, 宂, 荒。
37、三橫左鴈
這形式為左邊相同的三個部件重疊的字，共10字。舉例如下：
洴, 浦, 須, 澋, 順, 巛丨。
38、三橫右行（鴈）
這形式為右邊相同的三個部件重疊的字，共71字。舉例如下：
珍, 彤, 杉, 釤, 影, 馴, 㸚, 訓, 玔, 釧, 彭, 澎, 膨。
39、三層雙鴈
這形式為縱向三層部件成對的字，共17字。舉例如下：
絲, 黐, 鞴, 關, 䌛。
40、三鴈曲行
這形式為四個部件當中三個部件相同的字，共6字。舉例如下：
㠬, 㶲, 䣛, 焱, 瑟。

---

10) 括號內的字是目錄裡的，與本文裡的字有所出入。這裡以本文為正。以此類推。

41、∴形成字
這形式為組成"∴"形的字,共79字。舉例如下:
劦,晶,森,品,姦,畾,森,艸,淼,毳,畾,惢,蚩,磊,
犇,轟,蠱,麤,鱻,犨,驫,鼎,鑫。

42、∴形上成
這形式為上部以"∴"形構成的字,共105字。舉例如下:
姿,脅,贅,參,驂,堯,桑,榮,縈,畏,㠱,囂,橐,疊,
品,㫒,杲。

43、∴形中成
這形式為中段以"∴"形構成的字,共26字。舉例如下:
蔘,鬖,藥,嵾,蘍,蕶,蕘。

44、∴形下字
這形式為下段以"∴"形構成的字,共74字。舉例如下:
蠹,嵓,屭,蕊,奔,荔,竈,蕤,蕢。

45、∴形左成
這形式為左邊以"∴"構成的字,共20字。舉例如下:
觊,欪,磒,顳,飆,磒。

46、∴形右字
這形式為右邊以"∴"形構成的字,共135字。舉例如下:
阞,斻,脈,眕,振,协,脇,協,扬,偏,楄,瑚,碥,蠕,
譅,轑,臁,颮,澁。

47、四方平安
這形式為相同的四個部件構成的字,共21字。舉例如下:
众,丼,灥,叕,芔,燚,珏,皕,朤。

48、四方上平
這形式為上邊以相同的四個部件構成的字,共24字。舉例如下:
災,晉,翠,壆,愳。

49、四方中平(方)
這形式為中間以相同的四個部件構成的字,共27字。舉例如下:
兖,㙮,鞣,僉,寞。

50、四方下安
這形式為下面以相同的四個部件構成的字,共4字。舉例如下:
竊,嬲,竅,閡。

51、四方左平

這形式為左邊以相同的四個部件構成的字，共13字。舉例如下：
剡，剟，斅，歗，鷯。
52、四方右安
這形式為右邊以相同的四個部件構成的字，共41字。舉例如下：
澀，啜，綴，輟，惙，腏，裰，醊，錣，畷，餟，骳，蜄，遱，諁，羺，趣。
53、四方俱平
這形式為中央以相同的四個部件構成的字，共28字。舉例如下：
㸚，坙，傘，蕐，虆。
54、四方俱安
這形式為四個相同的部件佈局四邊的字，共28字。舉例如下：
茻，囂，朂，器，疆。
55、顚沛非虧
這形式為倒置也字形未變的字，共49字。舉例如下：
日，曰，卍，中，互，王，井，田，申，亘，回，米，水，亞，圍，罿，囚，幸，圉，噩。
56、顚沛反對
這形式為倒置的話字形相反的字，共13字。舉例如下：
亓，仄，示，卡，弔。
57、諺文相似
這形式為形態與韓文字母相似的字，共29字。舉例如下：
一（見部首），丨（見部首），丶（主古），〇（圈子），㇄（隱古），⊥（上古）。
58、諺文合法
這形式為舉例演示韓文的字音和母音組合的原理，共12字。舉例如下：
ㄱ（기윽：邊），가（卜字右接），갸（ᅲ字右旋右接），거（卜顛右接），겨（ᅲ字左旋右接），고（⊥字從左下接），교（ᅲ倒從左下接），구（下字下接），규（ᅲ字下接），그（一字下接），기（丨字右接）。

6. 《字林補注》研究情況

《字林補注》作為一本收字量較大，註釋內容豐富，使用範圍廣泛，且異體字收錄規模較大的字典,目前學者對其的研究可謂鳳毛麟角。截止到目前学界有關《字林補注》的著作有:田日周的<漢字字典<字林補注>研究>(2001,《大東漢文學》第14輯),《最近世韓國漢字字典研究》(2002,嶺南大學博士論文),權廷厚的<近代啓蒙期漢字字典研究>(2008,釜山大學碩士論文),張曉琳的<韓國二十世紀代表性字典所收異體字研究>(2014,釜山大學碩士論文),金珉晟的<<字林補注>異體字研究>(2015,釜山大學博士論文)等。另外朴亨翌的《韓國字典的大歷史》(2012,亦樂。)一書中大致地介紹了《字林補注》的版本及體裁情況。

7. 參考文獻

1. 劉漢翼,《字林補註》,上海:千頃堂書局,1922。
2. 《康熙字典》,北京:社會科學文獻出版社,2008。
3. 《隸書異體字字典》,張同標,胡欣辰,河南美術出版社,2004。
4. 朴亨翌,《韓國字典的歷史》,亦樂,2012。
5. 田日周,《韓國漢字字典的研究》,中文出版社,2004。
6. 河永三,〈韓國固有漢字的比較的研究〉,《中國語文學》第33輯,1999。
7. 河永三,《(標點校勘電子排版)新字典》,《圖書出版3》,2016。
8. 田日周,〈漢字字典《字林補註》研究〉,《大東漢文學》第14輯,2001。
9. 田日周,<最近世漢字字典研究>,嶺南大學博士論文,2002。
10. 權廷厚,<近代啓蒙期漢字字典研究>,釜山大學碩士論文,2008。
11. 張曉琳,<韓國二十世紀代表性字典所收異體字研究>,釜山大學碩士論文,2014。
12. 金珉晟,<《字林補註》異體字研究>,釜山大學博士論文,2015。

9

《增補字典大解》

羅潤基

1. 前言

甲午更張（1894）以後，隨著愛用國語意識和新知識需求大幅增加，韓國陸續出現了各種用韓文釋字的字典，如《國漢文新玉篇》、《字典釋要》、《新字典》、《漢鮮文新玉篇》等等。該時期的字典除了具有指導漢字學習的教育功能之外，還扮演着普及新知識和學習新文化的重要角色，在很大程度上滿足了大眾對新知識的需求。

《增補字典大解》顧名思義指增加、補充《字典大解》的意思，這間接表明之前已存在《字典大解》這本字典，可惜到今天我們對《字典大解》一書几乎是一无所知。至於《增補字典大解》我們知道的也很少，據朴亨翌近年來的調查[1]，我們得知目前韓國僅有四處收藏《增補字典大解》，即國立中央圖書館、延世大學學術情報院、成均館大學尊經閣以及朴亨翌个人。可惜這些收藏本都沒有序文和版權頁，無法得知關於《增補字典大解》的發行時期以及有關編纂者的詳細信息。根據國立中央圖書館所藏的《增補字典大解》的資料顯示，雖然說該書於1913年由光東書局李鍾楨所編纂，但當時書籍

---

[1] 朴亨翌,「韓國字典歷史」, 韓國漢字研究所'韓國近代漢字字典學術報告會'資料, 2016.

通常以出版社社長的名字2)發行。因此，我們很難據此斷定李鍾楨是否為該書的編纂人。

近年來雖然許多韓國學者日益重視近代時期字典的研究，但對《增補字典大解》一書始終無人問津，因此本篇希望能夠在這方面起到拋磚引玉的作用。鑒於上述的原因，本篇排除成書背景和編纂人相關的內容，只從字典本身所提供的信息為基礎，簡單地介紹該書的體裁及其內容上的一些特點。

2. 體裁

《增補字典大解》共收錄17,276字，分為上下卷。由扉頁（1頁）、上卷目錄（3頁）、下卷目錄（4頁）、檢字（15頁）、上卷本文（260頁）、下卷本文（229頁）所組成。如下圖：

上卷目錄　　　　下卷目錄　　　　檢字

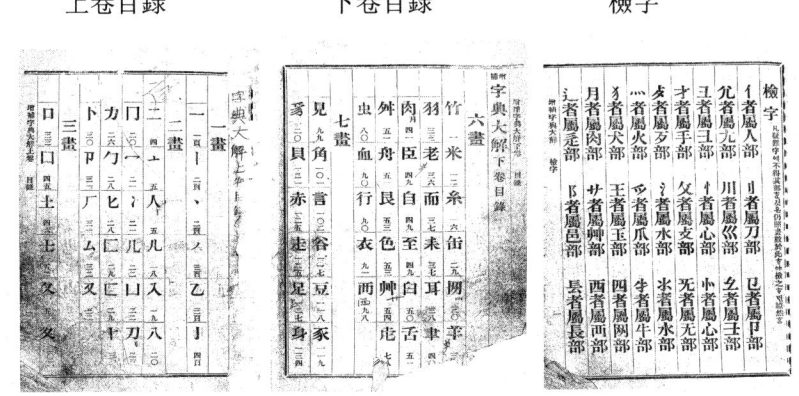

2.1. 上下卷目錄

《增補字典大解》在上下卷目錄中排列了214個部首。該214部首體系，

---

2) 朴亨翌，「韓國字典歷史」，韓國漢字研究所'韓國近代漢字字典學術報告會'資料，2016。

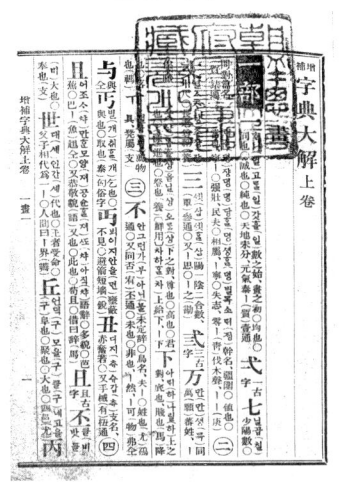

上卷本文　　　　下卷本文

　　是梅膺祚於明朝萬曆43年（1615年）時編纂《字彙》時首創的，之後《康熙字典》承襲了《字彙》的該部首體系。《康熙字典》是中國近代字典的典範，因此幾乎所有的韓國字典都採用了214部首體系。《全韻玉篇》雖然也繼承《康熙字典》的214部首體系，但將其次序稍微做了調整，如將5劃的'玄'、'玉'調整為'玉'、'玄'，將9劃的'風'、'飛'調整為'飛'、'風'。又如《康熙字典》13劃的'鼉'被移到了12劃，16劃的'龜'被移到了17劃。該部首體系，到了《國漢文新玉篇》又有了些小的變動，《國漢文新玉篇》將《康熙字典》、《全韻玉篇》13劃的鼎部和鼠部，分別移到了12劃和14劃。《增補字典大解》則是承襲了《國漢文新玉篇》的部首體系，唯一有所不同的是將9劃的'韭'移到了'飛'部前面。下面列舉三種字典部首體系簡表，以資比較。

　　值得注意的是在韓國近代字典中，只有《增補字典大解》、《漢鮮文新玉篇》、《字典釋要》不謀而合[3]，都將'韭'部移到'飛'部的前面。其中《增補字典大解》和《漢鮮文新玉篇》兩部字典同在1913年發行[4]，又在義項的解釋上也基本一致，只有部分增減之別。目前沒有更多的資料可供參考，因此關

---

[3]《字典釋要》也承襲相同的部首體系，但其對收錄字的釋義形式迥然不同。
[4]《增補字典大解》沒有版權頁和序文，因此，發行日期有些爭議。目前有兩種說法，1913年和1920年。

於這兩部字典的傳承關係尚待考證。

筆劃數	數量	全韻玉篇	國漢文新玉篇	增補字典大解	備考
1劃	6	一丨丶丿乙亅	一丨丶丿乙亅	一丨丶丿乙亅	
2劃	23	二亠人儿入八冂冖冫几凵刀力勹匕匚匸十卜卩厂厶又	二亠人儿入八冂冖冫几凵刀力勹匕匚匸十卜卩厂厶又	二亠人儿入八冂冖冫几凵刀力勹匕匚匸十卜卩厂广厶又	
3劃	31	口囗土士夂夊夕大女子宀寸小尢尸屮山巛工己巾干幺广廴廾弋弓彐彡彳	口囗土士夂夊夕大女子宀寸小尢尸屮山巛工己巾干幺广廴廾弋弓彐彡彳	口囗土士夂夊夕大女子宀寸小尢尸屮山巛工己巾干幺广廴廾弋弓彐彡彳	
4劃	34	心戈戶手支攴文斗斤方无日曰月木欠止歹殳毋比毛氏气水火爪父爻爿片牙牛犬	心戈戶手支攴文斗斤方无日曰月木欠止歹殳毋比毛氏气水火爪父爻爿片牙牛犬	心戈戶手支攴文斗斤方无日曰木欠止歹毋比毛氏气水火爪父爻爿片牙牛犬	
5劃	23	玉玄瓜瓦甘生用田疋疒癶白皮皿目矛矢石示禸禾穴立	玉玄瓜瓦甘生用田疋疒癶白皮皿目矛矢石示禸禾穴立	玉玄瓜瓦甘生用田疋疒癶白皮皿目矛矢石示禸禾穴立	
6劃	29	竹米糸缶网羊羽老而耒耳聿肉臣自至臼舌舛舟艮色艸虍虫血行衣西	竹米糸缶网羊羽老而耒耳聿肉臣自至臼舌舛舟艮色艸虍虫血行衣西	竹米糸缶网羊羽老而耒耳聿肉臣自至臼舌舛舟艮色艸虍虫血行衣西	
7劃	20	見角言谷豆豕豸貝赤走足身車辛辰辵邑酉采里	見角言谷豆豕豸貝赤走足身車辛辰辵邑酉采里	見角言谷豆豕豸貝赤走足身車辛辰辵邑酉采里	
8劃	9	金長門阜隶隹雨青非	金長門阜隶隹雨青非	金長門阜隶隹雨青非	
9劃	11	面革韋韭*音頁飛風食首香	面革韋韭*音頁飛風食首香	面革韋頁韭*飛風食首香	移位
10劃	8	馬骨高髟鬥鬯鬲鬼	馬骨高髟鬥鬯鬲鬼	馬骨高髟鬥鬯鬲鬼	
11劃	6	魚鳥鹵鹿麥麻	魚鳥鹵鹿麥麻	魚鳥鹵鹿麥麻	
12劃	6	黃黍黑黹黽	黃黍黑黹黽鼎*	黃黍黑黹黽鼎*	移位
13劃	1	鼎*鼓鼠*	鼓	鼓	移位
14劃	3	鼻齊	鼠*鼻齊	鼠*鼻齊	移位
15劃	1	齒	齒	齒	

16劃	1	龍		龍		龍	
17劃	2	龜龕		龜龕		龜龕	

2.2. 檢字

《增補字典大解》設有檢字表，將收錄字按筆畫數排列，提供該字所屬的部首，便於讀者查字。這是《康熙字典》的傳統方式。韓國近代時期的諸多字典都為查字方式煞費苦心，首先《國漢文新玉篇》採用了同音字表的查字方式，將同音字按照韓文字母順序排列，在字典下方注明具有代表性的韓文字釋，大大提高了檢索之便。這種讀音查字的方式優於部首筆劃查字，所以後續字典以'音部'、'音考'等形式先後採用了此方式，並對其不足之處加以改善。而《增補字典大解》仍然固守《康熙字典》的舊方式，可顯示該書在體裁上相當保守的一面。

2.3. 本文上下卷

《增補字典大解》本文共489頁，分為上下兩卷，各收錄字的具體信息以標題字、韓文字釋，漢字釋義，韻目，異體字屬性為順排列。漢字釋義在《全韻玉篇》的基礎上稍加修改。該書韓文字釋排列方式與其他字典稍有不同，先將該字所有的韓文字釋羅列在前，其後羅列《全韻玉篇》的漢字釋義。下面以'可'、'龢'、'一'三字為例具體分析說明：

字例	釋義	書名
可	【가】許也，肯也，所也，否之對。(哿)。【극】。突厥酋，可汗，妻曰可敦。(職)。	全韻玉篇
	올흘【가】。許也，肯也，所也，否之對。(哿)。【극】。突厥酋，可汗，妻曰可敦。(職)。	國漢文
	허락흘【가】올흘【가】오랑캐【극】안히【극】許也。肯也。否之對。(哿)。突厥酋，可汗。妻曰，可敦。(職)。	字典大解
	올흘【가】。否之對。肯也。허락흘【가】。許也。(哿)。오랑키【극】。突厥酋，可汗，安【극】。妻曰可敦。(職)。	漢鮮文
龢	和古字。又小笙，鍾名。(歌)。	全韻玉篇
	고로【화】。和古字。又小笙，鍾名。(歌)。	國漢文

	고롤【화】젹은싱황【화】그릇일홈【화】小笙。鍾名。(歌)。和古字。	字典大解
	고를【화】。和古字。젹은싱황【화】。小笙。그릇일홈【화】。鍾名。(歌)。	漢鮮文
一	【일】。數之始，畫之初。均也，同也，誠也，純也。天地未分，元氣泰一，質。壹通。	全韻玉篇
	【일】。數之始，畫之初。均也，同也，誠也，純也。天地未分，元氣泰一。(質)。壹通。	國漢文
	나【일】고를【일】數之始、畫之初。均也。同也。誠也。純也。天地未分、元氣泰一(質)。壹通。	字典大解
	하나【일】。數之始，畫之初。고를【일】。均也。갓흘【일】。同也。정셩【일】。誠也。슌일【일】。純也。갈【일】。專也，天地未分，元氣泰一。(質)。壹通。	漢鮮文

從字典編纂史的角度看，《全韻玉篇》在漢字釋義前面只列了該字的讀音，《國漢文新玉篇》一般將一兩個具有代表性的韓文字釋插入漢字釋義之間。而《增補字典大解》對每個義項都註明韓文字釋，將所有韓文字釋和讀音集中列於釋義前面，其後羅列漢字釋義，大大提高了查字的效率。該書漢字釋義全部來自《全韻玉篇》，只有刪減，沒有補充。在韓國近代時期字典中，從韓文字釋的內容來看，《增補字典大解》與《漢鮮文新玉篇》(1913)最接近，相似度高達76%。兩部字典只是排列方式稍有不同，《增補字典大解》將韓文字釋並列在釋義前面，《漢鮮文新玉篇》則將韓文字釋分別標註在相應的漢字釋義前面，並對一些字增補韓文字釋或異體字屬性。由此可見，《增補字典大解》韓文字釋排列方式為現代字典形成提供豐富的滋養，也意味著近代字典脫離《全韻玉篇》開始踏進現代字典的路程。

2.4. 標題字排序

為探討《增補字典大解》標題字的排序問題，我們先看幾部字典中部分標題字的排列情形。如下表：

書名 劃數	全韻玉篇	國漢文新玉篇	字典釋要	漢鮮文新玉篇	增補字典大解
0	一	一	一	一	一
1					弌
				ㄒ	

				丆	
				丂	
	七	七	七	七	七
	丁	丁	丁	丁	丁
2	丌	丌	丌	丌	丈
	万	万	万	万	三
	下	下	下	下	弎
	丈	丈	丈	丈	万
	上	上	上	上	上
				凵	下
				午	丌
	三	三	三	三	三
			与	丐	
3	丐	丐	丐	与	不
	丏	丏	不	不	与
		弎		弎	
	不	不	丐	丐	丐
	丑	丑	丑	丑	丑
			屮		
4	丕	丕	丕	丕	且
	且	且	且	且	且
	世	世	世	世	丕
	丙	丙	丙	丙	世
	丘	丘	丘	丘	丘
			弍		丙
5	丞	丞	丟	丞	丞
				丟	丟
				疕	
				兙	兙
6	亚	亚	亚	亚	亚
	古				
7				所	並
	並	並	並	並	所
10	䎱	䎱	䎱	䎱	䎱

《增補字典大解》一部共有29個標題字。通過上表可知，基本上先分214部首，再按照筆畫數排列。但其字序與其他字典大相徑庭。古文'弌''弎'等

字,不計筆畫數,皆列於本字'一''三'字的後面,有助於讀者查字之便。

2.5. 收錄字

根據韓國漢字研究所《增補字典大解》數據庫統計,該字典共收錄17,276字,比《全韻玉篇》多出6,299字。按照214部首收錄標題字的情形如下表。

號碼	部首	收錄字	號碼	部首	收錄字	號碼	部首	收錄字
1	一	29	2	丨	10	3	丶	7
4	丿	12	5	乙	17	6	亅	4
7	二	13	8	亠	14	9	人	438
10	儿	25	11	入	11	12	八	15
13	冂	13	14	冖	10	15	冫	38
16	几	16	17	凵	9	18	刀	118
19	力	54	20	勹	22	21	匕	4
22	匚	20	23	匸	9	24	十	19
25	卜	11	26	卩	19	27	厂	23
28	厶	10	29	又	19	30	口	451
31	囗	49	32	土	249	33	士	12
34	夂	2	35	夊	6	36	夕	10
37	大	43	38	女	274	39	子	37
40	宀	95	41	寸	16	42	小	13
43	尢	10	44	尸	47	45	屮	2
46	山	198	47	巛	4	48	工	6
49	己	10	50	巾	130	51	干	12
52	幺	11	53	广	108	54	廴	6
55	廾	17	56	弋	8	57	弓	58
58	彐	6	59	彡	17	60	彳	82
61	心	474	62	戈	35	63	戶	23

64	手	577	65	支	7	66	攴	84
67	文	7	68	斗	19	69	斤	16
70	方	35	71	无	3	72	日	190
73	曰	16	74	月	30	75	木	768
76	欠	76	77	止	19	78	歹	66
79	殳	25	80	毋	7	81	比	5
82	毛	68	83	氏	6	84	气	8
85	水	789	86	火	274	87	爪	10
88	父	6	89	爻	5	90	爿	11
91	片	27	92	牙	6	93	牛	126
94	犬	188	95	玄	234	96	玉	5
97	瓜	21	98	瓦	62	99	甘	6
100	生	8	101	用	5	102	田	89
103	疋	9	104	疒	259	105	癶	6
106	白	45	107	皮	36	108	皿	47
109	目	278	110	矛	14	111	矢	18
112	石	232	113	示	103	114	禸	8
115	禾	190	116	穴	87	117	立	34
118	竹	524	119	米	175	120	糸	504
121	缶	37	122	网	76	123	羊	84
124	羽	100	125	老	11	126	而	14
127	耒	45	128	耳	85	129	聿	10
130	肉	347	131	臣	10	132	自	13
133	至	13	134	臼	22	135	舌	18
136	舛	4	137	舟	72	138	艮	3
139	色	10	140	艸	1033	141	虍	45
142	虫	452	143	血	25	144	行	27
145	衣	271	146	襾	13	147	見	75
148	角	50	149	言	533	150	谷	20
151	豆	32	152	豕	49	153	豸	46
154	貝	117	155	赤	15	156	走	67

157	足	229	158	身	33	159	車	165
160	辛	17	161	辰	12	162	辵	166
163	邑	144	164	酉	124	165	釆	4
166	里	5	167	金	370	168	長	8
169	門	103	170	阜	117	171	隶	6
172	隹	42	173	雨	109	174	靑	9
175	非	5	176	面	16	177	革	110
178	韋	31	179	韭	12	180	音	105
181	頁	6	182	飛	3	183	風	51
184	食	147	185	首	9	186	香	12
187	馬	187	188	骨	67	189	高	4
190	髟	74	191	鬥	12	192	鬯	3
193	鬲	15	194	鬼	25	195	魚	212
196	鳥	300	197	鹵	12	198	鹿	43
199	麥	28	200	麻	10	201	黃	16
202	黍	10	203	黑	56	204	黹	5
205	黽	15	206	鼎	5	207	鼓	16
208	鼠	40	209	鼻	25	210	齊	5
211	齒	59	212	龍	8	213	龜	3
214	龠	4						

此外,《增補字典大解》還提供了相當豐富的異體字信息,如同字、仝字、俗字、通字、古字、籀文、朝鮮俗字等。下面是'一部'的異體字收錄情形:

屬性	字例	正文	正文出現總數
同	万	만【만】셩【号】同萬。(願)。蓄姓,万俟。(職)。	1940字
	竝	아오를【병】同竝。(敬)。(迥)。	
	不	안그런가【부】아니【불】…碼通。又同否。(宥)。丕通。…弗仝。	
仝	不	안그런가【부】아니【불】…碼通。又同否。(宥)。丕通。…弗仝。	1665字
	与	번셩홀【여】與仝。	
	且	어조수【챠】…趄仝。又恭敬貌。(語)…。	
通	一	호나【일】고룰【일】갓흘【일】數之始,…壹通。	1555字

	七	닐곱【칠】少陽數。問對篇名。(質)。柒通。	
	三	셋【삼】셋흘【삼】陽一陰二合數。(覃)。參通。…	
	不	안그런가【부】아니【불】未定辞,鳥名,…砑通。…丕通。…	
	丑	디지【츄】슈갑【츄】支名,赤奮若。…杻通。	
	丞	니을【승】도을【승】繼也。佐也。…承通。	
古	弌	ᄒᆞ나【일】一古字。	215字（包括古字，古，古作，古文）
	弎	셋【삼】三古字。	
	且	어조ᄉ【챠】且古字。	
	兂	하ᄂᆞᆯ【텬】天古字。	
	丣	졈을【유】日入時,闔戶。(有)。酉古字。	
俗	丐	빌【개】취홀【개】乞也。與也。取也。(泰)。匃俗字。	213字（包括俗，俗字，俗作，俗同）
	所	쳐소【소】所俗字。	
朝鮮俗字	上	웃【샹】놉흘【샹】올닐【샹】…[鮮用]차하흘【차】上給下,上下。	19字

《增補字典大解》中的同字和仝字沒有任何區別。俗字和古字出現多種類型，如俗、俗字、俗作、俗同，古、古字、古文、古作等，具體內容可參考下表：

字例	本文	類型	數量
攜	ᄭᅳᆯ【휴】ᄯᅥ날【휴】提也。離也。…俗攜。	俗○	1
倍	갑절【비】어그러질【패】兼也。…鄙俗。(隊)。	○俗	4
丐	빌【개】취홀【개】乞也。…匃俗字。	○俗字	196
杰	사ᄅᆞᆷ의일홈【걸】人名…(屑)。俗作傑。	俗作○	11
㥪	怯俗同。[鮮用]。	俗同○	1
侖	古甲。	古○	1
鴳	뫼초라기【암】【압】駕也。…鴨古。(洽)。	○古	1
䛐	말ᄉᆞᆷ【변】善言。(銑)。辯古字。	○古字	206
絼	실다듬을【지】治絲也。(寘)。古織字。	古○字	2
咒	古文四字。	古文	2
燃	불붓흘【연】燒也。(先)。然通。古作㷋。	古作	3

3. 《增補字典大解》的價值

　　20世紀初，韓國一連串發行了多部字典，如《國漢文新玉篇》(1908)、《字典釋要》(1909)、《日鮮大字典》(1912)、《漢鮮文新玉篇》(1913)、《新字典》(1915)、《新正醫書玉篇》(1921)、《字林補註》(1921)等。短短幾年內就眾多字典被發行的主要原因在於當時大眾對漢字字典需求量之大幅增加和字典各不相同編纂目的。換句話說，每一部字典都有它獨特的風格和優點。從字典體裁發展的角度來看，韓國漢字字典大致經歷了如下幾個階段，現將其發展過程作簡表並予以說明：

階段	代表字典	字例	釋義	檢索方法	特色
1	全韻玉篇	一	【일】數之始，畫之初。均也，同也，誠也，純也。天地未分，元氣泰一。(質)。壹通。	部首索引	《奎章全韻》的姐妹篇，脫離韻書的拘束，奠定了字典的獨立地位。
		七	【칠】。少陽數，問對篇名。(質)。柴通。		
2	國漢文新玉篇	一	흔【일】。數之始，畫之初。均也，同也，誠也，純也。天地未分，元氣泰一。(質)。壹通。	部首索引字音索引	增補韓文字釋。新設字音索引。
		七	닐곱【칠】。少陽數，問對篇名。(質)。柴通。		
3	字典大解	一	하나【일】고를【일】갓흘【일】數之始，畫之初。均也，同也，誠也，純也。天地未分，元氣泰一。(質)。壹通。	檢字	所有的韓文字釋移到漢文釋義之前。
		七	닐곱【칠】少陽數。問對篇名。(質)。柴通。		
4	漢漢大字典5)	一	1.한, 하나 2.하나로할 3.첫째 4.온통 5.낱낱 6.한 번 7.만일 8.오로지 9.모두 10.어느 11.어조사 12.성(姓)	部首索引字音索引總劃索引	刪除韻目。刪除漢文釋義。
		七	1.일곱 2.일곱번		

		3.문체이름 4.성(姓)		

　　第一階段，以《全韻玉篇》為代表。脫離傳統韻書的束縛，建立了字典的獨立地位。部首的排列與部首內的文字排列都以笔画数為順序，成爲韓國漢字字典的典型。

　　第二階段，以《國漢文新玉篇》為代表。在《全韻玉篇》的基礎上，增添了韓文字釋，並新設了字音索引。

　　第三階段，以《增補字典大解》為代表。韓國近代時期的字典受《全韻玉篇》的影響，一律將韓文字釋擺在該意項的漢文釋義之前。直到《增補字典大解》才把兩個釋義分別開來，將所有韓文字釋移到漢文釋義前面，賦予韓文字釋的獨立地位，提高字典的實用性。此方式可以說是現代字典的雛形，也爲韓國現代字典的編撰開闢了新的方向。

　　第四階段，以《漢韓大字典》為代表。將漢文釋義和韻目一律刪除，而新增字音索引、總劃索引等等，這是現代字典普遍採用的形式。

　　總而言之，《增補字典大解》在《全韻玉篇》的基礎上，採用《國漢文新玉篇》韓文字釋，並增補了大量的韓文字釋，在一定程度上繼承了韓國字典的傳統。可惜，目前對此書幾乎無人問津，希望未來能有更多人關注此書的研究，並取得更大的成就。

4. 參考資料

1. 朴亨翌，<韓國字典歷史>，韓國漢字研究所'韓國近代漢字字典學術報告會'資料，2016。
2. 田日周，<最近世韓國漢字字典研究>，韓國嶺南大學，中語中文所博士論文，2002。
3. 朴亨翌，<韓國字典歷史>，韓國漢字研究所'韓國近代漢字字典學術報告會'資料，2016。
4. 《漢韓大字典》，民眾書林編輯局，民眾書林，1966。

---

5) 《漢韓大字典》，民眾書林編輯局，民眾書林，1966。

10

《實用鮮和大辭典》

金玲敬

1. 引文

　　《實用鮮和大辭典》是韓國初期的一部辭典，於日本帝國主義統治時代編撰。該辭典的初版於1938年(昭和13年)3月6日由京城所在的永昌書館刊行，1940年(昭和15年)11月28日再版。

　　根據辭典的解釋，字典是指"匯集漢字，將此按一定的順序排列，并對此逐一解釋其音和義之書。1)"；辭典是指"匯集一定範圍之內所使用的詞彙，將此按一定的順序排列，并對此解釋其音義、辭源、用例等的信息之書。"歷代"字典"就將一個漢字定為標題字，提示其漢字的義項、字音等，較為晚出現的"漢字辭典"別於字典，將一個漢字定為"上位標題行"，并提示其漢字的形音義信息，又網羅包含其漢字的系列詞彙，將此定為"下位標題行"，并提示其音義、熟語、慣用語等。

　　在韓國，沒有承襲"玉篇"、"字典"之類的書名，最早使用"辭典"之名

---

1) 國立國語院標準國語大辭典：http：//stdweb2.korean.go.kr/search/View.jsp

編號	出版時期	題名	作者	出版社
1	1928年 1933年	《模範鮮和辭典》	鄭敬哲	東洋書院
2	1937년	《新修日漢鮮大辭典》	宋完植	永昌書館
3	1938년	《實用日鮮大辭典》	永昌書館	永昌書館
4	1938년	《實用鮮和大辭典》	宋完植	永昌書館
5	1943년	《實用內鮮大辭典》	大山治永	永昌書館
6	1944년	《增補訂正模範鮮和辭典》	鄭敬哲外	博文書院

的，就是《模範鮮和辭典》。《模範鮮和辭典》問世之後，模仿該書的辭典像雨後春筍般地出現，具體如下。

表1：日本帝國主義統治時期出版的韓語—日語辭典目錄

上列表格所收辭典的共同點就是在已有的字典形式的基礎上，添加了有關系列詞彙、慣用語、熟語、成語等，以及日語訓音。這樣的特徵是由此類辭典的書名也能看出來。比如說，"鮮"指"韓語"，而"和"、"日"、"內"均指日語，換句話說，雖然這些辭典與現代的日漢詞典或韓日辭典稍有不同，但是從提示韓語音訓和日語音訓一事，可以期待該字典能起到韓語日語對譯辭典的作用。在當時日本的帝國主義的侵略日益加深的時代氣氛下，韓國人深深認知到必需學會日語的現實，在這樣的環境下，"韓語日語"雙重辭典的需求浮出水面了。本書的底本《實用鮮和大辭典》就是如實反映當時社會情況而誕生的辭典，是研究韓國初期辭典的形態和發展過程的寶貴資料了。因此，本文將會對該辭典的書誌信息、編撰體制、釋文體例、收錄詞彙類型闡述該辭典的價值，并為該辭典確立它應得的地位。

2.《實用鮮和大辭典》書誌信息

2.1. 宋完植及其著述概況

據許在寧(2014)、朴亨翌(2015)的研究，編撰人宋完植是自1920年代至1940年代活躍於出版界的人物，主要從事於出版行業、著述、翻譯、小說創作等的領域。他的代表作有《玉山祠儒案》[2]、《問答詳解法律寶鑑》[3]等，此外還有1927年出版的《最新百科新辭典》、1935年出版的《最新日鮮大字典》、1937年的《新修韓日鮮大辭典》、1938年的《實用鮮和大辭典》之類的辭典類著作。除了辭典類以外，他還創作過小說，翻譯過不少外語讀物，寫了新小說《疑問的屍體》(永昌書館，1924)、《蠻國大會錄》(永昌書館，1926)，翻譯了《寫真小說大活劇－名金》(永昌書館，1921)、《痛苦的束縛》(東洋大學堂，1927)等。[4]

其中，受到關注的應該屬他所編撰的實用書類著作。宋完植自從在1934年創刊《新文化》以來，每月發行，並將"現代新語辭典"連載於此，[5]由此可見他早已認知到新語是新文物的投影，收錄大量新語的辭典對當時社會具有何等的必要性和重要性，并且一步一步實踐了推廣新語辭典的計劃了。抱著同樣的計劃的人不僅是他，他之前已有幾種類似新語辭典的初步成就，如從1909年6月13日第2號到1909年11月26日136號，以問答形式載於《大韓民報》的<新來成語>、唯一書館編輯部於1912年發行的《增補最新尺牘》的附錄<現用新語>、收於1913年發行的《天道教會月報》34之<現用新語>、1915年新文社編撰的《最新實用朝鮮百科大典》的<現用新語略解>、1919年匯東書館編撰的《新式諺文無雙尺牘》等[6]，最早的新語辭典崔錄東的《現代新語釋義》也問世了。[7]連他自己也早已於1927年編撰過《最新百科新辭典》，該書的價值不亞於韓國最早的新語辭典－《現代新語釋義》。據作者的序文，儘管當時韓國接受不少新文化，新學問上所用的新語，如科學術語、新語、熟語、外國語等在流行著，仍然缺乏能解說這些新語的正確之

---

2) 《玉山祠儒案》：作者簡發行者為宋完植，1927年東洋大學堂出版。
3) 《問答詳解法律寶鑑》：作者簡發行者為宋完植，1928年東洋大學堂出版。
4) 朴亨翌，<宋完植《最新百科大辭典(1927)》>，《韓國辭典學》第25號，2015年，185頁參照。
5) 同上。
6) 同上。189~190頁。
7) 同上。199頁。

意的適當的辭典。該辭典就為給此類新語加以平易又仔細的解說，助於初學者的了解而撰述。[8]該辭典之編纂目標－要極力匯集廣泛的專業術語和新語－已由其書名"百科"一詞自然呈現出來。該辭典名副其實地收錄了多達10,472項的標題行，比起《現代新語釋義》收錄746個標題行[9]，無論數量還是質量，都無法相提並論，全面收錄了相當廣泛的專業術語和新語了。如此大的規模，大大勝過1934年出版、收錄730個標題行[10]的《新語辭典》。不僅在規模上大有突破，在標題行的收錄也求全面，足以與當時的時代要求－將隨著新知識和制度的出現，爆發增加的新概念整理並普及－配合，收錄了廣泛多樣化的領域的專業術語了。《最新百科新辭典》的10,472個標題行(據許在寧有10,402個)當中3,123個術語明示著使用領域，除了漢字語以外，還收錄英語、日語、荷蘭語、法語、德語、西班牙語、西藏語、梵語、意大利語、印度語、葡萄牙語、借字等好幾種外語術語。[11]

【哲】哲學·【心】心理學·【論】論理學·【教】教育學·【法】法律學·【經】經濟學·【動】動物學·【植】植物學·【生】生物學·【鑛】礦物學·【理】物理學·【化】化學·【數】數學·【天】天文學·【地】地理學·【倫】倫理學[12]

在《最新百科新辭典》的編纂過程中所累積的對新語和專業新語的處理經驗和心得，在1938年刊行的《實用鮮和大辭典》的編撰之事上起到了充分的影響，並實際呈現出來了。換句話說，宋完植通過撰述《問答詳解法律寶鑑》之類的法律術語說明書和《最新百科新辭典》的著述和出版，掌握到能將這些新語和專業術語普及到民間的有效方法，并且抱著一片鍥而不捨的使命感從事著述及出版事業的。

2.2. 《實用鮮和大辭典》編撰動機與目的

《實用鮮和大辭典》再版本沒有序文和凡例，因此，找不到能確定該辭

---

8) 同上。186~187頁。
9) Cho，NamHo，＜《現代新語釋義》考＞，《語文研究》，第31集(2)，54頁。
10) Kim，HanSaem，＜《新語辭典》(1934)的結構與近代新語的正著樣像＞，《韓字》304號(2014)，121頁。
11) 許在寧，＜關於宋完植(1927)《百科新辭典》的專業術語＞，《한말연구》，2014，325頁。
12) 同上，331頁。

典的編撰過程及編撰目的的依據，但是，通過該辭典的藍本《新修日漢鮮大辭典》、《模範鮮和辭典》以及《東亞日報》所登的廣告，還可以推測一二。

我國的辭書編撰，初期偏向於"字典類"，但自從出現《模範鮮和辭典》一書以來，在辭書編撰方式上發生了極大的改變。首次出現了不僅收錄漢字的形音義信息以外，還收錄以其漢字為首的漢字詞的新方式，引起了很大的反響。但是，直到宋完植於1937年出刊的《新修日漢鮮大辭典》，繼承《模範鮮和辭典》的"漢字辭典類"始終不曾問世。[13] 在9年的時間里，《模範鮮和辭典》作為韓國漢字辭典的首創，受到很多人的青睞。該辭典共有8,000條標題行，其下位標題行多達40,000多條。該辭典的編撰目的在於字典功能和辭典功能的兼容，但比起字典標題字（漢字）的義項過於疏略。宋完植在出版《最新百科新辭典》（1927）一書的經驗下，比任何人都清楚辭典在普及新知識一事上所具有的效用和價值。因此，他將《模範鮮和辭典》所不足之處作反面教材[14]，大大網羅了編撰《最新百科新辭典》時所累積的新語和漢字詞彙資料，終於在1937年出版《新修日漢鮮大辭典》了。

《實用鮮和大辭典》正是基於《新修日漢鮮大辭典》改造而成的。宋完植先將多達12,000條的標題字減少到6,400多條，然後對標題字的國·漢文釋文的義項數和其內容做個部分調整，再調整好下位標題行的排序了。雖然減少了標題字的字數，但所收錄標題字的義項數和其內容與《新修日漢鮮大辭典》雷同。並且，下位標題行的種類和表義信息也雷同，仍然保留著許多詳細的表義信息。由此可見，宋完植之所以簡縮已出版的辭典，其的目是：通過一連的簡縮，如將相對來說少用的字頭刪除，只將常用的字頭及

---

13) 此說依據一舉朴亨翌《韓國字典的解題與目錄》所提的韓國字典目錄。朴亨翌，『韓國字典的解題與目錄』，亦樂，177~207頁. 2016.
14) 對《模範鮮和辭典》與《實用鮮和大詞典》的上位標題行表義信息作比較研究，可以知道《實用鮮和大詞典》的釋義更豐富又詳細。
《模範鮮和辭典》："一, (한일). 數之始也. 均也. 同也. 誠也. 專也. (イツ)(イチ)ヒトツ. ハジメ. オナジ."
《實用鮮和大詞典》："一, 【일】數之始.한. 同也. 갇울. 一一, 誠也. 정성. 專也. 오로지. 或然之詞. 만일. 第一. 첫재. 或也. 어느. (質). 壹通.【イツ】【イチ】ヒトツ. ヒト. ハジメ. ヒトスニス. マジハリナシ. マュト. ヒトタビ. アル."

其表義信息、相關漢字詞彙匯集於一書,以提高收錄標題字字種和釋文的集中性和實用性。另外,《實用鮮和大辭典》將收錄標題字的所有草書也一同收錄在內。可見他的用心良苦,同時也更能體現了該字典的實用性。

綜合上說,宋完植在編撰該字典的過程之中一直堅持的編撰目為是:編撰出一部既不失去作為字典兼辭典應備的專業性,又富有實用性的辭典。也就是說,集中匯集與實際生活有密切聯繫的漢字,又收錄字典從未收過的大量的漢字詞—包括傳統的漢字熟語的新穎的新語和專業術語,并對此加以解說,以滿足讀者對知識的好奇和需求,更讓讀者在實際生活上盡情實用該辭典。

2.3.《實用鮮和大辭典》的結構

圖2.部首索引和音考索引　　　　圖1《實用鮮和大辭典》本文

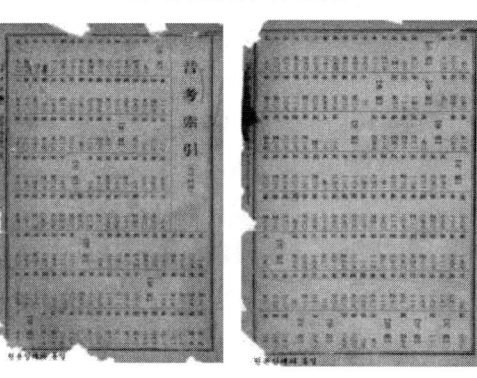
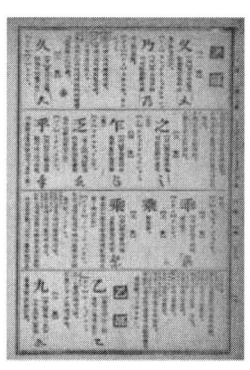

《實用鮮和大辭典》由版權紙1頁、部首索引3頁、音考索引45頁、本文685頁構成,不分上下兩冊。

部首索引和音考索引是為了提高查字效率而設的,其中音考索引更有用。尤其在知道要找的漢字的讀音之時,更為方便。部首索引的版式結構,一面橫分七段,收錄了一劃到17劃的部首。每個部首字下面顯示到該部首標題字被收錄的頁數。音考索引的版式,一面橫分8段,按韓語拼音[ka][na][da]之序收錄所有的標題字,也在漢字之下顯示了該漢字被收錄的頁數了。

本文仿古書版式，四周雙邊，橫分四段，收錄上位標題行和下位標題行。排列標題字之前，先置黑框，陰刻其部首，以大字寫下標題字，照部外筆劃數的多寡而排列標題字。標題字的下面提示了該漢字形音義信息，然後陸續提示包含其漢字的漢字語、熟語、新語等的下位標題行。在每面的耳格上記入部首、部外筆劃數、標題字、頁數等。

此書的底本-再版本《實用鮮和大辭典》，因完好保存了版權紙，所幸能確定詳細的版權信息。據此，作者兼發行權讓受人為姜義永，但是在本文的開頭部分卻寫著"宋完植編"。印刷人是南昌熙，由永昌書館印刷部印刷，京城鍾路所在的永昌書館負責發行。當時的定價為2圓。

2.4. 《實用鮮和大辭典》的特徵

因為再版本《實用鮮和大辭典》沒有凡例和序文[15]，找不到能確定該辭典的特徵、編撰動機、編撰目的等的直接依據，只能從當時的新聞廣告，尤其是出版之後登於《東亞日報》上的廣告文之中，可以推測該辭典的特徵和優點，廣告內容如下。

> 독창적 編纂法 희유의 초서 겸 전한 신시대의 진가의 위력을 발휘한 본서는 한자 10,000자를 일선문으로 해석을 가하고 字字히 초서를 부하야 실용에 편케하고 숙어, 신어, 과학술어 40,000여어를 가장 평이하게 해석한 희유의 보전이다. 일상의 사용하는 초서는 없지 못할 것으로되 이것을 차저질 문헌이 업서 가슴을 두다리던 인사는 어서 밧비 좌우에 배치하라. 결코 유서를 볼 수 없는 가장 자랑할 만한 실용선화대사전

從上列廣告內容，可以歸納該辭典的三大特徵。其一，該辭典使用韓、日、漢字的三種語言。其二，所有的標題字都提供草書字體，以求實用性。其三，對4,000項熟語、新語、科學術語加以解釋，使得讀者更加容易理解其義。這樣的下位標題行，尤其是新語及科學術語，就與他過去所編撰的《問答詳解法律寶鑑》和《最新百科新辭典》有著一脈相通的，也就

---

[15] 再版《實用鮮和大辭典》的狀態，算是完好，只是封面和部首索引中間的部分發現缺頁，可以推測如果該辭典本有凡例的序文的話，應該置於此處。但是不能發現能做比較的其他版本，於是不能確定此。

是說宋完植所抱著的編撰信念 －通過新語和專業術語的輯錄而普及新知識，從而編撰出實用性甚強的辭典 －的集體就是《實用鮮和大辭典》一書了。

3.《實用鮮和大辭典》體例

3.1.《實用鮮和大辭典》的部首系統

《實用鮮和大辭典》大致繼承了《全韻玉篇》的部首體係，均設214個部首。就部首排序比較，可以發現兩者之間有差異。1劃到8劃以及15劃到17劃部首的種類和排序與《全韻玉篇》相同，但是從9劃到14畫的部首排序出現相異之處，具體如下。

①《全韻玉篇》9劃的"韭"部在《實用鮮和大辭典》裡被移動到了"頁"部的後邊。

②《全韻玉篇》13劃的部首"鼎"及"鼠"在《實用鮮和大辭典》卻分別被移到了12劃的最後和14劃的最前。

這種變化並不是《實用鮮和大辭典》首創的，在鄭益魯編撰的《國漢文新玉篇》中最早有了這種創新，無獨有偶，此後不久出版的韓國近代時期最權威的漢字字典《字典釋要》中也使用了此排列方法。

《實用鮮和大辭典》除了設立214部首以外，還將其異體字形如忄(心)、扌(手)、氵(水)、犭(犬)、阝(邑)、阝(阜)、月(肉)、王(玉)、礻(示)、罒(网)、艹(艸)、辶(辵)等都包括在內，提高檢字的便利。這些異體部首字其實與中國的《字彙》和《康熙字典》所分類為"疑難字"的部首異體字形一脈相承的。實際上，《字典釋要》正是效法《字彙》和《康熙字典》的形式將之獨立，而設"疑難字檢索"。《實用鮮和大辭典》在一般的部首字之下并記其異體部首，又按那些異體部首的實際筆劃數重新進行了收錄。例如，3劃的"氵"部下方標註出了它的異體字部首"水"，同時在4劃部首目錄裡面重新收錄了"水"部。

這樣收錄部首的原因只有一個，為使用者在檢索部首時提供方便，這就是該辭典部首系統的一大特徵，由此又能看得出編撰者的用心良苦，以及辭典實用性的重視程度之深了。

3.2.《實用鮮和大辭典》之收字情況

根據1938年的新聞廣告,《實用鮮和大辭典》收錄了10,000多字,但是據韓國韓字研究所建設的《實用鮮和大辭典》數據庫可以確定實際上只收錄6,417[16]而已。其中,一般性的常用漢字有6,306個字,日本漢字有96個字、新字有14個字,朝鮮字有一個。

(1) 日本字

① 日本字的類型

在此所謂的"日本字"是日本漢字。據韓國漢字研究所建設的《實用鮮和大辭典》數據庫的統計,該辭典共收96個日本字。這些日本漢字最大的特點是不能確認這些漢字的韓語讀音了,大概是這些漢字基本上只在日本使用的緣故了。具體的字種如下。

佛、俥、偖、凧、夘、匂、叭、咖、嬶、峠、恘、拵、栂、柾、栃、栫、梺、椙、椛、椚、椊、榀、椿、樑、榊、樫、毟、煩、爛、燵、畑、畠、癪、笹、籾、粂、糀、聢、腺、膵、褄、襷、誂、躾、軈、辷、辻、込、迚、逎、銹、鋲、鋹、鏼、鑢、閊、鞆、鞐、颪、饂、魞、魸、鯲、鯳、鮫、鮴、鯇、鰆、鰔、鮭、鯒、鯏、鮱、鯢、鰍、鯘、鯑、鰥、鯤、鯛、鰊、鱚、鱒、鱧、鱸、鱺、鳰、鴫、鵆、鴾、鵤、鷲、鵙、鵄、鶫

上列的日本字當中,"凧"、"夘"、"畑"、"籾"、"聢"等字是和製漢字; "匂"、"畠"、"癪"等字日本中國字形共享卻表意相異的例子。"匂"字在中國用作"丐"或"匃"的異體字形[17],在日語裡面表示"發出香味。芳香。(香氣를發함。芳香。)"之義。"畠"字在中國用為"甾"字古字[18],別於日語裡面

---

16) 如同上述,《實用鮮和大辭典》存在著缺頁、編頁有誤的問題,於是不容易統計收錄字總數。但是,據韓國漢字研究所所建數據庫的復原和統計,可以確定收錄字總數不會少於6,417字以下。

17)《教育部異體字字典》:"《中華字海·勹部》:'匂',同丐。字見《龍龕》,待考。'匂'或為'匃'。'匃'之異體。疑另為'葛'之異體。" http://dict2.variants.moe.edu.tw/variants/rbt/word_attribute.rbt

表示一般性的"田"之義，表示"不耕田"，即"長久未耕雜草茂盛之田"。"癇"字在中國表示中醫病名－"疳積"－之義，但是日語裡面表示"田"、"發怒"、"發脾氣"等義。

② 日本字解釋體例

《實用鮮和大辭典》解釋日本字的方式大致分為如下三種。例如，像①只表"日本字"，未加漢文釋義和韓文釋義；像②系列例子表示"日本字"，確定其由來後加以韓文釋義和漢文釋義；像③表示"日本字"而確定由來，只加韓文釋義；像④只表"日本字"，只加漢文釋文的。此時的韓文釋文基本上採取"國漢文混用體"的文體，有的簡簡單單地只拿其他類似字義的漢字語來解釋其義了。每個類型的具體例子則如下。

① 凧，日本字。

②
匁，日本字。重量의單位。一貫制千分一。
匂，日本字。香氣를 發함。芳香。
畠，日本字。田也。밭。
籾，日本字。被殼之米。벼。
糀，日本字。麯子。누룩。

畑，日本字。밭。田。
叺，日本字。섬。먹서리。가마니。
癪，日本字。怒也。성낼。골낼。
粂，日本字。久米의合字。
鯑，日本字。青魚卵。비웃알。

③ 鯎，日本字。모젱이。
④ 碇，日本字。確實。的確。

鹹，日本字。石斑魚。

(2) 新字

《實用鮮和大辭典》收錄了14個"新字"。新字是指在西方文化的融合過程之中新造的漢字。雖然要明白地確定這些新字的來源極其困難，但是大致可以推測到大部分的新字是在日本和中國創造的。因為這兩國－尤其是

---

18)《漢典》："畠，zāi，古同町（zī）。古同甾。"《教育部異體字字典》解釋此字為"甾"的異體字。

日本－是最積極地接觸西方新文化，又將之適用於東方文化的。因此，在這個過程中新字也就創造出來了。

　　開化期以來韓國也開放門戶，接受西方新文化，隨之而來韓國人民也只能接受西方文化和西式的生活方式。西方的單位（如重量單位、計量單位、長度單位等）也是其中之一。這些西方單位畢竟是當時韓國人民所接受的西方文化的產物，對韓國人民來說既難懂又不方便，需要正確的解釋，當時新編撰的辭典就擔任將這些新知識普及到民間的重要任務了。

　　為西方的單位特地創造出新的漢字之事，正與當時之語言環境－有關新知識、新概念、新制度的術語基本上都以漢字語為主－有著非常密切的關係。[19]由此可見，包括韓國人民在內整個東方人的語言生活中漢字所起到的影響何等深刻。收錄於該辭典的新字字種及其解釋如下。

　　呎，新字。英國尺度。피드。約一尺五厘六毛餘。
　　噸，新字。英國衡名。톤。約二百七十貫九百五十㐌四分。
　　瓰，新字。그람의十倍。데가그람。
　　瓩，新字。그람의千倍。기로그람。
　　瓰，新字。그람의十分之一。데시그람
　　瓱，新字。그람의千分之一。미리그람。
　　瓸，新字。그람의百倍。헥도그람。
　　甅，新字。그람의百分之一。센치그람。
　　竡，新字。百立方。헥도릿도루。
　　籵，新字。佛蘭西尺度。데카미突。一米突의十倍。
　　粁，新字。佛蘭西尺度。기로미突。一米突의千倍。
　　粍，新字。佛蘭西尺度。미리미突。一米突의千分之一。
　　粨，新字。佛蘭西尺度。헥토미突。一米突의百倍。
　　糎，新字。佛蘭西尺度。센티미突。一米突의百分之一。

　　審查"新字"的意味範疇可以知道都是西方的長度單位、計量單位等。有的如"데카미突"、"기로米突"、"미리米突"、"헥토米突"、"센티米突"等，將西方單位音譯的漢字語結合於韓語；有的像"一米突의十倍"一樣，以國漢文混用體解釋其義；有的像"피드"、"톤"、"그람"、"헥도릿도루"、

---

[19] 許在寧，<關於宋完植(1927)《百科新辭典》的專業術語>，《한말연구》，2014，326頁。

"센치그람"、"데시그람"、"미리그람",直接用韓語記錄其實際發音。

(3) 朝鮮字

《實用鮮和大辭典》收錄一個朝鮮字－"樏"。20)依據日本漢字為日本字,以及"樏"字本來就是韓國固有漢字來,可以確定"朝鮮字"是指韓國所造的固有漢字。但是在全體標題字當中,比起日本字和新字的數量,朝鮮字的數量是少之又少了。這是因為編撰者捨棄相對來說較為熟悉的朝鮮漢字,收錄比較陌生的日本字和新字的原因。

3.3. 《實用鮮和大辭典》釋文體例

(1) 《實用鮮和大辭典》釋文體例概況

《實用鮮和大辭典》解釋標題字形音義的體例基本上與其他字典類似。如左邊的圖片,首先將標題字以大字明示出來,與"鮮和"之名相符以漢文、韓文、日語等三種語言解釋漢字的音義。另外,在每個標題字的下方同時展示了該漢字的草書。草書作為書寫用漢字,是人們的日常生活中常用的書體。因此,該辭典可以為人們識別漢字及書寫漢字提供參考,意義重大,同時也證明了該字典的實用性。

在標題字的下方以小字分兩列縱向記錄該漢字的字音及字義。《實用鮮和大辭典》的標題字的釋文大致由①韓語讀音、②漢文釋義、③韓文釋義、④韻目、⑤異體字信息、⑥日語讀音、⑦日語釋文等7個部分構成。按照使用語言又可以區分①漢韓釋文、②日語釋文的兩大部分了。標題字的韓語讀音、韻目、漢韓義項等在①的部分被釋,其中韓語讀音記錄於【 】內,而韻目字由( )表示。用日語解釋的②部分包括日語讀音、日語義項等內容。《實用鮮和大辭典》釋文的具體結構和詳細的釋文體例,將會照上述的兩大部分分別在接下來的小節上陳述。

---

20)《實用鮮和大辭典》:"樏,朝鮮字。사다리。"

(2) 漢韓釋文之體例

《實用鮮和大辭典》首先以大字明示標題字，然後用韓語和漢文提示該漢字的①韓語讀音、②漢文釋義、③韓文釋義、④韻目、⑤異體字信息等有關信息。①~⑤就是構成釋文的重要成分，按韓語讀音和韻目的數量不同，有時提示一次，有時會重複兩次以上，具體如下。如上圖的"余"只有一個韓語讀音－"【여】"－和一個韻目－"(魚)"－的話，像"余，【여】。我也。나。餘也。남을。(魚)。予同。"的順序提示相關音義信息便結束。但是，像前面圖片的"佛"字一樣，一個標題字具有兩個以上的韓語讀音之時，按每種讀音個別提示①~⑤的成分。因此，區分念"【불】"之時和念"【필】"之時而提示漢文釋義、韓文釋義、韻目、異體字信息等的內容。有的只有一個韓語讀音，卻有兩個以上的韻目，此時也按不同韻目分開解釋其音義了。例如，"上，下之對。우。表面，겉。尊也，높을。長上，어른。(漾)。升也，登也，오를。(養)。"

下面都是具有兩個以上的韓語讀音的標題字及其釋文，解釋體例都與上述的雷同。

万，【만】。萬同。(願)。【号】。蕃姓。성。(職)。
乾，【건】。天也。하늘。(先)。【간】。燥也。마를。(寒)。
刷，【굴】。刻刀。사김칼。刻也。사길。(物)。【궐】。剞刷。곱끌。(月)。
大，【대】。小之對。큰。多也。많을。大概。대강。【태】。太同。(泰)。【다】。巨也。클。(箇)。
契，【계】。爲文字以取信約也。계약할。合也。마칠。券也。文書。手形。엄。(霽)。【글】。蕃國名。나라이름。(物)。【결】。勤苦。근고할。【설】。人名。이름。(屑)。

韓國字典與中國的最大的不同之處就是以韓語注音的部分，韓語讀音大致可以分為韻書所規定的規範音和在韓國實際通用的俗音。歷代韻書和字典對俗音的態度不同，使得它們所注的漢字音上出現差異了。該辭典不僅表示規範音之外，還以"俗【　】"的形式注其漢字的俗音，具體如下。

倭,【와】俗【왜】。國名。日本。왜나라。(歌)。【위】。同遠。뼁돌。(支)。
偲,【싀】相切責。간절히책망할。(支)。【채】俗【시】。多才。재주많을。(灰)。
坼,【책】俗【탁】。裂也。터질。(陌)。
宅,【책】俗【택】。所托居處。집。居也。살。墓穴。구덩이。(陌)。
巾,【근】俗【건】。帨也。수건。首飾蒙也。건。冪也。덮을。(眞)。

(3) 日語釋文體例

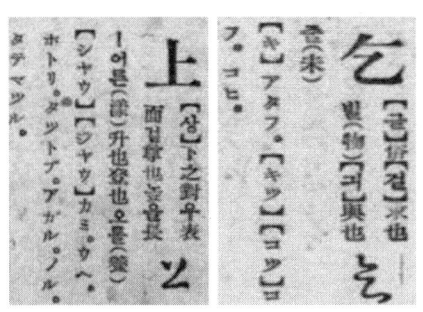

漢文釋文、韓文釋文、字音信息、異體字信息等的信息都提示完之後，接著以日語提示標題字的日語讀音和釋義。如左圖的釋文一樣，提示好第二個韻目－"養"－以後，先以日語表示其漢字的日語讀音，如"【シャウ】"、"【ジャウ】"，再以片仮名表示此字的7個日語義項，如"カミ"、"ウへ"、"ホトリ"、"タットブ"、"アガル"、"ノル"、"タテマツル"。倘若按不同日語讀音，其字義上也有變化之時，也同上圖的"乞"一樣，分開來個別表示其音義。

漢文釋文和韓文釋文基本上呈現一對一的對應，因此，義項的意思和其數量都是一致的。但是，日語釋文並非如此，往往不呈現一對一的對應關係。至於每個代表字的基本字義，在日語釋文裡面也會同樣出現，但是有些義項，在漢文和韓文釋文裡面出現，卻在日語釋文裡就找不到，具體之例如下：

久,【구】暫之反。오랠。待也。기다릴。(有)。【キウ】【ク】。ヒサシ。
值,【치】遇也。만날。物價。값。(實)。【チ】。アタヒ。ネウチ。アタル。
内,【내】外之對。안。裏也。속。中也。가운대。妻也。안해。秘

也。몰래。（隊）。【납】。入也。들일。（合）。納同。【ナイ】【ダイ】。ウチ。ナカ。ウラ。【ダフ】【ナフ】イル。

"久"字的漢韓釋文提示著"暫之反。오랠。"、"待也。기다릴。"兩種義項，但在日語釋文只有"ヒサシ"一個義項，在義項的數量上就有差異了。"ヒサシ"與漢韓釋文的第一個義項－"暫之反。오랠。"一成為對應關係，除了"ヒサシ"以外沒有別的日語釋義就代表日語釋文未收與"待也。기다릴。"對應的義項，顯示日語釋文往往不與漢韓釋文的義項呈現一對一對應關係的狀況了。

"値"亦如此，"値"字漢韓釋文有"遇也。만날。"和"物價。값。"兩個義項，在日語釋文裡卻有"アタヒ"、"ネウチ"、"アタル"等三項義項了，但是這三項日語義項個別表示"直"、"價值"、"價"等，均與"物價。값。"之義項對應，就無與"遇也。만날。"對應的日語義項了。

最後，"內"字的漢韓釋文總共有6個義項，在日語釋文只有四個義項。首先，念"【ナイ】、【ダイ】"之時的三項義項－"ウチ"、"ナカ"、"ウラ"一就與"外之對。안。裏也。속。中也。가운대。"對應，就無與"妻也。안해。"、"秘也。몰래。"兩種義項對應的日語義項；然後念"【ダフ】【ナフ】"之時的日語義項－"イル"－與"入也。들일。"對應。

總地來說，漢韓釋文與日語釋文不成一對一的對應關係的情況，其實非常常見。現在還不能確定，這是否起因於日語和韓語的語言環境的差異，又或是編撰過程中只收錄預先篩選的義項，還需要進一步的深入研究了。

3.4.《實用鮮和大辭典》收錄詞彙的類型及其解釋體例

(1)《實用鮮和大辭典》收錄詞彙的類型

在《實用鮮和大辭典》出版的時候，《東亞日報》的廣告文還強調該辭典網羅了當時的消費者最需了解的詞彙。據載《東亞日報》的廣告所示，《實用鮮和大辭典》收錄了熟語、新語、科學術語等。由此可見，該辭典在收錄詞彙的過程當中，在匯集并篩選這一系列的詞彙上下過太大的功夫了。

廣告文只陳述了以上三個類型，但是據筆者對《實用鮮和大辭典》收錄詞彙類型的分析，收錄詞彙可以分為傳統的漢字語、漢字熟語，以及隨著開化期新文明的傳入而新造的新語等了。

在研究新語的角度來看，新語再可以分為日常語及專業術語。據載於《東亞日報》的廣告內容，可以看出《實用鮮和大辭典》將新語和科學術語放在一個層次，至少將科學術語看做新語之最重要的領域，但是嚴格意義上說，科學術語只是構成新語的主要成分而已，除此之外還多收錄了在法律、經濟、哲學、文化、藝術、語言等廣泛的領域上所出現的專業術語（學術語、術語）。由此，本小節將要對收錄於該辭典的漢字語、漢字熟語、以及各種新語的收錄情況進行陳述。

① 漢字語

漢字語是通過韓中兩國之間悠久的文化、學術交流而累積下來的語言產物了，詞典上的正確解釋為"以漢字為基礎而造的詞彙"，其中有的來自中國，有的則是在韓國的語言環境下被創造出來的。字典只提供漢字的形音義信息，未提供由其漢字而組成的漢字語信息。但是辭書的編撰趨向從字典移向辭典，大批漢字語收錄到辭典裡了。收於《實用鮮和大辭典》的漢字語大部分是韓國人民代代相傳一直使用過的傳統漢字語。21) 具體如下。

　　三門(삼문) 宮闕及官衙앞에있는門.
　　三伏(삼복) 初伏中伏末伏의 稱.
　　三旬(삼순) 三什個日.
　　三災(삼재) 水難火難風難이세가지재앙.
　　三族(삼족) 父母妻의一族.
　　三寸(삼촌) ①伯叔父 ②一尺의十分之三.세치.

② 熟語

熟語是指"熟用之語"，也指"慣用語"。韓語很早就使用了從中國借用的漢字熟語。漢字熟語已與韓語同化，在韓國語中其用處頗大。因此，《實用鮮和大辭典》收錄了大量漢字熟語，并加以解釋，令民眾能夠更輕鬆地理

---

21) 與此對稱的就是由於新文明的流入而造出來的漢字語系統的新語。至於新語，在3.4.1.3.的信響部分具體闡述。

解其義，並能實用起來了。具體例子如下。

  三生緣分(삼생연분)　因緣이깊음.
  三十六計(삼십육게)　다라나서몸을피하는것이上策이란뜻.
  好事多魔(호사다마)　좋은일에는妨害되는일이많음.
  如狂如醉(여광여취)　歡喜가極度에達하야미친것같고醉한것같음.
  琴瑟之樂(금실지락)　夫婦和樂.
  花朝月夕(화조월석)　①아침꽃과저녁달. ②景致좋은것. ③春朝秋夜의좋은風致. ④二月十五日을月夕이라云함.
  月下氷人(월하빙인)　結婚仲媒.

  熟語的解釋方法盡量使用平易而簡明的詞彙，相當明確地說明了含義。尤其是，像"花朝月夕(화조월석)"一樣具有幾個義項的熟語，就以①、②、③的號碼區分各義，使得讀者能一目了然地認知各項義項的信息之差。由此可見，宋完植非常重視辭典的可讀性和實用性了。

③ 新語、術語

  要理解新語的定義，應該先了解開化期的社會氛圍和詞彙情況。遲遲不對外開放的朝鮮，遭到圍繞朝鮮的國際情勢的激變，不得不開門接受外來的文化。因此，社會的全領域上都發生了前所未有的大變革。語言也不是例外，隨著新文明的傳入，出現了大量的新語、新用語、外來語等。22)

  在開化初期，曾經有一些韓國學者自己翻譯或造出了新語，但大部分的新語還是通經中國和日本接受的西歐系的外來語，如國名、地名、人名等。尤其在1895年以後，日本所造詞彙的流入增加。從1910年以後到現代，有關西方新文物和學術語的漢字語大部分是經過日本流入或借用的。23)總之，說收於該辭典的大部分新語就是從中國和日本進入的也無不可。

  細分新語的意味範疇，可以分為日常語和專業術語。1910年以後，韓國產生了將新語在日常語和專業術語等兩個方面整理并匯集的傾向，這樣

---

22) 朴永燮, <開化期國語詞彙研究>, 《韓國語意味學》11集(2002), 161~165頁。
23) 同上, 166頁。

的傾向一直維持到1920年以後。這個時期又出現了一批介紹新語的資料，大部分都介紹了屬於專業領域的詞彙。24)在前提過的載於《大韓民報》的<新來成語>、《增補最新尺牘》的附錄<現用新語>、收錄於《天道教會月報》34號的<現用新語>、《最新實用朝鮮百科大典》的<現用新語略解>等，都是介紹專業術語之初步成就了。此外，宋完植在1927年所編撰的《最新百科新辭典》中收錄多達10,472項的標題行，論規模、論質量都是當時最全面的新語辭典了。宋完植搜集新語、編撰新語辭典的經驗對編撰《實用鮮和大辭典》起到了深廣的影響。

"專業術語"是"主要在特定的專業領域所使用的用語"，術語是學術語的簡稱，是"限定於學術領域、用限定的意思而用的專業術語"。但是"專業術語"登載於辭典的時期較晚，而且又以"專業語"的形態載入，概念也與術語類似。25)由此可見，"專業語"和"術語"沒有明確的區分，而一直混用的。受到這樣的影響，該辭典也以術語一詞代表專業術語了。總的來說，在此所謂的"術語"是統合專業術語和學術術語的概念了。

如同上述，新語本來是為了給隨著新文物的流入而出現的新知識、新概念下個定義而形成的，但是由於介紹新語的著述之問世和流行，產生了新語同於專業術語的認識，專業術語和學術術語的混用又日益加深，最後被術語一詞統合起來了。所以該辭典所提及的新語就包括一些新興的專業術語和學術術語了。

朴永燮(2002)將開化期術語的意味範疇分為政治、經濟、科學和文化、教育·交通·遞信、法律和行政、軍警、宗教、物名語、其他等9種26)。可見，新語應用在廣泛的領域上。但是本文將會參考許在寧的《最新百科新辭典》專業術語類型分類，大致分為法律、自然科學、人文社會科學的三大類型，并據此介紹《實用鮮和大辭典》所收錄的新語和熟語。27)

---

24) Lee，JiYoung，<1910年前後的信譽收容狀況>，《敦嚴語文學》23集(2010)，99~100頁。114頁。
25) 許在寧，<關於宋完植(1927)《百科新辭典》的專業術語>，《한말연구》，2014，326頁。
26) 同20)，172~175頁。
27) 據許在寧，宋完植《最新百科新辭典》所收錄的專業術語的類型，呈現法

1. 法律術語

　　王朝時代的沒落給整個社會帶來了深大的變化，從社會根基的秩序（如身份制度）到人民的衣食住生活都受到極大的影響，使得人民的生活面臨前所未有的變革。尤其是與舊時代完全不同的新的法律和制度，對當時人民來說，是直接關係到個人生活的重大問題了。如同許在寧的研究結果表明，在《最新百科新辭典》中所佔比率最大的專業術語就是法律術語，足以證明這個事實了。[28] 該辭典收錄了許有關民事、行事、經濟等的法律術語。

　　　가집행(假執行) 裁判所가職權又는申立에依하야未確定의判決에붙인宣言에基하야行하는强制處分.
　　　가차압(假差押) 債務者가빗을갚지아니하는대對하여裁判處分을받기前에그財産을감추거나또는逃亡할염녀가있는때에應急豫防의處置로行하는强制執行.
　　　所有權(소유권) 物權의 一이니 法律 範圍內에서 自由로 그 物을 使用, 收益, 處分할 수 있는 權利.
　　　所得稅(소득세) 一年收入額에 依하야 課하는 租稅.
　　　民法(민법) 私權을規定한법률.
　　　法人(법인)自然人이아닌法律上의假定人格者.卽會社의社團法人과財團法人.
　　　法定利息(법정리식)法律로定한利息이니民事上의債權은年五分，商事上의債券은年六分으로定하야있다.

律(26.40%)>數學(13.17%)>物理學(10.28%) >經濟(2.28%)>哲學 (2.11%)>心理學(1.78%)>論理學(1.02%)>倫理學(0.76%)>教育學(0.33%)的佔據率。上位三個領域裡面，除了法律都是"自然科學系統"的術語，此外才是"人文科學系統"的術語了。據此結果，法律和自然科學系統的術語以外的人文科學系統的術語之所佔比率非常微薄。雖然不能以《百科新辭典》的專業術語類型分類直接適用於《實用鮮和大辭典》，但是筆者認為得出這樣的結果並非單純起因于宋完植個人的傾向，而是在一定程度上反映著當時普遍的新語類型面貌，於是可以參考該論文的研究結果。同23)　, 334頁。
28) 宋完植早已在1924年由東洋大學堂出版《問答詳解法律寶鑒》，致力於將警察法、刑法、刑事訴訟法等廣泛的法律常識普及到民間。尤其，編撰《問答詳解法律寶鑒》的經驗和心得肯定對《實用鮮和大辭典》的編撰起到積極作用了。

刑事訴訟法(형사소송법)①刑事訴訟의手續에關한法律②그法理를硏究하는學問.

2. 科學術語

　　對新穎事物的好奇和追求知識的熱望是人類的本性．因此，人類的文化才能一直不斷地發展．比起中國和日本更晚開放門戶的韓國，一旦接受了西方的新文物，氣勢之猛就如驚濤駭浪一般，於是西方文化對韓國人民生活的影響也是日益加深．對西方科學的好奇和對國家發展的渴望更強力地促使了這樣的發展．在許在寧的研究結果中，比率第二高的就是數學、物理學等自然科學術語．這就能證明此事．《實用鮮和大辭典》收錄到很多有關數學、物理學、化學、天文學、醫學等自然科學術語．

　　假分數(가분수)　分子와分母가같은수.또는分子가分母보다큰分數.例 3/3，4/5．
　　微分學(미분학)　吾人이想像할수없는細小量에대하야硏究하는數學．
　　物理學(물리학)　물질의성질물체의운동등을연구하는학문．
　　高周波(고주파)　非常히振動數가高한波니(一秒間의振動數一萬以上의것) 사람의귀에는 아니들림．
　　飽和化合物(포화화합물)　有機化合物의炭素의原子價가水素其他로全部結合된物質의總稱．
　　硫酸銅(유산동)　銅을硫酸과공히熱하야得한鮮靑色의結晶物이니銅山에서는自然으로産하야染色術，度銅等에用함.膽礬.石膽．
　　苛性加里(가성가리)　백색의結晶色.水酸化카륨. 腐蝕加里．
　　天文學(천문학)　天文에대한事項을硏究하는學問．
　　天頂點(천정점)　觀測者의直上되는天球上의一點．
　　天測家(천측가)　天文을測量하는理學家．
　　白血球(백혈구)　無色의血球니血液又는淋巴液中에存함．
　　神經(신경)　①動物의體內에있어感覺運動을傳達하는機官.②깨닷는힘．
　　解剖(해부)①動物의身體를쪼개헤치고그組織을硏究함.②事物의要點을仔細히調査함.

3. 人文社會科學術語

新文物的巨濤不僅襲擊到法律和自然科學領域。韓國的人文科學發展軌跡雖與西方不同，但確實建立過能與之媲美的發展。但是，韓國人民身受國運衰弱、大韓帝國的滅亡、日本帝國主義的殖民統治等一連串的不幸，痛苦地領悟到所有的一切正是因為韓國進入近代時代於鄰國，要恢復國權，實現民族自強的話，先要學習西方學問而教育民眾，使民眾以自己的力量站起來才行了。在如此的自省和自覺之中，知識人積極接受西方的學問，如政治、哲學、經濟學、論理學、倫理學、教育學等，不論是知識分子的努力還是自然的時代潮流，民眾也逐漸受到西方人文社會科學發展的影響，產生了要理解並使用該領域術語的需求。收錄於《實用鮮和大辭典》的有關人文社會科學系統的術語則如下。

　　民主政治(민주정치)　一國의主權이人民에게있는制度의政治.共和制의政治.
　　共和(공화)　君主가없이人民이選擧한大統領이一定한年限間其國의政治를統治하는國體.
　　形式主義(형식주의) ①內容性質보다도外面만爲主함. ②一定한理論을本을삼아가지고萬事를決코져하는主義.
　　認識批判(인식비판)　人間의知識은外界의單純한模寫라고하는素朴한見解에對하야그確實性客觀性을硏究코져하는것을云함.
　　不動産(부동산)　土地家屋等과같이一定한場所에있어꼼작아니하는財産.
　　輸出稅(수출세)　外國에輸出하는物品에課하는稅.
　　心理(심리)意識의現狀.精神의狀態.心理學의略言.
　　認識(인식) ①알음. ②心이外界及內界의對象을感知又는意識或은斷定하는일.
　　命題(명제)　主되는題目의斷定을言辭로標示한 것
　　演繹(연역)旣知의原理에서漸次論下하야現前事實에到達하는그理由를說明하는 것.
　　公德(공덕)　世上여러사람을爲하는일.
　　學士(학사) ①學者. ②大學本科를卒業한사람의稱號.

4. 其他術語

　　《實用鮮和大辭典》也收錄了各種新文物的名稱(即物名)、文化、藝術、宗教領域等術語，具體如下：

    海底電信(해저전신) 海底에敷設한電信線
    電話(전화) 電氣를利用하야遠方의사람과談話하게맨든裝置．
    忘年會(망년회) 年中의苦勞를잊고새해를맞는義味로年末에여는親睦會．
    映畫(영화) 活動寫眞．
    音階(음계) 元音과그옥타프間에數個의樂音을高低順을딸아排列한것．
    油繪(유회) 亞麻仁油를섞은繪具로그린西洋畵．
    牧師(목사) 耶蘇敎의信者를敎學하는사람．
    神學(신학) 基督敎를組織的으로硏究하는科學．

④ 日語詞彙

《實用鮮和大辭典》不僅收錄從日本流入的新語和術語以外，還收錄了不少日語的日常語。每當需要新語時，直接借用中國或日本新語的趨勢早從開化初期時期就一直延續下來。這就是韓語裡大量氾濫日語詞彙的原因。這些源於日語的詞彙當中，有的仍然還在使用，有的遭到國語純化運動而消失了。但是，《實用鮮和大辭典》實實在在地反映著當時的語言環境－在日本帝國主義的統治之下大量的日語詞彙傳入到韓語詞彙的。收錄於該辭典的日語詞彙如下．

    下宿（ゲシュク）음식값방세를내고올래동안남의집에머무러잠자고있음.(下宿하는人을下宿人이라하고下宿人을두고營業하는者를下宿屋이라함).
    下阪（クダリサカ）①비탈의내려가는길. ②事物이衰하야가감．衰運．너머가는해．
    女郞（ヂョラウ）갈보．娼妓．遊女．
    折角（セツカク）모처럼
    折柄（ヲリカラ）마침그때．마침．
    月見（ツキミ）陰曆八月十五日夜及九月十三日夜의明月을구경하는行事．觀月．

(2) 《實用鮮和大辭典》下位標題行釋文體例

下位標題行如同下列之例，由漢字語、日語讀音、韓語讀音、表意信息構成。最多的形式就是先以漢字記錄漢字語，再用日語和韓語表示漢字語的讀音。此時，在漢字語的右邊用日語"片仮名"表示日語讀音，用括號表示該漢字語的韓語讀音。標註完漢字語的韓日讀音，就以韓漢混用的文體對漢字語加以解釋。

　　　　ザンセィ
　　　　三生(삼생) 過去現在未來의三界.
　　　　上德(상덕) 웃사람에게받는恩惠.
　　　　仕入(ィシレ) 物品을買入함.

① 下位標題行詞彙的提示讀音信息的體例

　　表示下位標題行詞彙讀音的方法大致有如下三種；①只用韓語表音之例、②只用片仮名表音之例、③以韓語和片仮名兩種語言注音之例。只用韓語表音之例應該是韓國固有的漢字詞；只用片仮名表音之例就是從日本流入的日語詞彙了；以韓語和片仮名兩種語言注音之例，在該辭典最常見的形式，都是日本傳入的漢字語或韓日共同使用的漢字語。屬於上述的三個類型的具體例子如下。

　　①只用韓語表音之例
　　　　上食(상식) 喪中에집에서朝夕으로靈前에供하는밥.
　　　　上典(상전) 奴婢에대한그主人의稱.
　　　　上狀(상장) 敬意又는弔意를表하는편지.
　　　　上八字(상팔자) 幸運의人.
　　　　丹楓(단풍) ①단풍나무.②秋季에紅色으로變한樹葉.
　　　　亡身(망신) 자기의지위·명예를손상함.꼴상함.
　　②只用片仮名表音之例
　　　　下宿(ゲシュク) 음식값방세를내고오래동안남의집에머무러잠자고있음.
　　　　下阪(クダリサカ) ①비탈의내려가는길.②事物이衰하야감.衰運너머가는해.
　　　　中座(ユチウザ) 中途에그場을물너감.中間에일어슴.
　　　　五十音(ゴジウオン) 日本國文의音全部.
　　　　仇打(アダウチ) 웬수갚음

今度(コント) 이번.
今更(イマサラ) 새삼스럽게.
亭主(ティシユ) ①一家의長.主人.②남편.家長.
③以韓語和片仮名兩種語言注音之例
　ジヤウズ　上手 (상수) 善手。一手。
　カキフ　下級 (하급)아래階級。
　シユカン　主幹(주간)長의下에서事務를맡어보는首位.主宰.
　ノリタミキン　乘組員(승조원)배를타고航海를일삼는者.ノリタミキン

② 下位標題行詞彙提示表意信息的體例

　　下位標題行的釋文大致有三種方法，如①簡單只列近義詞、②以既簡單又易懂的韓語解釋其義的、③同時運用韓語解釋和近義詞列舉兩種方法。該辭典的韓語解釋基本上採取國漢文混用體。其韓漢文混用體區別于開化期所流行的只用韓語簡單地懸吐的形式，以非常接近現代韓語的簡明韓語解釋其義。有的甚至不使用漢字，只用韓語解釋其義。釋文上所使用的漢字詞只以漢字記錄，不標示它的讀音了。具體之例如下.

①只列近義詞
　　上手(상수) 善手，一手.
　　下界(하계) 死亡，棄世.
　　丹礬(단반) 硫酸銅.
②以既簡單又易懂的韓語解釋其義
　　不意(불의) 뜻밖에.
　　丘陵(구릉) 언덕.
　　世道(세도) 세상을다스리는道.
③同時運用韓語解釋和近義詞列舉兩種方法
　　上古(상고) 태고쩍，太古.
　　上年(상년) 지난해，昨年.
　　乾坤(건곤) 하늘과땅．天地.
　　介鱗(개린) 딱지와비늘，魚貝類.
　　有時不僅標示漢字語的表意信息，連詞彙的用例會標示出來。例如，"上騰(상등)"、"他愛(타애)"等的詞彙，先標示表意信息，再標示「物價上

騰」和「他愛心」之類的用例，對這些用例不再加以解釋了。

　　下位標題行所提供的漢字詞當中，若有同義詞，就只在其中之一加以解釋，在另一邊只有"某某와(과)同。"幾句簡單標示。例如，在"上浣(상완)"後面加了"上旬과同."一句，在"上旬(상순)"條仔細解釋其義，最後以"(上浣·上澣)"的形式明示這些詞彙都共享相同的表意信息了。

　　倘若一個漢字語卻有幾個義項，就如"花朝月夕 (화조월석) ①아침 꽃과저녁달. ②景致좋은것. ③春朝秋夜의좋은風致. ④二月十五日을 月夕이라 云함"一樣，將①·②·③·④分開來解釋其義了。

　　這些下位標題行和一些用例的來源何在，至今很難確定，可以推測大部分都是1930年代普遍使用的漢字語，能為韓語詞彙史、詞源研究提供寶貴的資料。在編撰辭典、字典之時也能將之當作詞彙庫來應用了。

4.《實用鮮和大辭典》的地位

　　《實用鮮和大辭典》既沒有《模範鮮和辭典》的首創性－創建漢字辭典的典範，又未具《新修日漢鮮大辭典》的規模，因此，該書在其價值上總是得不到恰如其分的評價。甚至由於內容上的承襲，被視為《新修日漢鮮大辭典》的一個異本。[29]但是，該辭典在上·下位標題行中提示表義信息的水平和辭典的體例方面，具有能區別於《新修日漢鮮大辭典》或《模範鮮和辭典》的長處和價值，值得對它的價值進行重新評估。

　　第一，《實用鮮和大辭典》的字典兼辭典的專業性和實用性，超越《模範鮮和辭典》。《實用鮮和大辭典》上位標題行(即標題漢字)義項的詳細程度可以媲美於專業字典，下位標題行的表義信息也相當豐富又詳細。如：

　　《模範鮮和辭典》：一，(한일). 數之始也. 均也. 同也. 誠也. 專也.
　　(ィツ)(ィチ) ヒトツ. ハジメ. オナジ.

---

[29] 至今為止，發現不了專門對《實用鮮和大辭典》的研究的論文或著作。但據朴亨翊的《韓國字典的解題與目錄》(2016)中有關《新修日漢鮮大辭典》的刊行履歷的論述，《實用鮮和大辭典》是基於《新修日漢鮮大辭典》修改正文的部分內容，刪除外來語部分而改編的，本質上只不過《新修日漢鮮大辭典》的一個異本。朴亨翊，《韓國字典的解題與目錄》，亦樂，88頁。

《實用鮮和大辭典》：一.【일】數之始. 한. 同也. 같을. 一一, 誠也. 정성. 專也. 오로지. 或然之詞. 만일. 第一. 첫재. 或也. 어느. (質). 壹通.【ィツ】【ィチ】ヒトツ. ヒト. ハジメ. ヒトスニス. マジハリナシ. マユト. ヒトタビ. アル.

　　因此，我們就在"字典兼辭典"所具有的的專業性方面上需要重新評估該辭典的價值與地位。

　　第二， 韓語日語"雙語辭典"的價值很高。《模範鮮和辭典》只提供了標題字的日語音訓，《實用鮮和大辭典》不僅在日語詞彙之上，還對韓日共同使用的漢字詞上也標註了日語讀音，提高了該辭典作為"雙語辭典"的實用性，也提高"對譯詞典"的功能。

　　第三，因為《實用鮮和大辭典》廣泛收錄蘊含新文物和新概念的新字以及專業術語（包括新語和科學術語等），詞彙學價值很高。開化期以來流入於韓語的大量的新字和新語、術語，急需收錄與解釋。這就是1910年代以來一直延伸至今的重要任務之一。幫助人們正確了解這些新詞彙，正是知識分子的一個大任務、職責，宋完植就通過《實用鮮和大辭典》的編撰完成了這項任務。

　　第四，提供標題漢字的草書，是漢字辭典編撰的創新。由於當時人們都使用"韓漢文混用體"，提供所有標題漢字草書字形的方式具有相當大的實用性，既為讀者提供準確的字形依據，又可以提高該辭典的專業性和實用性。並且，此方式為後代漢字字典和辭典的編撰建立一個方法論－在上位標題行之下提供該漢字的小篆、隸書、行草書等歷代漢字字形。可見該辭典在韓國字典（辭典）編撰史上具有不可忽視的意義。

　　如同上述，《實用鮮和大辭典》集中匯集在實際生活上所必須的漢字，并加以豐富又詳細的解說，具有字典兼辭典應備的專業性和實用性。尤其是，廣泛收錄了一般讀者不易了解的新字、新語和術語，并加以詳細的解說，更能反映該辭典對辭典實用性的重視。因此，筆者反對將此辭典僅視為《新修日漢鮮大辭典》一個異本的觀點，認為應該重新考察該辭典本有的價值，為其重新定義在學界的地位。此為本文嘗試邁出的第一步。

5. 參考文獻

1. 未詳,《全韻玉篇》.
2. 宋完植編,《實用日鮮大辭典》,永昌書館, 1940.
3. 鄭敬晢外,《模範鮮和辭典》,博文書館, 1944.
4. 朴永燮,<開化期國語詞彙研究>,《韓國語意味學》11集, 2002.
5. Cho, NamHo,<《現代新語釋義》考>,《語文研究》,第31集(2), 2003.
6. 朴亨翊,「1910年代刊行的新語資料集的分析」,『韓國辭典學』第22號, 2004.
7. 許在寧,<近代啟蒙期之語文政策（１）－以開化期《漢城旬報(周報)為主>,《韓民族文化研究》第14輯, 2004.
8. Lee, JiYoung,<1910年前後的信譽收容狀況>,《敦嚴語文學》23集, 2010.
9. 朴亨翊,《韓國字典的歷史》, 亦樂, 2012.
10. Kim, HanSaem,<《新語辭典》(1934)的結構與近代新語的正著樣像>,《韓字》304號, 2014.
11. 許在寧,<關於宋完植(1927)《百科新辭典》的專業術語>,《한말연구》, 2014.
12. 朴亨翊,<宋完植《最新百科大辭典(1927)》>,《韓國辭典學》第25號, 2015年.
13. 朴亨翊,《韓國字典的解題與目錄》, 亦樂, 2016.
14. 許在寧,<1930年代《新東亞》所在新語資料的特點研究－以'摩登語點考'和《新聞新語辭典》標題語之《標準國語大辭典》登載情況為中心>,《語文學》第133集, 2016.
15. 慶星大學韓國漢字研究所,《實用鮮和大辭典》數據庫.
16. 漢典：http://www.zdic.net
17. 教育部異體字字典：http://dict2.variants.moe.edu.tw

11

《懷中日鮮字典》

郭鉉淑

1. 導論

"字典"一詞最早出現在1716年中國出版的《康熙字典》中。一般的"字典"是將漢字選作大標題項，然後將其按照部首順序及筆畫數排列，註明漢字的讀音及定義。一般情況下，使用部首查字法查不到時可以使用漢字的總筆畫數查找。為了解決使用漢字總筆畫數查找困難的問題，一般將漢字的字音製作成索引附在字典前部。以上是中國自《康熙字典》編撰以來人們對字典的基本認識。而在韓國，在1909年池錫永的《字典釋要》及1915年崔南善的《新字典》出版之前，韓國並未使用"字典"一詞，而使用了"玉篇"為名。[1]

字典又根據外形的大小可以分為大型字典和袖珍版字典。小型的袖珍版字典有《懷中漢鮮文新玉篇》(玄公廉，1921)[2]、《袖珍版日鮮字典》(文尙堂編輯部，1928)，《懷中日鮮字典》(鄭敬德，1939)等。這種小型的袖珍版

---

1) 朴亨翌，《韓國字典的歷史》，pp.42~43.
2) 與《漢鮮文新玉篇》(玄公廉，1913)內容一致，只是在書名上添加了"懷中"的字樣以口袋版出版。

字典與大型字典內容幾乎相同，只是將大小縮小或將字典的標題字、漢文注釋的內容等縮小后在書名前添加"懷中"或者"口袋"等字樣。3)

由此可以推斷，《懷中日鮮字典》是"日鮮字典"類的縮小版。韓國出版的"日鮮字典"類字典，有1912年朴重華編撰的《日鮮大字典》及1935年宋完植編撰的《日鮮大字典》。另外，1932年匯東書館編輯部也出版了《大增補日鮮新玉篇》，該字典只是將《日鮮大字典》（廣東書局，1912）的標題字稍作增補，體例與內容基本沒有改動。4)此外還有1928年文尚堂編輯部編撰的《袖珍版日鮮字典》，從該字典的名稱來看，該字典確實為"日鮮字典"類縮小版字典；而從時間上看，這本字典應該是朴重華編撰的《日鮮大字典》的縮小版。

2. 《懷中日鮮字典》的編撰

編撰《懷中日鮮字典》的鄭敬德在1910年與寶晉齋印刷所(金晉桓，1912)和洪淳泌的誠文社一同成立了福音印刷所。1910年成立的印刷所仍然是小本經營，客戶也為數不多。而當時首爾的印刷所大部分都被日本人掌控。據1917年的統計數據顯示，國內70個印刷所中僅有11家由韓國人經營，數量僅佔16%，資金也僅有日本企業的13%而已。5)韓國的印刷業在這樣環境下發展艱難，幾乎是每況愈下。直到3·1運動後，進入20年代才慢慢開始有所轉機。鄭敬德作為為數不多的韓國印刷業人士中的一名，從1920年開始便肩負起振興韓國印刷業的重任，開始出版書籍。由鄭敬德負責印刷出版的書籍整理如下表：

《懷中日鮮字典》由鄭敬德於昭和14年(1939年)7月1日印刷，同年7月5日

---

3) 編撰字典時，以同一種記述方法收錄大量的漢字從而可以增大字典的規模。並且通過收一些極不常用的漢字或者偶爾使用的生僻字、又或者將同一漢字的異體字等選作標題字等方式也可以擴大字典的規模。通過對詳細地記述等方式也可以增大字典的規模。(朴亨翌，《韓國字典的歷史》，pp.368~369.)
4) 金億燮，《韓國近現代漢字字典（玉篇）小考》，2016，pp.11~13.
5) 印刷文化的歷史-近代(http：//www.print.or.kr/bbs/board.php?bo_table=B41&wr_id=45&sca=E)

時期	題目	出版社
1925.04.25	《音樂界》	-印刷所：彰文社 -發行所：研樂會
1929.02.10	《梨花》	-印刷所：彰文社 -發行所：學生基督教青年會文學部
1929.05.10	《槿友》	-印刷所：彰文社 -發行所：槿友會本部
1929.09.26	《The Rocky》	-印刷所：彰文社 -總販賣：漢城圖書·平壤光明書館
1929.11	《世富蘭偲校友會報》	-印刷所：彰文社 -發行所：Severence聯合醫學專門學校校友會
1930.02.10	《文藝狂》	-印刷所：彰文社 -發行所：文藝狂社，總販賣：金文堂
1930.03.15	《大潮》	-印刷所：彰文社 -發行所：大潮社
1930.07.09	《鐵筆》	-印刷所：彰文社 -發行所：鐵筆社
1930.12.01	《朝鮮語文研究》	-印刷所：彰文社 -發行所：延喜專門學校出版部
1939.02.01	《文章》	-印刷所：大東 -發行所：文章社
1939.07.01	《懷中日鮮字典》	-印刷所：光星 -發行所：盛文堂

發行。而該字典編撰之時，1936年1月朝鮮總督府學務局設立思想係，於8月公佈"朝鮮不穩文書臨時取締領"，12月公佈"朝鮮思想犯保護觀察令"。1937年3月起韓國民眾被要求完全使用日語，各級學校都廢除韓國語教育，6月因"修養同友會"事件導致181名人士被拘留。7月"中日戰爭"開始，10月被迫制定"皇國臣民的誓詞"。1938年2月公佈"朝鮮陸軍支援兵令"，平壤崇義·崇實學校因拒絕參拜神社於3月被迫停課，5月因"興業娛樂部事件"又有100余名人士被拘留，7月各級學校的教員及官公吏被迫穿戴制服。1939年9月第二次世界大戰爆發，10月下達"國民徵用令"，11月被迫"創氏改名"。在這樣的社會背景下，鄭敬德仍然致力於韓國印刷業的工作，幫助那些為韓

國精神、文化與思想而獻身的學者、作家們。而此時，韓國也正處於韓國語與漢字混用時期，學校裡正被迫普及日語，滿腔熱血的鄭敬德認識到在語言學習時，必須擁有一本漢字、韓語及日語兼備的字典。但之前出版的漢字、韓語及日語三語兼備的字典因內容繁多，尺寸過大等原因不便攜帶，於是鄭敬德以《日鮮大字典》為基礎編撰了便於攜帶的《懷中日鮮字典》。

3.《懷中日鮮字典》的體裁

3.1. 字典結構

從《懷中日鮮字典》的整體結構來看，該字典共5,976字，從一部到龠部按214部首順序擺列。正文將紙面分為上、中、下三部分，正文採用縱向書寫方式。首先，在方框中標註部首；然後另起一行在【 】中使用粗體記上標題字；在標題字下方使用( )，在括號中記上韓語釋義及韓語發音；之後是該漢字的漢文釋義，偶爾也存在韓語和漢字混用的情況。漢文釋義之後是該漢字的日語讀音和含義。在龠部的最後一個標題字'(龥)'後附有「音考」索引，標題字的漢字音的平聲及上聲·去聲等使用●及○標識，并按'가나다'順將漢字進行排列。索引之後是『懷中日鮮字典』的扉頁，接下來是「部首」索引。現將上述內容整理如下表：

正文		一部~龠部	1~400頁
附錄1	「音考索引」	[가行屬]	1~12頁
		[나行屬]	13~18頁
		[다行屬]	19~21頁
		[라行屬]	22~30頁
		[마行屬]	缺頁
		[바行屬]	缺頁
		[사行屬]	缺頁
		[아行屬]	49~61頁

		[자行屬]	62~69頁
		[차行屬]	缺頁
		[카行屬]~[타行屬]	79~80頁
		[파行屬]	81~82頁
		[하行屬]	83~90頁
扉頁		昭和14年(1939)7月1日印刷,昭和14年(1939)7月5日發行, 印刷者:尹기炳, 作者兼發行者鄭敬德, 光星印刷所 盛文堂	1頁
附錄2		「部首索引」	1~2頁
合計			493頁

3.2. 部首排列

韓國的漢字字典幾乎都遵循214部首體系。214部首體系最早在明代的《字彙》一書中首先出現,《康熙字典》將其繼承后發揚光大。《懷中日鮮字典》與《全韻玉篇》相同,也採用214部首體系。該214部首體系與《康熙字典》的部首體系有所不同的是'風'與'飛'部首、'玄'與'玉'部首的順序。另外,由於'夊'部因沒有收錄任何漢字而被省略。因此《懷中日鮮字典》雖然採用214部首體系,但實際上是213個部首。213部首如下。

部首
一 丨 丶 丿 乙 亅 二 亠 人 儿 入 八 冂 冖 幾 凵 刀 力 勹 匕 匚 匸 十
蔔 卩 廠 厶 又 口 囗 土 士 夂 夊 夕 大 女 子 宀 寸 小 尢 尸 屮 山 巛 工
己 巾 幹 幺 廣 廴 廾 弋 弓 彐 彡 彳 心 戈 戶 手 支 攴 文 斗 斤 方 無 日
曰 月 木 欠 止 歹 殳 毋 比 毛 氏 气 水 火 爪 父 爻 爿 片 牙 牛 犬 玄 玉
瓜 瓦 甘 生 用 田 疋 疒 癶 白 皮 皿 目 矛 矢 石 示 内 禾 穴 立 竹 米 糸
缶 網 羊 羽 老 而 耒 耳 聿 肉 臣 自 至 臼 舌 舛 舟 艮 色 艸 虍 蟲 血 行
衣 襾 見 角 言 穀 豆 豕 豸 貝 赤 走 足 身 車 辛 辰 辵 邑 酉 采 裏 金 長
門 阜 隸 佳 雨 青 非 面 革 韋 韭 音 頁 飛 風 食 首 香 馬 骨 高 髟 門 鬯
鬲 鬼 魚 鳥 鹵 鹿 麥 麻 黃 黍 黑 黹 黽 鼎 鼓 鼠 鼻 齊 齒 龍 龜 龠

3.3. 標題字數量與排列

(1) 標題字數量

據2016年韓國漢字研究所所創建的數據庫資料顯示,《懷中日鮮字典》的標題字為5,976個。該字典將這些漢字按照214部首(一~龠)進行排列。214部各部的漢字分佈現況可參考下表:

部首	收錄字	部首	收錄字	部首	收錄字	部首	收錄字	部首	收錄字
一	20	屮	1	爻	4	至	4	革	24
丨	5	山	59	爿	2	臼	9	韋	5
丶	4	巛	4	片	9	舌	7	韭	2
丿	10	工	6	牙	1	舛	3	音	6
乙	8	己	8	牛	20	舟	21	頁	43
亅	3	巾	32	犬	65	艮	3	飛	2
二	10	干	6	玄	4	色	3	風	9
亠	10	幺	4	玉	77	艸	234	食	46
人	205	广	41	瓜	4	虍	12	首	3
儿	19	廴	4	瓦	16	虫	106	香	3
入	6	廾	8	甘	4	血	7	馬	52
八	11	弋	6	生	4	行	11	骨	8
冂	6	弓	20	用	2	衣	85	高	1
冖	9	彐	4	田	40	襾	7	髟	18
冫	20	彡	11	疋	4	見	20	鬥	6
几	8	彳	35	疒	80	角	8	鬯	2
凵	6	心	217	癶	3	言	163	鬲	2
刀	54	戈	24	白	16	谷	3	鬼	12
力	30	戶	9	皮	6	豆	7	魚	67
勹	11	手	236	皿	18	豕	8	鳥	57
匕	4	支	2	目	63	豸	13	鹵	4
匚	7	攴	31	矛	2	貝	64	鹿	10
匸	5	文	4	矢	9	赤	5	麥	6
十	16	斗	6	石	68	走	12	麻	2
卜	4	斤	9	示	40	足	72	黃	2

卩	13	方	17	内	4	身	9	黍	4
厂	13	无	2	禾	53	車	50	黑	13
ム	3	日	88	穴	35	辛	11	黹	3
又	15	曰	12	立	17	辰	3	黾	4
口	209	月	14	竹	107	辵	105	鼎	1
囗	25	木	296	米	46	邑	30	鼓	1
土	102	欠	22	糸	171	酉	35	鼠	6
士	9	止	9	缶	8	釆	3	鼻	3
夂	3	歹	21	网	22	里	5	齊	3
夊	0	殳	9	羊	19	金	137	齒	9
夕	7	毋	4	羽	22	長	1	龍	3
大	29	比	2	老	7	門	39	龜	4
女	99	毛	8	而	2	阜	57	龠	2
子	23	氏	3	耒	9	隶	2	合計	5,976
宀	60	气	2	耳	22	隹	23		
寸	13	水	307	聿	5	雨	38		
小	6	火	100	肉	106	青	5		
尢	3	爪	6	臣	5	非	3		
尸	29	父	2	自	2	面	2		

(2) 標題字排列

《懷中日鮮字典》標題字排列從1畫的一字部開始，到17畫的龠字部，按照清朝《康熙字典》的部首順序進行排列。屬於《懷中日鮮字典》一部標題字排列的，現整理如下表：

編號	部首	部首除外筆畫	標題字	汉文注释	原文頁碼
1	一部	0畫	一	한【일】數之始也。均也。同也。誠也。專也。【イツ】【イチ】ヒトツ。ハジメ。オナジ。	1

第11章 《懷中日鮮字典》

2	一部	一畫	丁	장정【정】壯年也。 굿셀【정】强也。【テイ】【チャウ】ヒノト。（十干ノ第四）。ツヨシ。	1
3	一部	一畫	七	일곱　【칠】一에加六數니, 一의七倍數也。【シチ】ナナツ。	1
4	一部	二畫	万	일만【만】千의十倍니, 萬同。【マン】【バン】（千ノ十倍）。ヨロヅ。	1
5	一部	二畫	丈	길【장】十尺也。 어른【장】　年長者也。【ヂャウ】　タケ。ナガサノ名。	1
6	一部	二畫	三	셋【삼】一에加二數니, 一의三倍數也。【サン】　ミツ。	1
7	一部	二畫	上	우ㅅ【상】下之對也。 놉흘【상】尊也。【シャウ】　【ジャウ】カミ。ウヘ。アガル。アグ。ノボル。タフトシ。タテマツル。	1
8	一部	二畫	下	아래【하】上之對也。 천할【하】賤也。【カ】【ゲ】　シタ。シモ。モト。クダル。サガル。オリル。イヤシ。	1
9	一部	三畫	不	안일【불】非也。 안이【부】未定也。【フ】　ズ。セズ。アラズ。シカラズ。	1
10	一部	三畫	与	더불【여】與로同。【ヨ】　アタフ。トモニ。	2
11	一部	三畫	丑	소【축】古音【추】。牛也。十二支의第二。【チウ】ウシ。	2
12	一部	三畫	丐	빌【개】乞也。【カイ】コフ。	2
13	一部	四畫	且	또【차】又也。 어조사【저】語助詞。【ショ】　カツ。シバラク。	2
14	一部	四畫	丕	클【비】大也。 밧들【비】奉也。【ヒ】オホイ。タテマツル。	2
15	一部	四畫	世	인간【세】人間世界。 대ㅅ수【세】代數也。【セイ】【セ】　ヨ。	2
16	一部	四畫	丘	언덕【구】陵也。阜也。 클【구】大也。【キウ】ヲカ。	2
17	一	四畫	丙	남녁【병】南方也。十干의第三也。　【ヘ	2

18	一部	五~七畫	丞	이을【승】繼也。承通。도울【승】佐也。【ジョウ】タスク。	2
19	一部	五~七畫	兩	두【량】二也。雙也。【リヤウ】フタツ。	2
20	一部	五~七畫	並	아오를【병】竝同。【ヘイ】ナラブ。ナラビニ。	2

3.4. 解說體式類型

《懷中日鮮字典》的標題字的解說形式大體上按順序可以分為：'①韓語釋義，②韓語讀音，③漢文解釋，④日語讀音，⑤日語含義'等五部分。 下面將舉例進行分析說明：

標題部分	解釋信息部分			
標題字	注釋			
	韓語釋義	韓語讀音	漢文解釋	日語讀音	日語含義
一	한	일	數之始也。均也。同也。誠也。專也。	【イッ】【イチ】	ヒトツ。ハジメ。オナジ。

《懷中日鮮字典》 標題部分解說形式的類型可以分為基本型與擴張型。基本型為'韓語釋義→韓語讀音→漢文解釋→日語讀音→日語含義'的類型，另外擴張型為基本型的'韓語釋義→韓語讀音→漢文解釋→日語讀音→日語含義'的類型複數出現。

(1) 基本型

《懷中日鮮字典》的基本型指的是一個標題字擁有一個韓語釋義，一個韓語讀音，一個漢文注釋，一個日語讀音及一個日語含義的形式。

如上表所示的那樣，以標題字"云"為例：'일을'為其①韓語釋義，'운'

云	일을【운】衆語云云。	【ウン】イフ。
伯	맛【백】長也。	【ハク】カンラ。
估	갑【고】價也。	【コ】アタヒ。
伶	령이할【령】伶俐也。	【レイ】サトシ。
伺	삷힐【사】察也。	【シ】ウカガフ。

為其②韓語讀音，'衆語云云'為其③漢文注釋，'ウン'為其④日語讀音，'イフ'則為⑤日語含義。'伯(백)'，'估(고)'，'伶(령)'，'伺(사)'等字與"云"字相同，都屬於單數型。

(2) 擴張型

《懷中日鮮字典》的擴張型相對(1)基本型更為複雜。指的是一個標題字含有兩個或兩個以上韓語釋義，韓語讀音，韓語注釋，日語讀音或日語含義的形式。

'複數音'、'複數含義'及'異體字'等資訊基本上被標註在③漢文解釋部分，"複數音"大多排列在②韓語讀音後，"複數含義"大多按照'①韓語釋義，②韓語讀音，③漢文解釋而重新排列。"異體字"資訊標註在③漢文解釋部分，但有的在前，有的在後。因此，將《懷中日鮮字典》的標題字解說形式分成基本型和擴張型兩種。

① 韓語釋義複數型

丁	장정【정】壯年也。굿셀【정】强也。	【テイ】【チャウ】ヒノ
上	우ㅅ【샹】下之對也。놉흘【샹】尊也。	【シャウ】【ジャウ】カミ。ウヘ。アガル。アグ。ノボル。タフトシ。タテマツル。
不	안일【불】非也。안이【부】未定也。	【フ】ズ。セズ。アラズ。シカラズ。
且	쪼【차】又也。어조사【저】語助詞。	【ショ】カツ。シバラク。
世	인간【세】人間世界。대ㅅ수【세】代數也。	【セイ】【セ】ヨ。

② 韓語讀音複數型

丑	소【축】古音【추】。牛也。十二支의第二。	【チウ】ウシ。

繳	얽을【교】【작】纏也。	【ケウ】イグルミ。
罷	파할【파】【피】休止也。退歸也。默也。鈍也。	【ヒ】ヤム。ツカル。マカル。
肺	허파【패】【폐】五臟之一이니呼吸器也。	【ハイ】ハイザウ。
脹	배불을【창】【장】腹滿也。	【チャウ】フクル。

③ 漢文解釋複數型

繞	얽횔【뇨】纏絡也。	【ゼウ】【ネウ】メグル。メグラス。
中	가운대【중】正也。內也。上下之間也。	【チユウ】ナカ。ウチ。アタル。
之	갈【지】往也。至也。是也。語助詞也。	【シ】コレ。コノ。ユク。
交	사괼【교】友也。合也。親也。狎也。	【カウ】マジハル。マジル。カハガハル。
伏	업대릴【복】跧也。匿藏也。屈服也。潛也。	【フク】フス。カクス。シタガフ。

④ 日語含義複數型

伐	칠【벌】征也。	【バツ】ウツ。キル。ホコル。
庇	덥흘【비】覆也。	【ヒ】カバフ。ヒサシ。
弩	소뇌【노】用機發矢。	【ド】イシユミ。オホユミ。
復	다시【복】又也。再也。회복할【복】反也。	【フク】カヘル。カヘス。マウス。フタタビ。マタ。フム。
怠	게으를【태】懈也。	【タイ】オコタル。オコタリ。タユム。ナマケル。ユダンズル。

⑤ 日語讀音複數型

一	한【일】數之始也。均也。同也。誠也。專也。	【イツ】【イチ】ヒトツ。ハジメ。オナジ。
伴	동모【반】朋友也。	【ハン】【バン】トモ。トモナフ。
作	지을【작】造也。成也。起也。行也。始也。使也。	【サク】【サ】ツクル。ナス。オコス。タツ。
依	의지할【의】倚也。譬喻也。循也。恃也。安也。	【イ】【エ】ヨル。ソノママ。

| 保 | 보젼할【보】全也。守也。佐也。安也。
タモツ。ヤスンズ。 | 【ホ】【ハウ】 |

4. 《懷中日鮮字典》的特徵

4.1. 收錄字的特徵

《懷中日鮮字典》共收錄漢字5,976個，相對于《大增補日鮮新玉篇》有大量縮減。現以皮字部為例具體分析《懷中日鮮字典》相對於《大增補日鮮大字典》的縮減情況。

《大增補日鮮大字典》皮部首	《懷中日鮮字典》皮部首	減少字
皮．皯．皱．皴．玻． 陂．皰．皷．皺．皱．皱． 廄．皺．皸．皴．皱．皸． 皸．皸．皸．皺．皺．皺． 皸．皸．皺．皺．皸．皸．	皮，皰，皺，皷	皯．皱．皴．玻．陂． 陂．皱．皺．皱．皱．皸． 廄．皱．皸．皱．皺．皸． 皸．皸．皸．皺．皺．皺． 皸．皸．皺．皺
共35字	共4字	共31字

《懷中日鮮字典》'皮'字部裡收錄'皮，皰，皺，皷'等四個漢字，《大增補日鮮大字典》'皮'字部從皮字到皷字共收錄35個漢字，與其相比縮減了31個，縮減的漢字為"皯，皱，玻，皱，陂，皱，皰，皷，皸，皱，皸，皸，皺，皸，皺，皺，皱，皸，皸，皸"等。從《大增補日鮮新玉篇》到《懷中日鮮字典》收錄漢字的變化是顯而易見的，這些變化可以幫助我們了解當時常用字的使用狀況。另外，《懷中日鮮字典》相比《大增補日鮮新玉篇》在收錄字上也有很大縮減，但《懷中日鮮

分类	《懷中日鮮字典》
新字	倠，冗，勹，夂，厘，吋，吩，噺，噸，杣，枠，栂， 杤，椙，椛，琪，琦，瓩，瓱，廻，籵，粍，粨， 糎，等

异体字	冨, 厠, 円, 寶, 恊, 擧, 晉, 垩, 壃, 嵓, 栢, 澗, 瀾, 瑠, , 礭, 蚏, 羇, 鐡, 関, 餐, 駈, 魎, 鳳 等

字典》中也有《大增補日鮮新玉篇》中未被收錄的漢字。

只在《懷中日鮮字典》收錄的標題字數量僅為大約兩百個字。這些標題字分為兩個部分，一個部分為新字，另外部分為異體字。《懷中日鮮字典》中的新字屬於'俾， 冗， 勹， 夂， 厘'等的漢字，以及'冨， 厠， 円， 寶， 恊'等漢字。'新字'指大部分屬於日本國所有的漢字， 新字包括'凧， 夂， 籾'等日本國自己造的字和等除日本以外，中國和其他國家使用的字-'勹，畠，碇'，還包括意思不同的漢字。

有些漢字雖然《懷中日鮮字典》中沒有出現，但是這些與異體字關係可能就是《大增補日鮮新玉篇》的標題字。與《大增補日鮮新玉篇》相比，因為異體字的關係，同樣的漢字，由於古今關係、正俗關係、書寫的差異等原因，系指只在《懷中日鮮字典》出現的漢字。

4.2. 異體字

《懷中日鮮字典》與其他一般漢字字典類似，為使用者提供了大量的"異體字"資訊：'俗字'， '同字'， '通字'， '古字'等。筆者舉例分析《懷中日鮮字典》中出現的異體字。

①'俗字'	乱：어즈러울【란】亂俗字。 倏：쌀을【숙】忽也。速也。倏俗字。 円：둥글【원】圓也。丸也。方之對也。圓俗字。 准：바를【준】平也。正也。準俗字。 凾：함【함】包容器也。函俗字。
②'古字'	仝：한가지【동】同古字。 古：인간【세】世古字。 叶：화할【협】和也。合也。協古字。 囶：나라【국】邦也。國古字。 埜：들【야】郊外也。野古字。
③'同字'	乘：탈【승】跨也。乘同。올을【승】登也。 佇：오래설【저】久立也。延佇也。竚同。 佑：도을【우】助也。祐同。

	併：아울을【병】 合也。並並同。	
	個：낫【개】 枚也。箇同。	
④'通字'	丞：이을【승】 繼也。承通。도을【승】 佐也。	
	丼：퐁당【퐁】 投物井中聲也。井通。	
	九：아홉【구】 一에加八數니，一의九倍。玖通。	
	伸：펼【신】 舒也。屈伸也。欠伸也。延也。欠通。	
	佩：찰【패】 服之也。珮通。	

《懷中日鮮字典》共收錄5,976個漢字，其中620字（652種）提供了'俗字'，'古字'，'同字'，'通字'等四種異體字信息。即：①(乱)為(亂)的俗字，②(古)為(世)的古字，③(佑)為(祐)的同字，④(佩)為(珮)的通字。

據筆者統計，《懷中日鮮字典》中共出現'俗字'63例，'古字'28例，'同字'450例，'通字'103例。俗字的記述形式為 'A，B俗字'(132次)，'A，俗作B'(45次)，'A，俗B字'(13次)，其他(6次)，'同字'與其他異體字相比出現的頻率最高。

4.3. 解說形式的特徵

漢文的解釋部分記錄在漢字音之後。除了對該標題字進行解釋外，還記有異體字信息，相關詞彙及典故等。這些內容有可能出現在一個漢文注釋之後。這樣的漢文解釋對正確理解該漢字具有重大意義。

(1) 字形方面

《懷中日鮮字典》漢文解釋裡有對標體字的基本字形·字音·字義的資訊以外異體字與同訓字的字形資訊等說明。這是為了補充標體字的含義，對漢字字形的說明也更詳細。

決	결단할【결】斷也。決俗字。	【ケツ】	キム。キマル。ヒラク	
聰	귀밝을【총】聰古字也。聞之敏捷也。明也。	【ソウ】	サトシ。	
豊	례도【예】敬意也。仁義也。禮古字。豊俗字。	【レイ】	レイギ	
琉	류리【규】透明體也。硝子也。玻同瑠同。	【イウ】	【ル】 ガラス	

脩	닥글【수】修通。포【수】脯也。乾也。	【シウ】 ヲサム。ホジシ

(2) 字音方面

對於《懷中日鮮字典》複數漢字音，在漢文解釋裡提出了'古音'·'俗音'等的用語。這是為了補充標體字的讀音，對漢字字音做出更詳細的說明。

鍮	矢【유】古音【투】銅錫合金也。	【トウ】【ツ】【チウ】 シンチユウ。銅十、亞鉛三ノ割合カラナル合金。
除	덜【제】古音【저】減也。去也。	【ヂヨ】 ノゾク。ワル。
取	취할【츄】受也。索也。俗音【취】。	【シユ】 トル。
娵	아름다을【추】美也。(俗音【취】)	【シユ】 ウカシ。ヨメ。
就	나갈【추】(俗音【취】)即也。成也。進也。	【シウ】【ジユ】 ツク。ナル。

(3) 字義方面

《懷中日鮮字典》的標題字的解說形式大體上有兩個：①解說型，② 明示型等兩部分。解說型再分為純漢語解說型和漢韓語混用解說型，明示型也又分為關聯詞語明示型異體字明示型和漢字音明示型

① 解說型

	純漢語解說型	
膀	오줌통【방】胱也。허구리【방】脅腹也。	【バウ】 セウベンブクロ。
臀	볼기【둔】腰下腿上肉之高厚部也。	【デン】 シリ。キサラヒ。
芝	지초【지】瑞草也。잔듸【지】細草也。	【シ】 シバ。
賭	내기할【도】端爭時以物歸于勝者也。	【ト】 カケ。カク。
追	쏘츨【추】逐也。쌀을【추】隨也。	【ツキ】 オフ。オヒ。

② 明示型

---

6) 《懷中日鮮字典》標題字的漢文注釋形式中的"漢韓語混用"大多是向上述例文中展示的那樣，以'漢字＋韓語（結尾詞/助詞/連接詞等）'，在漢字后加上具有語法意義的韓語的形式解釋說明。然而，也存在少量使用韓語解釋的情況。例如：'仰'：울어르【앙】치여다보는것을曰仰也。【ギヤウ】【ガウ】ア

		漢韓語混用解說型6)	
芍	함박꼿【작】	芍藥이니藥用根也。	【シャク】シャクヤク。
蜜	쑬【밀】	蜂之釀液이니味甘汁也。	【ミツ】【ミチ】ミツ。
銀	은【은】	白色金屬이니貴重한礦物也。	【ギン】シロガネ。
七	일곱【칠】	一에加六數니, 一의七倍數也。	【シチ】ナナツ。
件	수효【건】	物品의數。조건【건】分次條件。	【ケン】クダン。コトガラ。

		關聯詞語明示型	
了	맛츨【료】畢也。終也。깨다를【료】曉解也。【レウ】オハル。サトル。アキラカ。		含義並列型
企	바랄【긔】望也。希也。【キ】クハダツ。		含義並列型
佐	도을【좌】補也。助也。【サ】タツク。		含義並列型
英	꼿부리【영】花萼也。華也。勝也。【エイ】ハナ。ハナブサ。		含義擴張型
莊	씩씩할【장】嚴也。盛也。【サウ】【シヤウ】オゴソカ。シモヤシキ。		含義擴張型
要	요긴할【요】樞也。誓也。求也。待也。約也。【エウ】モトム。カナメ。		含義擴張型

		異體字明示型
準	바를【준】平也。正也。準俗字。【ジユン】ミツモリ。ノツトル。ナズラフ。	
函	함【함】包容器也。函俗字。【カン】ハコ。ヨロヒ。	
勺	구기【작】酌也。挹也。杓通。【シヤク】クミトル。	
十	열【십】一의十倍니, 一의加九也。拾通。【ジフ】トヲ。	
吒	꾸지즐【타】叱也。悲也。咤同。【タ】シカシ。	

4.4. 音考索引上特徵

(1) 韓語讀音的平聲及上聲·去聲的標註

　　爲了便於檢索標題字,《懷中日鮮字典》在正文之後附有韓語讀音順的

フグ。オホセ。其中"치여다보는 것을"並不是具有語法意義, 而是具有明確含義的內容。

	漢字音明示型
丑	소【쥭】古音【츄】。牛也。十二支의第二。【チウ】ウシ。
除	덜【제】古音【져】减也。去也。【ヂヨ】ノゾク。ワル。
就	나갈【추】(俗音【취】)即也。成也。進也。【シウ】【ジュ】ツク。ナル。
氏	각씨【시】婦人稱也。姓所分也。俗音【씨】。【シ】【ジ】ウヂ。
齧	씹을【얼】俗音【설】咀嚼也。【ゲツ】カム。

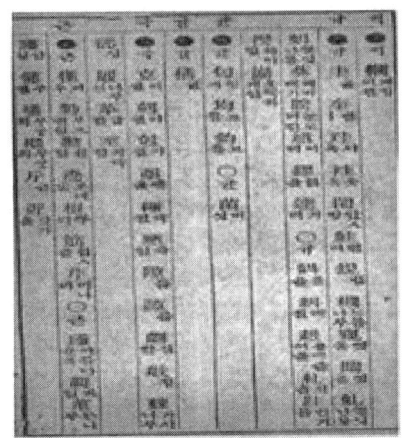 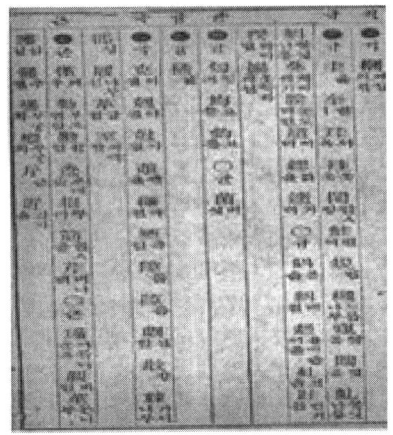

'音考'索引。利用'音考'索引檢索漢字的方法，在近代時期的其他字典中已經被使用，因此不能說是《懷中日鮮字典》的獨創。然而，值得關注的是，該'音考'索引現將漢字按照韓語讀音'가나다'排列之後，在韓語讀音上方將韓語讀音的平聲及上聲·去聲等另做標識：平聲標註為'●'，上聲·去聲則標註為'○'。在標註完平聲及上聲·去聲後記上韓語讀音，然後再記漢字。在索引部分標註出平聲及上聲·去聲的情況，這在字典中並不常見。從上面的插圖可以看出：【가行屬】的'가'的上方有'●'或者'○'。含有'●'標識的漢字韓語讀平聲，讀此聲的漢字有'苛，呵，訶'等；含有'○'標識的漢字韓語讀上聲或去聲，讀該聲的漢字有'可，舸，架'等。韓語讀音雖都為'가'，但是根據聲調的不同會造成讀音和含義變化，同時也展示出了漢字與韓語讀音的不同。在索引中添加聲調標識也可能是因為"懷中"字典體積小、便於攜

帶，它篩選了當時生活中的常用字，是為了使用的方便而添加的。

(2) 遵循頭音規則的漢字的標識

　　《懷中日鮮字典》的'音考索引'中遵循頭音規則的漢字的讀音以'【見~】'進行標識。例：【나行屬】的'나'，讀'나'音的漢字有'那，娜，奈，糯'及'螺，騾，羅'等。前邊的'那，娜，奈，糯'等漢字只　讀'나'音。而後邊的

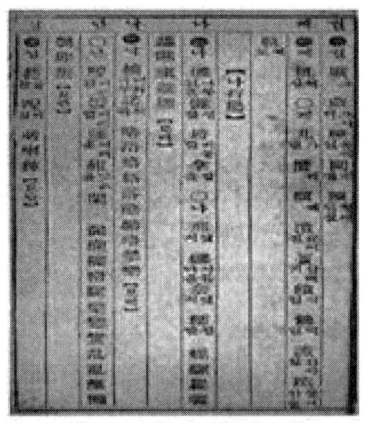
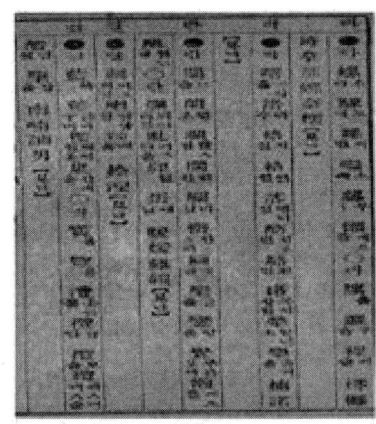

'螺，騾，羅'的漢字則要遵循頭音規則，有時讀'나'，有時讀'라'。換句話說就是，該漢字有'나'和'라'兩種讀音。這種情況在漢字的後面以'【見라】'的形式做了標識。在讀作'라'音的漢字中，如有漢字讀'라'及'나'兩種音時，則在該漢字後面以'【見나】'的形式作出標識。因此在任何一個讀音後面都可以檢索到該漢字，這為遵循頭音規則的漢字檢索提供了方便。可以看出，鄭敬德在編撰《懷中日鮮字典》時，為便於使用者檢索所做出的努力和創新。

5.結論

　　《懷中日鮮字典》於1939年出版，這個時期也屬於日本強佔時期。當時

出版業仍然處在日本的統治下，書籍的出版幾乎都要聽從日本的指示。然而像字典等不具有抗日、反日性質的出版物則在這一時期得到了一定程度的發展。在這樣的社會背景下，有許多字典成為了出版物中的暢銷書，不少出版社還將字典的書名或附錄等稍作修改後重新出版，或者將同一版本進行翻刻或重刻後繼續出版。總之，當時字典的出版形勢相比其他出版物而言應該是比較樂觀的。雖然沒有《懷中日鮮字典》的有關文字記錄，很難瞭解與該字典有關的更詳細的情況，但我們可以瞭解到該字典使用了漢字、韓語及日語等三種語言，順應了時代的潮流；不僅如此，這本字典體積小，攜帶方便，為使用者提供了便利。

《懷中日鮮字典》雖便於攜帶，但作為《日鮮大字典》的縮小版，從內容上看它的價值並不大。可能也因此導致《懷中日鮮字典》出版不久後即停止銷售。事實上，目前關於《懷中日鮮字典》的記錄或者研究，可以說是一片空白，對於該字典的價值及地位確實很難下定論。因此，筆者也僅僅是試著通過對當時的時代背景及社會環境的瞭解，對該字典進行了猜測性的分析和評價。然而，可以肯定的是，該字典名稱中的"日鮮"明確地告訴我們它使用了漢字、韓語及日語等三種語言[7]，並且從它的體積來看它確實是名副其實的"懷中"字典。最後，希望本文能為後續的研究提供一定的幫助。

6. 參考文獻

1. 鄭敬德，《懷中日鮮字典》，盛文堂，1939。
2. 匯東書館編輯部，《大增補日鮮新玉篇》，匯東書館，1932。
3. 朴亨翌，《韓國字典的歷史》，亦樂，2012。

---

[7] 在記錄信息時按照使用文字的種類，可以將字典分為單語字典，雙語字典及三語字典。韓國字典中使用單一語言的字典有《韻匯玉篇》，使用漢字及韓語兩種語言的子彈有《全韻玉篇》，使用漢字，韓語及日語等三種語言的字典有《日鮮大字典》。

12

《醫書玉篇》

金玲敬

1. 《醫書玉篇》版本考察

1.1. 作者和成書時期

　　《醫書玉篇》是我國近代時期少有的、為一個專業領域而編纂的特殊字典。如書名所示，是一部醫書專業字典。《醫書玉篇》問世的時代正是對字典的需求劇增時期，因而《國漢文新玉篇》、《漢鮮文新玉篇》、《日鮮大字典》、《字林補注》、《字典釋要》等前所未有的字典類工具書如雨後春筍般刊行出來。但是，當時韓國正處於日佔時期，整個社會極其混亂，出版界也不例外。實際編纂人與版權紙不相符合、一本書換個書名重複出版、互相抄襲等弊病蔓延在整個出版界。《醫書玉篇》也遭到同樣的境遇。盡管如此，我們仍然可以確定《醫書玉篇》的作者就是金弘濟。至今為止，還未發現本書的版次記錄。因此，無法確定初版本的正確出版日期。但是，由仍未發現早於1921年版本一事，可以推測1921年版或許就是最初版本。1921年版《醫書玉篇》刊行於光東書局[1]，其後的版本各由東洋大學堂、明文堂、

---

[1] 由於《醫書玉篇》並未表明版次，不能確定正確的初版出刊時期，可是至今

學生社等出版社發行。

1.2. 版本的種類和版權信息

推定為初版的1921年版本《醫書玉篇》問世以來，於1929年、1944年、1963年再度刊行。隨著新刊本的發行，版權紙所示信息也有不少變化。[2]

如上表所示，《醫書玉篇》重刊三次，其中推定為初版的1921年版本、

編號	發行日期	書名	作家	發行地	發行處
1	1921.1.25 (大正10年)	新定醫書玉篇	金弘濟	京城	光東書局
2	1929.3.18日 (大正18年)	新定醫書玉篇	金弘濟	京城	東洋大學堂
3	1944.6.15 (昭和19年)	新定醫書玉篇	明文堂編輯部	京城	明文堂
4	1963年	修正增補醫書玉篇	東洋醫藥書籍編纂會	首爾	學生社

1929年、1944年版本實際上是同一個版本。不過在1929年版本上有過發行處的變更：在封面上寫著的是金弘濟之名，但在版權紙上卻出現宋敬煥。此人又登記為作者兼發行人。至1944年版，編撰人的名義發生了變化，由金弘濟個人名義變更為明文堂編輯部共同的名義。此外，在版權紙上登記的作者和發行人的名字也有變化，由金弘濟更改為金井淸郎。事實上，金井淸郎就是金弘濟創氏改名後的名字。由此可見，從1921年版本到1944年版本為止，雖然在該書內容上沒有發生變化，但在作者、發行人、發行處等幾個方面確實發生了不少版權上的混亂。[3]

仍未發現比1921更早的版本，因而不妨將1921版看做初版。朴亨翌，《韓國字典之歷史》，首爾：亦樂，2012年，449頁。
2) 朴亨翌(2012)，449頁。該表為筆者以朴亨翌所述的內容為基礎，再增添一些修正增補版《醫書玉篇》的版權信息而構成的。
3) 朴亨翌(2012)，449~450頁。

光復以後,《醫書玉篇》於1963年由東洋醫藥書編纂會重刊,書名也改為《修正增補醫書玉篇》。據筆者的分析,該版本的標題字字種、收字量與初版本系列比較沒有什麼增補,不宜以'增補'取名,但是在書的形制、印刷狀態、字形屬性、漢字的韓語訓音、漢文釋文、韓語釋文等領域上確實發生了與前期版本不同的變化。尤其在韓語釋文上面做過不少修正。1921年的初版和1963年的修正增補版之間存在著大約40年的間隙,此40年時間在韓語的音韻和標記法上都發生了相當大的變化。因此,1963年版本不得不在最大保持該書原貌的限度之內,根據1963年當時的國語標記法,對韓語釋文進行了修改。於是①將'合用並書'改為'各自並書';②對'音節間ㅅ'進行整備刪除不必要的'ㅅ',將'音節型'的'音節間ㅅ'改為'收音型'和'並書型';③反映'顎音化現象',對舊式標記法進行修改。;④適用現代終聲標記法,對舊式標記法進行修改;⑤反映了'·'系列母音消失的音韻變化,將之改為'ㅏ'、'ㅐ'等;⑥將古語式的韓語修改為現代韓語。

2.《醫書玉篇》體裁

2.1.《醫書玉篇》版本介紹

　　除了1963年版本以外,其他《醫書玉篇》版本基本上都是同一個版本。因此,本文對初版系列的1944年版本與1963年的修正增補版進行比較,分析出《醫書玉篇》的書志信息以及其內容結構。

　　首先,是《醫書玉篇》的形制。初版系列的《醫書玉篇》是一部鉛活字本,大小11.2×14.7,攜帶相當方便,易於醫者在臨床的隨時運用。但是1963年出版的修正增補版《醫書玉篇》尺寸變大,大小13×19.5。這是因為此時重刊《醫書玉篇》最大的目的已不在於臨床上的實際應用,而是保存前代流傳下來的韓醫資料。因此,不拘於維持袖珍大小。

　　初版系列的《醫書玉篇》由前封皮一張、內封皮一張、目錄4頁、上卷21頁(1~21)、下卷61頁(22~82)、版權紙一張、後封皮一張構成,缺序文、凡例、附錄等,與其他字典類相比構成極其簡單。收錄字共有2,020字,其

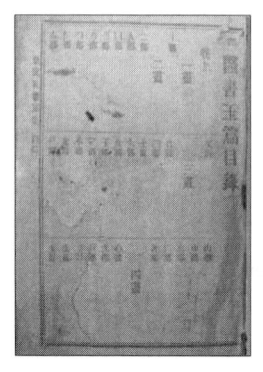 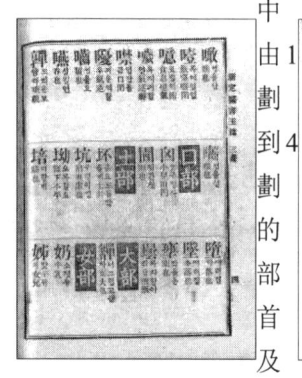 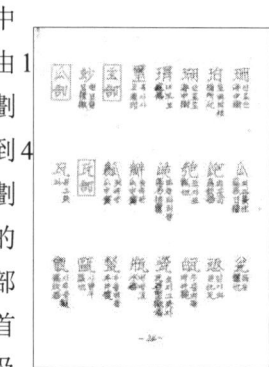

其所屬字置於上卷，由5劃到17劃部首及其所屬字置於下卷。4)

修正增補版《醫書玉篇》是一部謄寫本，由前封皮一張、內封皮一張、目錄4頁、本文92頁、版權紙一張、後封皮一張構成。同初版本缺序文、凡例和附錄。但與初刊本《醫書玉篇》不同，不分上下卷，收錄2,020字。

可得知，初版和修正增補版在版本形式上確有差異，但在書的結構上，尤其是版式上仍保留著相當的類似性。首先看初版的版式構成，每一版面均分上中下三欄，分收標題字。排列標題字之前，先置黑框，陰刻其部首，以大字寫下標題字。然後每個標題字下排兩行解釋字的韓語音訓、漢文釋文。這樣分三欄劃分了區域，就能夠確保查閱時的易讀性。而且每頁的耳格上表示書名、部首筆劃數，查閱漢字相當便捷。

修正增補版承襲了初版本的版式，竭力于保持原版的原貌；用黑方塊表示部首、標題字下由雙行排列釋文，分上中下三欄收錄標題字。但是，修正增補版由於是謄寫本，沒有活字的清晰度、整齊之美。總之，印刷質量和整體版面設計的美觀，都不如初版本。

2.2. 《醫書玉篇》部首系統及字種

(1)《醫書玉篇》部首系統

---

4) 朴亨翌(2012)，450頁。

如同前述，在1963年修正增補版《醫書玉篇》在形制上確實發生了一系列的變化。但是在收字的字種、標題字數量、部首系統、漢字檢字方式、漢字的韓語音訓、漢文釋文等本質性的大框架上，修正增補版仍然與初版本系列保持著相當大的類似性和相關性。因此，本文將對初版本系列和修正增補版系列《醫書玉篇》的部首體系和收錄字序進行仔細的比較，分析出其共性和個性，以探明《醫書玉篇》之作為一部字典所顯示的多樣性。

不僅是《醫書玉篇》，我國字典一般都以《全韻玉篇》作為典範，在部首種類、部首筆劃數的確定、部首排序，甚至收字的排序上都受到影響。以下是整理《全韻玉篇》和《醫書玉篇》的部首種類及收字數量的統計表。

部首筆劃	《全韻玉篇》	部首數	際部首數	《醫書玉篇》	字數
1	一*丨、*丿*乙*亅	6	4	丨口	2
2	二亠*人儿*入*八*冂*冖*冫*几*凵刀力勹匕*匚*十*卜*卩*厂厶又	23	14	二人凵刀力勹厂厶又	9
3	口囗土士*夂*夊*夕*大女子宀寸*小尢尸中*山巛*工*己*巾干*幺广廴*廾弋*弓*彐*彡*彳	31	16	口囗土大女子宀小尢尸山巾幺广廾	15
4	心戈戶手支攴文斗斤方*无*日曰月木欠止歹殳毋*比*毛*氏*气*水火爪父爻片牙牛犬	34	7	心戈戶手支攴囗斗斤日曰月木欠止歹殳水火爪父囗片囗牛犬	27
5	玉玄瓜瓦甘生用*田疋*疒癶*白皮皿目矛矢石示向*禾穴立	23	4	玉囗瓜瓦甘生田疒白皮皿目矛矢石示禾穴立	19
6	竹米糸缶网羊羽老而耒耳聿肉臣*自至*臼舌舛*舟艮*色*艸虍虫血行衣襾	29	5	竹米糸缶网羊羽老而耒耳聿肉自臼舌囗艸虍虫血行衣襾	24
7	見角言谷*豆豕豸貝赤*走足身車辛辰*辵邑酉采*里*	20	5	見角言豆豕豸貝走足身車辛辵邑酉	15
8	金長門阜隶*佳雨青非	9	1	金長門阜佳雨青非	8
9	面革韋韭音頁飛*風*食首	11	2	面革韋音頁囗食囗香	9

	香				
10	馬骨高髟鬥*鬯*鬲鬼	8	2	馬骨高髟鬲鬼	6
11	魚鳥鹵鹿麥麻	6	0	魚鳥鹵鹿麥麻	6
12	黃黍黑黹*黽	5	1	黃黍黑黽鼎	5
13	鼎鼓鼠	3	0	鼓	1
14	鼻齊*	2	1	鼠鼻	2
15	齒	1	0	齒	1
16	龍	1	0	龍	1
17	龜龠*	2	1	龜	1
	總計	214	63	總計	151

　　如上列統計表所示,《醫書玉篇》亦如同其他同一時期的字典,繼承了《全韻玉篇》的部首系統。但是《醫書玉篇》本著自己明確的目的篩選了所需漢字。不需要的部首一律廢除。最終刪除了'、'、'丿'、'乙'等63個《全韻玉篇》部首,只設了151個。[5]

　　《醫書玉篇》的目錄是按筆劃數對《醫書玉篇》的部首進行了整理。但是,實際使用的部首和目錄上有所出入。表裡方塊中的'囗'·'囟'·'囡'·'団'·'囲'·'圖'等部首並未出現於目錄上,但卻是實際使用的。[6]另外,部首排序和部首筆劃數的決定也發生變化,原屬於《全韻玉篇》13劃部首群的'鼎'部移到12劃,原屬於13劃的'鼠'部移到14劃。在部首排序上,雖然基本上與《全韻玉篇》大同小異,但將原置於'韋'、'音'兩部之間的'韭'部移位於'頁'部和'食'部之間了。[7]

(2)《醫書玉篇》收字概況以及意味範疇分析

　　《醫書玉篇》為一部特殊字典,主要用於查詢醫書的難字以及臨床所需漢字。因而該字典所收的漢字以病名、病症、藥草名等與醫學有關的漢字為大宗。但是,除此之外還有一些與醫學無關的漢字。下面所列的表是《醫

---
5)《醫書玉篇》未選的部首以*來表示,總共有63個字。
6) 朴亨翌(2012),450。
7) 朴亨翌(2012),449。

部首編碼	部首	初刊本系列	部首編碼	部首	初刊本系列
1	丨	2	77	网	6
2	丿	1	78	羊	8
3	二	1	79	羽	8
4	人	8	80	老	5
5	凵	2	81	而	3
6	刀	6	82	耒	4
7	力	5	83	耳	10
8	勹	3	84	聿	3
9	厂	1	85	肉	121
10	厶	1	86	自	2
11	又	1	87	臼	1
12	口	43	88	舌	4
13	囗	2	89	舟	1
14	土	8	90	艸	232
15	大	1	91	虍	1
16	女	7	92	虫	125
17	子	3	93	血	10
18	宀	2	94	行	6
19	小	3	95	衣	40
20	尢	3	96	襾	2
21	尸	7	97	見	3
22	山	4	98	角	3
23	巾	2	99	言	17
24	幺	1	100	豆	5
25	广	4	101	豕	4
26	廾	1	102	豸	6
27	心	59	103	貝	13
28	戈	1	104	走	1
29	戶	1	105	足	32
30	手	88	106	身	3

31	支	2	107	車	7
32	攴	5	108	辛	3
33	文	1	109	辵	11
34	斗	2	110	邑	4
35	斤	1	111	酉	25
36	日	10	112	金	25
37	曰	1	113	長	1
38	月	2	114	門	10
39	木	61	115	阜	10
40	欠	6	116	隹	3
41	止	1	117	雨	5
42	歹	10	118	靑	1
43	殳	1	119	非	2
44	水	68	120	面	3
45	火	21	121	革	9
46	爪	3	122	韋	3
47	父	3	123	音	1
48	爻	1	124	頁	20
49	爿	1	125	韭	2
50	片	1	126	食	31
51	牙	2	127	首	3
52	牛	10	128	香	1
53	犬	11	129	馬	1
54	玉	6	130	骨	33
55	玄	1	131	高	1
56	瓜	6	132	髟	10
57	瓦	11	133	鬲	1
58	甘	2	134	鬼	12
59	生	2	135	魚	28
60	田	2	136	鳥	30
61	疒	154	137	鹵	2

62	白	3	138	鹿	4
63	皮	11	139	麥	5
64	皿	11	140	麻	2
65	目	57	141	黃	2
66	矛	1	142	黍	2
67	矢	8	143	黑	19
68	石	31	144	黽	6
69	示	4	145	鼎	3
70	禾	27	146	鼓	1
71	穴	10	147	鼠	6
72	立	4	148	鼻	8
73	竹	28	149	齒	16
74	米	46	150	龍	1
75	糸	44	151	龜	1
76	缶	7	總字數		2,020

書玉篇》151部首之收字情況及收字總數。

據上列統計表，各個部首所收的字量大不相同，收錄最多的多達232，最少只收1個字，其差頗大。所收字數最多的是佔據11.4%的"艸"部，共收232個字；其次是佔據7.6%的"疒"部，共收154個字；其三為佔據6.1%的"虫"，共收125個字；其四為佔據5.9%的"肉"部，共收121個字。屬於"艸"部的字頭主要表示藥草名（蒿草、地黃、菖蒲、車前草、甘草、益母草、茯苓、胡荽、五味子、人蔘等）、藥草的狀態（菱，진득찰【렴】），以及藥草處理法（蘸，물찍을【잠】）等。；其次的"疒"部主要收錄表示病名的漢字，如疫疾、黃疸、婦女病、膿瘡、瘧疾、風病、燥渴症、痘瘡、脚氣病、溫疫、痞瘤等。此外還有表示病症的漢字（口歪、手冷、瘙癢、熱而化膿等）和表示病愈或病勢惡化的漢字。"虫"部主要收錄因害蟲而生的病名（如蠱，버레먹는병【닉】、）、寄生蟲（蠱，비쪽버레【고】；蠖，자버레【확】）、蟲子（蛆，구덕이【져】；蝨，이【슬】）、毒蛇（蝮，독사【복】），以及用作藥材的蜫蟲或動物的漢字（蚣，진에【공】；蠍，전갈【긔】）。；"肉"部主要收錄表

示四肢、臟腑、骨骼等的身體部位的漢字 、百會等的穴位名、腥味、浮腫，以及惡心等病症的漢字。

　　前四位部首所收的漢字就是作為醫書專業字典所必備的、最主要、又核心的字種。這些與韓醫學有著直接聯繫的漢字使人領悟到該字典的指向何在。但是全體收錄字的性質是否都如此，還不能急於下判斷。因為，正如前四位部首的漢字群一樣，其與醫學有關的漢字只有633個字，僅佔據2,020個字的31%。因此要評估該字典的醫學專業性，就需要對其他部首漢字的屬性進行逐一分析，來考察那些漢字與醫書的聯繫。現分析《醫書玉篇》收錄字的字義屬性，以及這些漢字與韓醫學的聯繫性分析結果如下。

(3) 收錄字的意味屬性及其與韓醫學的聯繫性

　　本小節將對《醫書玉篇》所收的全體標題字的屬性進行逐一分析，闡明《醫書玉篇》作為一本字典所具有的普遍性特徵，然後再與'韓醫學教育用必需漢字'－為了充足現代韓醫學教育的需求而篩選出來的漢字目錄－作比較，進一步審查《醫書玉篇》作為'醫書專業字典'所具有的效用和價值。為了實現此構想，筆者先對每個標題字的韓語釋文進行逐一分析，再將此和韓醫學的專名、術語等作比較，分析出其字與韓醫學是否有聯繫，具體的分析結果如下。

編碼	部首	收錄字數	與醫學有關的漢字	有關漢字字義屬性	無關漢字及其屬性
1	艸	232	艾芄芎芋苄芍芏芝苬苠芷芯芥芹芭芽苶扎芩芡英芨芜苡苴苔苗苞茄苹苓苷苺茱苙苓芫茸黄荔茹茱茴苣茵茜茶苻茗莅伏荽莉柱莘莧莖莨茟荳茯莎蓍蕢菘崔菹蔵菌萊菀葺萍萄岩菖菁菴葵菱苂蒣騒菇味茼波菰荸紅葑藭葰葦葳葡葯蕚萱萋蔓葵葚蔵蕢萆葥萵萊蓩華迷菓蒔蒲蒅蒿蒜蒡菰蔓蕪蓁蕷蔾蒴蓆蓬蓮蓰蔚蔬蔓蔕萑蔓蓴薦蓼蔗蔆藹蔌蓼蓿蓬蕁蔔蒻菡黃蒓薢蕤	藥草名	莖(풀로지경정홀분)

			薩蒿浂蕤藜蕢葉蕎蕉蕩蕈蕨蕬蕧款蕺蘠蕁薔稀薏薇蕷薊蕾薤薠薄薟薛薐薺薯薈藿藕藭藺蘆藪䕺蘑蕅鸁䕷蘄蘇蘭蘊藻薔蘅藿蘠蘠藷藷蓬繁蘭蘚蘘蘝蘗蘡薑蘍蘿蘸蘭[illegible]識蘥		
2	疒	154	疔疗疙疝疚疛疫疢疷疔疥疢疤疣疷疲疪疧疫疵痄疲疽疴疰疹疽痂疼疜疪痁疿痈痔痖痧痃痂痄痛痞痢痣痉痏痍痔疾痕痒痊痤痖痨痦痢痣瘀瘤痴痙痰瘀瘭瘻瘵痲痔瘁瘤瘟痸瘡瘰瘜[illegible]瘠瘨瘦瘚瘩瘺瘫瘭瘩瘵瘻瘃瘠瘼瘼瘭瘴瘿瘰瘻瘉瘡瘺瘠瘍瘭瘻瘻瘵瘘瘤瘼瘭瘼瘾瘯瘤瘺瘰瘭瘻瘰癲癩癭癧癩癬癭癰癭癲癱癰癱	病名·病症·健康狀態·疾病之進行狀態	
3	虫	125	虹蚣蚌蚍蚰蚨蚘蚧蚓蚊蚡蚚蚤蚪蚶蚇蚔蛇蛆蛇蚿蛄蛙蛉蚞蛺蚱蛋蛉蚜蚕蚌蛛蛙蛔蛭蛟蛤蛞蛹蛃蛏蜈蛻蜃蜓蛸蛸蛾蛺蜆蜘蜞蜑蜊蜮蜴蜮蜱蜩蜂蜇蜛蝴蝴蝸蝗蝙蝠蝦蝨蝣蝮蝣蝽蟖蟏蠋蝏螢蟒螣蜢蜂蟇螭螺螻螯螬螺蠓螳蠖蠋蟋蟀蠣蟻蟠蟬蟯蟬蟷蟹蠅蟾蟻蠕蟒蠍蠒蠖蠐蠑蠟蠱蠶蠹蠕蟬蠸蠵	寄生蟲·毒蟲·藥材·蟲名·病名	
4	肉	121	肋肍肛肚育肓肘胖肢肥股肺肧肩肪胁胧朒胗胝胃胠肼胕胖胞胗胛胅胦胴胷胸胮脂胫脛胰脆胲胭胱脊脅胴胖胝脣脘脬脛脚胘脖脞腔脾脽腓腜腐腎脹脧腕䐃腪腴腥腦膵腔腭脒腧脛脙腮膨腪膂腿膏臍䐌脽膊膨膔膘膈膜膝膠腽膩膰膲膽膾膿臂臀臊膺膽臊臉臆膻臍臑臛臓臟	身體部位·臟腑·身體狀態·胎兒·油·肉·病症·疾病之進行狀態·動物名	
5	手	88	扎扑扛托抵批抄抓抗抂抔扼扱拈挛拒拚抛拖拗担拙扰拇抹拉押拐拱指挈挑挈挂拳拯扶拭挖捐捆捐挲挫捉捍扻捌捏控搞搖掣排挽挾捫探掬挼披捺捻掐揣揩揉携搔搓搽搜搯挹搏擤撥搣撒擁擦擎攪	身體部位·治療行為·受治療的行為·病症	挦(족지게 체)

6	水	68	汁汐次汽沸泄泡泔沫沴洟洩津涕浐淤涸淬淋淹液浙淘渾浚渥渣滓凖涠溺溲滌漦漬滯漑漫漂漿漲漚漱潾漏滲滴潳漦潙漸潵澰澬澆潦濡澹澁澱濫濾濺瀉潘淪	津液·分泌物·病症·分泌物·分泌·藥草加工	澮(우·물도랑 회)
7	木	61	朵机杉朽呆杵枚杪枋枲枳栭枸枏柚柑柞枇枱枲格枯核桃梔梳梢梭棒椎桿棕梡椒柴棱桜椏柟棟楞椙榛滕権榲榨樺槓楷槢樻檂檟檍楣櫛樂櫻欖欘	藥材·植物名·匙筷·步行工具·凶器·治療行為·藥材加工法	
8	心	59	忿怪怎怫恚恨恁恧悌怮惑惕惚惋愀悶憁愈愍恓惰惺愷懙愷愾愧慌懆慄惵態慰慣慘慷慾懑愾慴憇慎憫慣憚憔憎懈憹憾憺憨慢憁懜懰戀悻慨	感情狀態·病因·病症	
9	目	57	肌盲眈眇眬眅眄昔眛貼眩晒眶盱晄眃眷眮眽眩眯睜睞眼眭睥睫眘睪睆瞇瞇瞑睢瞍瞌瞖瞠瞳瞤瞭瞰瞥瞻瞼膘瓣矔矓	眼睛狀態·病症·視線狀態·身體部位·眼睛動作	
10	米	46	籵籶籹籼籽粘粉籹籵粗粗粕粕籽粒粒粟粩粢粱粳粽粹粹粺糊糇糭糌糈糕糖穀糒糜糟糁糠糙糕糲糵糯糵	藥材·食物·穀類·穀類加工品·分泌物·病症·種子	
11	糸	44	純紉索絆紳絇絉紿緋紺絞統絺綃縈緊綻緔綯緻緻緖緩緄縺繾縑縈縱緶繅繃縈縮繕繪繭繰纏纈纖纜	狀態·治療行為·病因·病症·藥草處理·治療工具·病的狀態·顏色·藥材	纛(깃일산 도)
12	口	43	吃呃吻吮呿呴呷呭呟咳咽咬哮呪哽哑嗚喘嗩喫咯嗒嗉嗝嗒嗌嗷噢嘤噎嚱喊噪嚘嚙嚧嚲嚧咕哂	口部動作·攝食·病症·身體部位·狀態	陶(닭부르는소리 주)
13	衣	40	祗衲袞裎裸袒褐裖裸褻褔袱袱袟衩衩衫袘袂袝袒袒袖襪袴祫裩褐裰襌禣襌裯襆襁襠裲襬襸襺	狀態·著衣狀態·縫裸·手巾	
14	骨	33	玌骬骭骬骭骰骰骶骰骸骼骴骯骼髀骸骰髀骬髖骶骹骷骾髑髕髏髑髓髓髖髏	骨骼名稱·身體部位·身體狀態·治療行為	
15	足	32	趴趵趻趺跖跔跪跟跌跎跰跳踁蹉蹊跨踞	姿勢·身體部	

				位·病因·走路或跑的樣子·病症·登上	
			踠踡踜踝跟踏踵蹁蹄寋蹶蹲蹼蹂蹩蹟躑蹕		
16	石	31	矴矻砂砒砥磬砲砧碭砭碼硇硝硯磋硬硫碎碓碍硼磁碰碾磐礙礫礬礦	治療工具·礦物性藥材·病症·狀態	碣(비석 갈)礎(주초ㅅ돌 초)
17	食	31	飢飩飴飷餞饒饗餌餂飿餅餃餛餽餒餡餬餳餞餻餚餺餾餽饅饘饗饉饞饆	穀類加工食物名·狀態·病症·治療	
18	鳥	30	鳲塢鳶鳾鳩鴟鴣鴞鴒鴆鳺鷄鵂鵈鴐鵝鶬鵙鵒鵓鵬鵲鶻鶺鶳鶯鸕鶊鶩鶿鷲鸚	鳥類名·蛋類	
19	竹	28	竺笋笄笈笞符笮筌笠笜笩笯筥笴筧箕算箒箋篁篙筇簌筳笸筺	竹製品·藥材處理法·記錄·藥材名·治療工具	篩(체ㅅ뒤 이)筶(자사 확)管(소구유 도)
20	魚	28	魴魨鮒鮦鮫鮀鯉鮹鯢鯨鯪鯨鰕鰕鯉鮫鰐魢鰈鍚鰻鰱鯀鱖鰰鱉鱧鱔鱘	魚類名稱·動物名	
21	禾	27	禿秕秔秕秕秪秬秧秫秠秩秋秭稌稍稗稜稔稞稻稷穅糜糯穗穢穧	穀物類·狀態·病症	
22	酉	25	酉酌酥酢酣醇酸醒酤酷醋醍醐醒醒醍醯醋醪醫酱醶醴醺醼醵	狀態·酒·墜落·醋·病症·降神·酒瘋	
23	金	25	鉛鈷鈿鉋鉢鉧銓鉸銜銳鈔鍛銼銹錐錠錫錘鎔鐵麈鐙鎁鏷鎧	金屬·容器·治療工具·金屬工具·權衡	
24	火	21	灰灸炊炒炷炮炭烘烊焙焠烹煤煅煨熇熄熨熬燻爍	藥材加工·治療法	
25	頁	20	頎頂預頑頤頷頫頰頸頷夐顫頫頋顆顓頸額顴顳	身體部位·性格	
26	黑	19	黔默黜黚黛點黝黟黠黭黥黤黠黧黴黯黷黶	病症·刺墨·顏色·霉菌	
27	言	17	訊訛訛訥訣訾詖詒詥詪誇諸誊謐謖證	診斷·狀態·病名·治療進行狀態	註(주 주)譯(통역홀 역)
28	齒	16	齓齔齗齘齝韶齞齟齦齦齧齛齧齧齧	牙齒名稱·牙齒病·口腔部位名稱·牙齒狀態	

29	貝	12	貼賁賽賺贅賃贗	治療法·病症·藥名·交易	貿(무역홀 무) 賈(안즌장사 고) 賃(품파리 임) 賥(거간ㅅ군 보) 賻(부의홀 부)
30	鬼	12	魁魃魅魆魈魍魎魑魔魕魘	病症·病因	
31	犬	11	猁猜猫猺猩獅獐獵玃	動物名	狖(기아지부를 유) 狀(서로즈즐 은)
32	瓦	11	瓦瓮瓷瓶甌甍甕甑甋瓮瓰	藥材加工工具	
33	皮	11	皺皯皷皰皶皻皹皸皲皰	病名·病症·狀態	
34	皿	11	盂盃盆盌盔盂盒盞盤盥盒	容器	
35	辵	11	迅透逳遡遭遮邊返邂邃	遭遇·通也·迅速·急也	遨(노닐 오)
36	日	10	晒晡晬暍曝昀昧暈曇	日色·天文現象·天氣·病症·藥材加工·治療法	映(일식ᄒᆞ눈빗결)
37	歹	10	歿殀殈殍殘殟殠殫殭殯	病症·死亡·蘇生·墮胎	
38	牛	10	牝牡犀犍牾牸牪牺犙牼	雌雄動物·牛的種類·宮刑·牛骨	
39	穴	10	穵究窌室窠窨窯窵窒	治療行爲·穴穴位名稱·病名·生理現象·堵塞	窶(가난홀 루)
40	耳	10	耻耿聰聀聃聹聳聵聶聾	身體部位·病症·耳朵狀態·耳語	
41	血	10	衄衃衇衈衉衊衋	血·脈·吐血聲·生殖器·牛血	

				湯·出血	
42	門	10	閌閘閨閣閻闈闉	幽也·宦官·閨秀·闡述	闑(셔실훌 셔) 閱(렬력훌 열) 闉(겹성문 인)
43	阜	10	陀阱阩附隊陧隟	狀態·藥草保管法·藥草名·藥草種類	隩(물굽의 오) 隮(오를 제)
44	髟	10	髴鬚髭髻鬍鬐髪鬆鬚	髯須·鬍鬚·頭垢·病症	
45	革	9	靰靴靰鞀鞋鞭鞠鞭	堅牢·革制品·革履·稻草	鞅(말고삐 앙)
46	人	8	亼从仆伱俕偏僂僵	病症·隨從·翻到動作·狀態	
47	土	8	坏坑坳培墮墜壅壜	火炕·土封·狀態·墮胎·病症·容器	
48	矢	8	矧矩矬矮矬	藥材·侏儒·狀態形容	矦(관혁 후) 矦(고두리 주) 規(그림쇠 규)
49	羊	8	牂羝羖羯羹羶羸	羊的種類·飲食名·病症	羵(흙속괴이흔 양 분)
50	羽	8	翅翌翕翡翻翹	鳥翅·時間·合也·翡翠·病症的形容	翬(날기칠 휘) 翥(나라소슬 져)
51	鼻	8	齁齅齆齇齉齇齈	鼻塞·鼻息·病症·生理現象	
52	女	7	奶姙娩娠	牛奶·妊娠及分娩	姊(맛누위 자) 姆(녀스승 무) 嬸(숙모 심)
53	尸	7	尻尿屁尿屎屌屭	身體部位·分泌物·狀態·生理現象	
54	缶	7	缸缺缾罅罍罎罐	狀態·容器	
55	豸	7	豺貂狹猗狷貊獾	動物名	
56	刀	6	剃剹剳割剿剤	治療行爲·藥材處理	
57	欠	6	欠欤欬欸欹歉	病症·病因·生理現象	

58	玉	6	玳珊珀瑚瑁	藥材	璽(옥ᄉ ᄉ)
59	瓜	6	瓜爬匏㕰瓣瓢	藥材	
60	网	6	罘罡罨罩	處理·藥材名	罵(수지즐 미) 罬(밥보ᄌ 역)
61	行	6	衒術銜	口部動作·技術	衚(말자갈 함) 衙(관사 아) 衢(네거리 구)
62	車	6	軟較輸輪輳	狀態·治療進行狀態·經血	軬(초헌 승)
63	黽	6	黽黿鼁鼃鼇鼉	藥材	
64	鼠	6	鼢鼢鼦鼪鼴鼺	鼠·動物名·穴位名稱·蜫蟲名	
65	攴	5	敉敏敷斃敩	治療行為·病因	
66	老	5	考耆耄耋耋	生體狀態·老齡·病症	
67	豆	5	豉豌豎豍豍	藥材·狀態	
68	雨	5	雩雹需霈霜	藥材·氣候現象·飲食·病症	
69	麥	5	麩麨麴麵麵	穀類加工食材·穀物類	
70	山	4	岑岜嵌巓	藥材	
71	广	4	廁庇庵	藥材·茅廁·治療行為	廐(마구 구)
72	示	4	祟祛禳禝	藥材·治療行為	
73	立	4	竚竪竰	病症·治療行為	站(참 참)
74	耒	4	耖耰耡耢	藥材栽培·農具	
75	舌	4	舐舐舒舔	口部動作	
76	豕	4	豭豨豬豮	動物名·豕類種類	
77	身	4	躲躶軃軆	治療行為·狀態	軂(잠시기더릴 용)

78	邑	4	邪卻部	狀態·藥材分類·藥名	郵(우테 우)
79	鹿	4	麂麞麓麝	狀態·藥材採取·藥材·動物名	
80	勹	3	包匍匐	病症·藥材處理	
81	子	3	孕孩孩	治療對象·妊娠出產	
82	小	3	尖尖尠	狀態	
83	尢	3	尢尬尪	病症	
84	爪	3	爪爬麻	身體部位·與病症有關的行為	
85	父	3			爸(아비 파) 䎱(아비 차) 爹(아비 동)
86	白	3	皂皖皤	顏色·氣象·髮色	
87	而	3	耐耎耍	忍耐·軟弱	
88	聿	3			聿肂肄 부사어
89	見	3	覓覘覡	治療行為·治療人	
90	角	3	觔觚觚	肌腱·數量·病因	
91	辛	3	辛辜辞	味道·罪	
92	隹	3	雜雀雚	藥材·鳥類名	
93	面	3	靤靨靨	面黑氣·態度·感情	
94	韋	3	韌韙	性質	韽(골무 답)
95	首	3	馘馘馗	截斷	
96	鼎	3	鼏鼐鼒	工具	
97	丨	2	丫串	狀態	
98	凵	2	凸凹	狀態	
99	囗	2	囟圊	身體部位·茅	

				廁	
100	宀	2	宂㝎	狀態·環境	
101	巾	2	幇帗	治療行為	
102	支	2	攲攱[攱]	狀態·飲食	
103	斗	2	斟斅	診療·治療行為	
104	月	2	胸朏	病症	
105	牙	2	牙齮	牙齒	
106	甘	2	甜魱	味道·動物名	
107	生	2	產甦	出產·蘇生	
108	田	2	疆疊	狀態	
109	自	2	臭臰	氣味·體臭	
110	襾	2	覃覈	藥材名	
111	非	2	辈靠	覆手	
112	韭	2	韭韱	藥材	
113	鹵	2	鹵鹹	鹹味·鹽水	
114	麻	2	麼麛	狀態·藥材	
115	黃	2	黔黲	顏色·藥材	
116	黍	2	黏稻	狀態·穀類	
117	亅	1	了	狀態	
118	二	1	些	狀態	
119	力	1	努	治療行為	
120	厂	1	厲	病的狀態	
121	厶	1	去	臨產	
122	又	1	叉	狀態	
123	大	1	奲	狀態	
124	幺	1	么	狀態	
125	廾	1	彛	治療行為	
126	戈	1	截	治療行為	
127	戶	1			居(비나장 덥)
128	文	1	爛	狀態	

129	斤	1	斧		工具	
130	曰	1	替		治療行為	
131	止	1	歪		狀態	
132	殳	1	瑕		狀態	
133	爻	1	爽		狀態	
134	爿	1	牀		治療行為	
135	片	1	牖		診斷	
136	玄	1	紗		狀態	
137	矛	1	䅝		藥材採取工具	
138	臼	1	舾		穀類加工	
139	舟	1	般		狀態	
140	虍	1	虐		狀態	
141	走	1	趕		驅逐病疫	
142	長	1	襄		狀態	
143	青	1	靛		藥材	
144	音	1	韻		和也	
145	香	1	馦		味道	
146	馬	1	驗		治療行為	
147	高	1				高(원두막 경)
148	鬲	1	鷘		藥材處理	
149	鼓	1				鼜(북변죽칠첩)
150	龍	1	龍		藥材	
151	龜	1	龜		藥材	

據上列統計表的分析結果,《醫書玉篇》的2,020個標題字當中有55個字與韓醫學沒有聯繫,如'莖(풀로지경정홀【분】)'·'掋(족지게【체】)'·'澮(우물도랑【회】)'。但是,此類標題字只占全體的2.7%,對判斷《醫書玉篇》的醫學專業性起的影響不大。總之,盡管有些漢字與醫學無關,但該字典確實與韓醫學有相當密切的聯繫,也為從事醫療或學醫者提供便利性、效用性。該字典可謂是名副其實的"醫書專業字典"。

除了少數與韓醫無關的漢字以外，大部分標題字的字義都屬於有關韓醫學的意義範疇，如病名、病症、病人狀態、醫生的治療行為、病人接受治療的行為、醫療工具、身體部位、身體部位的動作和功能、懷孕、分娩、動植物名稱（包括昆蟲、藥草名稱）、藥草處理方法等。其中一些漢字的表意本身原與韓醫無關，通過進一步的分析才能發現原來與韓醫學的聯繫，具體情況將在下一小節進行分析。

① 與韓醫學相關的直、間接漢字

收錄于《醫書玉篇》的標題字當中，有關病名·病症·病因·病人的狀態·治療行為·受治療行為·治療工具·身體部位·臟腑·身體器官的動作或功能·妊娠分娩·動物名·植物名·蜫蟲名·藥草名·處理藥草的方法等的漢字群都與韓醫學有直接的聯繫，在2,020個字當中，大部分的標題字都屬於此。與韓醫學有著密切關係的部首及其所屬字的字義屬性如下列統計表所示。

編號	意味範疇	部首
1	病名	疒·虫·言·皮·穴
2	病症	疒·肉·手·水·心·目·耳·米·糸·口·足·石·食·禾·酉·黑·貝·日·歹·彡·人·土·羊·鼻·欠·老·雨·立·勹·尢·爪·月
3	病因	心·糸·足·鬼·欠·支·角
4	形容病的狀態、發病形狀	疒·肉·心·目·糸·口·衣·骨·石·食·禾·酉·言·齒·皮·耳·阜·彡·人·土·矢·尸·缶·車·老·豆·身·邑·鹿·小·丨·山·巾·支·田·麻·黍·丿·二·厂·又·大·幺·文·止·殳·爻·玄·舟·虎·長
5	治療行為	火·言·貝·日·穴·刀·車·支·广·示·立·身·見·巾·斗·力·廾·戈·曰·爿·馬
6	治療工具	手·木·糸·骨·食·竹·金
7	懷孕、分娩	子·女·生·厶
8	身體部位	肉·手·目·口·骨·足·頁·耳·尸·爪·囗
9	藥草培植工具	耒·斤
10	藥草、藥材名稱（包括可做藥材的動植物名稱）、藥名	艸·阜·虫·木·米·糸·石·竹·鹿·肉·魚·犬·豸·鼠·豕·鹿·甘·玉·瓜·网·黽·豆·雨·山·广·示·隹·西·韭·麻·黃·青·龍·龜

11	培植并加工藥草	鹿·水·竹·未·鹿·勺·鬲
12	加工藥草容器	金·皿·土·缶·鼎

② 用於韓醫學術語的構詞成分

有些字頭乍看之下，不易發覺其與韓醫學間的關係，但這些漢字實際應用於醫學術語的構成。如穴位、經穴、脈象、藥材、藥草、藥名、處方、病症、病名、病因等。因此，亦可以看做與醫學相關的漢字，收於該字典是妥當的。具體之例如下。

①'山'部首字

岑, 묏부리【잠】。山小而高。
嵌, 구덩니겻구멍【감】。坎旁孔。
巔, 산니마【뎐】。前巔也。

'岑'原表示'山小而高'之意，但又用於'岑翳'一詞的構成。據國立國語院的《標準國語大辭典》，'岑翳'表示'山高，林木茂密之處。'岑翳'又表示韓醫學藥材之名－蠶子蛻皮後剩下的殼子，用於治療女子血分的治療。[8]

'嵌'原表示'坎旁孔'之意，又表示'鑲嵌'之意，似乎與韓醫學無關，但該字又用於'嵌指'一詞的構成。'嵌指'[9]是病名，'嵌'就能夠用作構成病名詞的構詞成分了。

'巔'在字典上表示'前巔'，該字用作構成'巔疾'一詞的構詞成分。'巔疾'通稱'癲疾'，是指胎兒在母體所得的胎病之一，又稱癇疾。[10]

②'木'部首字

呆, 어리셕을【미】。癡獃。
杵, 졀구ㅅ공이【져】。擣穀舂杵。

---

8) NAVER知識百科：https：//search.naver.com/search.naver?where=nexearch&query=%E5%B2%91%E7%BF%B3&sm=top_hty&fbm=1&ie=utf8。

9) 又稱甲疽，甲疽瘡，瘭疽之一種，指手腳的指甲上生的。《韓醫學大辭典》，ｎａｖｅｒ知識百科，http：//terms.naver.com/entry.nhn?docId=2327904&ref=y&cid=51276& categoryId=51276cid=51276&categoryId=51276。

10) NAVER知識百科：http：//terms.naver.com/entry.nhn?docId=252270&cid=55565&categoryId=555 65<韓國傳統知識portal>。

梳，얼게빗【소】。櫛也。

'呆'原表示'愚蠢'、'不靈活'等意，是用於構成'胎呆'一詞的構詞成分了。'胎呆'是一種病名，指胎兒在母體之內乏力不動，或者是胎兒的胎動弱得連孕婦都感覺不到的狀態。11)

'杵'原表示'擣穀舂杵'，乍看與韓醫學無關。但是，該漢字是構成'杵糠丸12)'－治療五膈13)的藥名－的構詞成分。

'梳'原表示'梳子'之意，是構成梳法14)一詞的構詞成分。梳法15)是一種推拿療法，五指展開，以指面和掌面為接觸面，如梳髮狀在體表作輕輕地滑動，有疏通積滯的作用。

③'石'部首字

砥，수ㅅ돌【지】。磨石。
砧，방칫돌【침】。擣衣石。
碍，맥힐【이】。阻也。
磁，지남셕【자】。可以引鍼。

'砥'原表示'磨石'，又用作藥材名'越砥'一詞的構詞成分。'砥'是'砺石'，與韓醫學無關。據《本草綱目》，'越砥'是一種藥材。'越砥'有甜味，無毒性，可以治療目盲，可以消痛，也可以治療瘣症。16)

'砧'原表示'擣衣石'，該字用作構成'砧骨'一詞的構詞成分17)。砧骨又

---

11) http：//terms.naver.com/entry.nhn?docId=2347873&cid=51276&categoryId=51276，《韓醫學大辭典》。http：//terms.naver.com/entry.nhn?docId=193218&cid=50365&categoryId=50365，<韓國傳統知識portal>。
12) http：//terms.naver.com/entry.nhn?docId=220233&cid=50365&categoryId=50365，<韓國傳統知識portal>。
13) 五膈：攝食卻不到胃裡，到胃裡面也會吐出來的五種膈證之通稱。《醫方類聚》謂五膈為憂膈·恚膈·寒膈·熱膈·氣膈，另一書謂憂膈·思膈·怒膈·恐膈·喜膈。http：//terms.naver.com/entry.nhn?docId=2340894&cid=51276&categoryId=51276，《韓醫學大辭典》。
14) http：//terms.naver.com/entry.nhn?docId=232386&cid=50365&categoryId=50365，<韓國傳統知識portal>。
15) http：//terms.naver.com/entry.nhn?docId=232386&cid=50365&categoryId=50365，<韓國傳統知識portal>。
16) http：//zhongyibaodian.com/BCGM/yuedi.html，<中醫搜索>。
17) http：//terms.naver.com/entry.nhn?docId =2347607&cid=51276&categoryId=51276，<韓醫學大詞典>。

稱邪骨、乘枕骨，是耳小骨的一種。左右耳各一，在鼓室內腔上部，其形似砧，故以取名。

'碍'原表示'限阻'之意。該漢字又構成'坐碍18)'一詞，指分娩時由於臍帶繞頸、絆肩而引起的難產。

'磁'表示'指南石'，即'磁石'，可構成治療'瘦瘀'、'小兒驚癎'的藥材'磁石散'一詞。磁石散是先磨磁石作粉，在按症狀添當歸或其他藥材而製作的藥。19)

2.3. 《醫書玉篇》釋文體例

《醫書玉篇》釋文體例與其他字典大致相似，以大字表示標題字，其下標示韓語音訓、漢文釋義。其例如下。

丫，두갈니질【아】物之岐頭。
旭，다리힘ㅅ줄약할【요】筋弱，舉足不隨。
獺，슈달【달】水狗。肝葉隨月數髓。滅瘢。

但是，有些字如'亼'并未提示韓語訓釋，只表韓音；有些字如'椒'只表示韓語音訓，未加漢文釋文；有些字如'龜'在標題字下只列漢文釋文。

亼，집。以人一象三合之形。字見患門四花。
椒，산초【초】。
龜，雄曰毒冒，雌曰觜蠵。

由上面所提的釋文體例可以看出，《醫書玉篇》釋文最大的特點是在大部分的標題字之下只列一個韓語音訓，由漢文釋文表示具體之意。雖然也有"嬸，숙모【심】叔母。아랫동서【심】夫之弟婦。"和"疸，황달【단】黃疸。머리부스럼【달】頭瘡。"這樣有兩個韓語音訓的例子，大多數的標題字只有一個韓語音訓。並且，除了本來就只有一個音訓的漢字以外《醫書玉篇》所提示的韓語音訓是從多種義項當中擇選出來的。20)

---

18) http：//terms.naver.com/entry.nhn?docId=2345363&cid=51276&categoryId=51276，<韓醫學大詞典>。

19) http：//terms.naver.com/entry.nhn?docId=236245&cid=50365&categoryId=50365，<韓國傳統知識portal>，http：//zhongyaofangji.com/c/cishisan.html#69759，<中醫寶典>。

筆者認為，這是為了集中匯集與醫學有關的義項，以此強調《醫書玉篇》的醫學專業性，助於讀者又快又準地查到所需要的義項。這樣《醫書玉篇》才能完成符合於編纂目的實用性較強的釋文體例。《醫書玉篇》的集中性和實用性使其克服了字種之寡以及義項極其單調的缺點。

3. 《醫書玉篇》的界限與價值

根據朴亨翌(2012)的研究，《醫書玉篇》是韓國最早的特殊漢字字典，在韓國的字典發展史上具有相當高的價值。同時，全書的形制設計極其簡便、易於攜帶的創意是非常新穎的，是在別的字典上難見的特色。[21]不過，該書也有一些缺點：比起其它字典，收錄漢字總數太少，又基本上只列了一種韓語音訓，不能查詢到多樣化的字種和義項。雖有如此的不足之處，該字典所收錄的2,020個漢字，除了一些通過深層分析才能證明與韓醫學有關的漢字之外，均與韓醫學有著直接或間接的聯繫，也是醫術上所常用的漢字。換句話說，雖然《醫書玉篇》的字種較少、義項簡單，但這些漢字均是有效而密集性地匯集了韓醫學專業化的字種，並且體積小又攜帶方便，具有極高的實用性。同時，兼備了傑出的可讀性，所以該字典作為一部醫書專業字典的價值，是不容懷疑的。反而還可以說從'作為一部特殊醫學字典所具有的實用性和密集性'角度來看，比任何大型字典還要優秀。《醫書玉篇》的作者金泓濟在當時出版界弊病蔓延－如雨後竹筍般淨刊行一些大同小異的漢字字典－的情況下，能認知到專業字典之需求，并以獨自所立的原則來選擇代表字的字種、韓語音訓、提示漢文釋文，編撰了這一部《醫書玉篇》。筆者認為這就是《醫書玉篇》的價值所在，需對該字典在韓

---

20) 《字典釋要》："嵌【감】坎傍孔。구덩이겻구멍【감】。○深谷嵌巖。깁흔골작이【감】。(咸)。"；"礙，【애】止也。거릿길【애〉】。○妨也。방해로을【애〉】。○止也。그칠【애〉】。(隊)硋仝閩遇"；"椒，【초】似茱萸而辛香。산초【초】。○山顛椒丘。산마루【초】。(蕭)。林仝。"，《字典釋要》的義項屬於較為簡單的一類，《醫書玉篇》的義項比它更簡單，在兩個以上的義項當中只採取了與韓醫有關的義項。

21) 朴亨翌(2012)，451頁。

國字典史上的價值其為推重才是。

　　如上所述,《醫書玉篇》具有其他字典不可比擬的專業性和密集性,這也是該字典的效用所在。從現代人的視角看來,《醫書玉篇》所收錄的字種仍充滿朝氣蓬勃的生命力,在培養韓醫學專家的教學現場上也能應用。據筆者調查,蔡韓等人於2011年發表過其中的1,000個漢字為韓醫學教育用必修漢字。[22]

　　以蔡韓為首的研究員已在2010年所發表的<韓醫學入門必需漢字抽出及分析研究>一文中[23],以教育及人才字源部所選定的1800個漢字、國家公認漢字資格考試2級漢字(公認二級漢字),《黃帝內經》摘錄,《東醫寶鑑》摘錄,《傷寒論》原文,《東醫壽世保元》原文中的性命論等作為對象,抽出韓醫學入門階段的學生所必須習得的漢字字種。[24]

　　該研究的結果指出,韓醫學教育所需要的漢字必需包括教育及人才字源部所選定1800個漢字,該研究所選的韓醫學入門漢字(指Table3)[25],為應對每科目或學年教程進度選擇高頻率漢字。有與疾病有關的'疒'部首漢字,與生理解剖有關的'肉'部首漢字,與治療藥材有關的'艸'部首漢字等,並且考慮到學生的水平和學習進度將這些漢字適當地安排在課程中。此外,對漢字字典的使用法、語法、中國簡體字以及漢字筆畫等方面的教育也在進行[26]。

　　因此,蔡韓在2011年,基於2010年進行的前期研究,以在韓醫學教育現場上共同採用的生理學、醫史學、病理學、經絡經穴學、本草學的教材本文為對象,篩選出一些'韓醫學教育必需漢字'。另外,除上列對象之外,又將教育及人才字源部所選定的1800個漢字和公認二級2,355個漢字作為

---

22) 蔡韓外,<韓醫學教育用必需漢字的抽出以及其分析研究>,大韓韓醫學原典學會誌,第24卷5號,2011年。
23) 蔡韓外,<韓醫學入門必需漢字抽出及分析研究>, 東醫生理病理學會誌第24卷,3號。
24) 蔡韓外,<韓醫學入門必需漢字抽出及分析研究>,東醫生理病理學會誌第24卷3號.374頁。
25) 蔡韓外,<韓醫學入門必需漢字抽出及分析研究>,東醫生理病理學會誌第24卷3號.參照Table3。
26) 同上,378頁。

頻率比較的依據，又用Microsoft Access分析漢字出現頻率，來導出不包含教育用漢字1800字的'韓醫學教育必修漢字'1000字(Table3)。27)

《醫學玉篇》和'韓醫學教育必修漢字'所選的漢字基本上分散於整個部首系統。但這些韓醫學專業漢字還是更集中于某些部首之中，如'疒'、'虫'、'言'、'肉'、'手'、'水'、'心'、'目'、'耳'、'口'、'足'、'歹'、'鼻'、'骨'、'齒'、'尸'、'頁'、'皮'、'子'、'女'、'艹'、'竹'、'木'、'米'、'石'、'豸'、'鼠'。這些部首的所屬字一般表示病名、病症、病因、病的狀態、身體部位、藥材等。所以考察上述部首字的收錄比率就可以證明該書的韓醫學專業性的水平。因此，筆者以與韓醫學有關的部首為主對《醫學玉篇》和'韓醫學教育必需漢字'的字種作了比較，得出了如下的統計結果。

編碼	部首	《醫書玉篇》漢字	百分比 28)	韓醫學教育用必需漢字	百分比
1	疒	疗疠疕疝疚疔疙疟疠疥疢疤疣疳疲疵病疫疵痄疳疽疴痊疹疸痂疼疳疱疴疳痂痣痞痂痐痍痔痎痕痒痊痘痓疼痦痢痣痛瘖瘃痠痤瘀瘨痂痧瘘痒瘭痙瘍瘰瘡瘂痳痨痦瘟瘝瘤瘩瘭瘵瘳瘋瘦瘂瘩痏瘭瘺瘵瘠瘰痓瘞瘜瘤瘊瘖瘭瘭瘰癐痛癉瘲癉癉癘癎癊癒癐癘癩癬癙癬癰癩癊癥癘癒癇癬癥癎癊癌癘癥癕癯癬癭癬癘癥痼癲瘜癃癧癮癥癘癒癱瘛瘆癍癉癇癬癐癲癩癌癍（154）	7.6	痰瘵瘡瘀痺疼癰痿痢瘤疹癲痒疽痞痊瘕疽癧痔癯瘦疥癥痘痩瘟瘲瘤痺癬瘦瘀癰瘟癖瘜癯瘓瘡癡瘦痕瘴疣瘂痂痊疱瘚癒瘁痄痔癆瘵疹癲瘥痊癩(63)	6.3
2	虫	虻蚣蚌蚍虺蚨虬蚧蚊蚡蚖蚕蚪蚶蚚蚯蛇蛆蛭蚿蛄蛙蛉蚯蚶蚱蛋蚵蚜蚕蚄蛛蛙蛔蛭蛟蛤蛞蛹蜊蛤蜈蛻唇蜒蜓蜊蛸蛾蜋蜆蜘蛶蟹螺蜣蜴蜉蜊蜉蜂蜇蜂蛾蜻蝴蝓蝸蝩蝙蝠蝦螽蟒蝮盘蜹蟓蜥螂螟蟥螢螬螣螟螢蠁蟠蟢蟠螯蟲	6.1	蚓蠣蛤蝎蟓蛸蠱蛋蚧蚣蜈蝦蛻虻蠟蟆蝦蛾(18)	1.8

---

27) 蔡韓外，<韓醫學教育用必需漢字的抽出以及其分析研究>，大韓韓醫學原典學會誌，第24卷5號156頁。你參照 Table3。

#	部	字例	數值	字例	數值
		螺蟆螳螻蟋蟈蟹蟻蟠螺蟯螺蟴蟹蠅蟾蟻蠕蜻蠍蕭蠖蟮蠣蠢蠦蠱蠹蟶蠨蠭蠰蠟（125）			
3	言	訊訛訛訥訣訾詖詒診誇諳謇謐謾證詒註譯（17）	0.8	診訣註謐謨訶譆諱詮諫謬譏（12）	1.2
4	肉	肋肭肛肚肝肓肘胖肢肥股肺肧肩肪胑胱胸肳胃肱腑胙胎胖胞胗脌胠脉胴胳胘胸脎脛胰胰脆胲胭胱脊脊脰胏脭唇脘胥脞脛腳胺脖脮脑脾胼胖腐腎脹脓腋腕腘腫腴腩腥腦腠腔腭膜腧腟䐃腮胞腢臍腿膏臍臁腽腄膊腹膝膈膜膝膠膈膩腦膲膨膽膿臂臀臊膺膽臕膆膻臐臍臑臍臍臏臟（121）	5.9	腎脾腫腑脹肢膽膀胱膝脘肌胎脊臂膈膏肘膜脂膿膩肋腠肛腕腿膠脛腧膻股腔脘腸腺押腥膂脅肪膚胖肚膝腓膕胚膳腮胗胕脂臆膲臚脖脅胂膊臍（59）	5.9
5	手	扎扑扛托技抵批抒扳抄抓抗抔扼扱拈拏拒拚拋拖拗拙扭扤拇抹拉押拐拱指揫挑挈挂拳拯拿拭挖捫捆捐捋挫捋挎拷控掎搖揣挤揉携搔搓搽掾掐搹搵搽揪撇撮撒擁擦攀攪据撪（88）	4.3	投掉握挺拇撥捷揭撫披拊挫搶挺扭押擎摯攀攝撃(21)	2.1
6	水	汗汐次汽沸泄泡泔沫泝洟洩津涕涔淤涸洤淋淹液浙淘湩浚涅渴淬準淌溺溲滌潃漬涌涴漫漂漿漲漚漱漆漏滲滴潎潑潤瀆潰潛潑潦濡濇澀澱濡瀘瀟瀉瀋瀹瀮（68）	3.4	瀉泄液滯津滋滑澁淋汁涎濡溝淵溜溢潰浙溏涌滲灌沫涕泌溺瀝淳冲汪淮澄游溲渚溶涵滌渾滇漱漓沛澈沸澹浚洒澼灣漬溉浙瀧淬樂濇澆澈潞洽汲涪(63)	6.3
7	心	忿怪怎怫恚恨惡悸愾惑惕惚悚惋悶愊愈愆惰惺愫愷慌慷慄慊態慰憤惨慷慾懑懺愱懕憤憺憚憔憑慨懈懨憾憺愨慢懶懿憺戀懌慨憨愧（59）	2.9	悸悶怔忡怯慄惕悍恢怕慓怫懊悋慌慵懈恚憑憨(20)	2
8	目	盯盲眈眇眄盻眇昳胋眛眒眙眓眴胊眷睛睹睫眥眸眯胹瞇腴眲眩眷脾睚睘睛睹睫眘睪睃瞟瞇瞑瞳膄瞌瞖瞓瞠瞳膪瞭瞰瞥瞻瞼矇矉曠矙（57）	2.8	眩睛眥瞤瞼瞀瞿瞑眵瞳(10)	1
9	耳	耴耿聰聑聝聘聳聵聶聾（10）	0.4	聹(1)	0.1
10	口	吃呃吻呪呿呴呷呵咳咽咬哮呢哽哩喝喘喉喫咯喑嗄嗉嗝嗒嗑嘔嗽嘿噉嚏喊噤嘎嚙嚏嘽蠚（？）	2.1	咳喘嘔咽唾噎噤喀咯哮喻噴噯啼啞嘈呃喝吻嘶叩哈(22)	2.2

		呪咕哂剐（43）				
11	足	趴趴趴趺跏跩跛跟跣趼跳踁跨踞踠踤踜踝踉踏踵蹁蹄寋蹶蹲蹼躁蹩躋躑（32）	1.5	躁踝蹻跌趾趴跟趺跂蹄(10)	1	
12	歹	殁殚殀殍殘殟殠殫殭殨（10）	0.4	殖殀殫(3)	0.3	
13	鼻	鼽鼾齁齙齇齈齉(8)	0.3	鼽(1)	0.1	
14	骨	骫骭骬骰骨刃骶骸骱骺骼骾骿髀髁髂髃骨夾骹骻骼骯骵骨非骰骴髆髇髈髉髊髍髏髐髒髕髖髗髑髓髒髀體髆髏髋髏髐髒(33)	1.6	髓髑骶骸髒髀髎(7)	0.7	
15	齒	齔齕齗齘齙齠齜齟齦齬齯齰齱齲齶齷齵齹齺(16)	0.7	齦齲齡(3)	0.3	
16	尸	尻尿屁屎屑屘屬(7)	0.3	尿屎尻屑尼履(6)	0.6	
17	頁	頎頂預頑頤頷頫頰頸頷粵頤煩頩頗顋頿額顧顥(20)	0.9	頸煩頷顱頑顴額顥頤頰顒顆頎碩頤(15)	1.5	
18	皮	皰皯皺皰皵皶皷皷皸皹皺皻皼皽皾(11)	0.5		0	
19	子	孕孩孎(3)	0.1	孕(1)	0.1	
20	女	奶姓娩娠姊姆嬬(7)	0.3	妊娠姚嬌(4)		
21	艹	艾艽芎芊苧芍芊茚芪芷芯芥芹芭芽茉苞苓芡芡莢芨芤芡苢苜苞茄苹苓苷莓苴芺芜萸荊荍茹菜茵茵茜茶苻茗苂伏葜莉莊苹莧堊莨莖荳荍莎菪葜菘葦荓菝菇萊蒱萘萍萄碞菁菴菱菸薪菔菇蒒萠菠菰葦葓葑萵僾葦葳葡葯莄葓葽蔥葶葳蕡葞葛葽薊蒿菜萿葎萁菋茸菜蒔葠蔡蒿蒜薜蓏蔓菌菝荍萠勃蓫蓯蔚蘇蕚蔕蔖蔓蕇蔘蔴蒙蔟薢菜菝蔲薈箤蓫蓽菌黄純蘚蕤陸蓎菠蓘蘆葺葚莑勝蕈蕨薇蕢葍蕾蘹薍蕻蘝蕭薈薛薽蒽萁藿蕨薇薌劑蕾薙薁麅藫藗藒藪薳藏菦薛藜蘂薐藒薢藥薠薾蕣舊薁葛藒藥藫藘蓺蔺蘇薂薦藣藩藩藷諸蘧蘩蘭蘚蘚蘣蘩蘱薑蘺蘸蘭蘼諧蘕茎(232)	11.4	蔘苔薑艾茎苓芍菱芎茯苓葛葁茱萑藤蘆杏蒲菟蒿芒蘊葵芥茅茸蘷茵苑菀蔬蓉芝苡蔻薏芷董茹藻蔡蔥荓陳蕃蘭薇菖芫茴蔓蓯芁韭薜薤蓽蕟蘗莿扎蕭薾薢葶葵芡我藁蒜茭萌蒔茶蕊茜莞莨蕪薔蓬葶萯芨薹薯薩莧稻蓼(92)	9.2	
22	竹	竺笋笈筥符笮笠筎筏莒箅笕箕筭箋箠篙簛籤笞竾筓笮箒箍笧簾箞(28)	1.3	筋笭筌箕箭籠筮(7)	0.7	
23	木	朵朷杉杲杵枚杪枋枭枳栖枸枹	3.0	樞棗桔柴梗棗枳杜稜梔桔杞	3.9	

		柚柑柞枇柊枤格桔核栗桃梔梳梢梭棒椎榑棕椒枺梭椏枘棟楞榛榷榨桿楠楂楰檀檉橵橫槲櫟櫻欖朽楦橃橺楣(61)		枸檳梓椰柄橘椿橘椒橈杭榆梓槐橢楝梢梃枚桓枇杷棕柯椊櫻樟棒(39)	
24	米	籿粃粐粙籽粃粉籹籶粗粗粕粗粗粒粱粥粟粱粳粽粹稗糭糊糅榙糲糕糉糒糓榖糢糜糟糝糠糙糢糰粺糯糵粦(46)	2.2	糟粕粗粒糜糞糊粹(8)	0.8
25	石	矴矴砂砒砥砮砲砧砝砭碎硐硝硲硬硫碎碓碣砵硼碰碾磐碶磽礫礬礦硯碢磃(31)	1.5	碎砭硝硫磁砒碾(7)	0.7
26	豸	豻貂独猗猯貐貛(7)	0.3	豹(1)	0.1
27	鼠	鼢鼫鼫鼪鼴鼯(6)	0.2	鼠(1)	0.1

　　如上面統計表所顯示，儘管韓醫學教育用的必修漢字字數只有1,000個字，少於《醫書玉篇》2,020個字，但比《醫書玉篇》的收錄率高的部首只有'言'、'水'、'口'、'尸'、'頁'、'木'部，在其他21种部首上《醫書玉篇》的收字率更高，尤其是與韓醫學的关系最为密切的'艸'、'疒'部。由此結果不難看出，在字量和字種方面，《醫書玉篇》的字種更為豐富、難度較高。雖然韓醫學教育用必修漢字，是學韓醫學生的必修。篩選這些漢字群的辦法也相當科學，具有頗高的可信度。但是比起《醫書玉篇》的漢字，其水平和韓醫專業性確實仍處於初級階段。若要擴大'韓醫學教育用必需漢字'字種的話，《醫書玉篇》作為字種庫可以起到相當積極的作用。其理由有二：一是因為該書通過筆者對《醫書玉篇》每個字種所進行的統計，已經證實了它至少匯集到了1,965個字以上的與韓醫有關的漢字，於是可以保證該書的韓醫學專業性。二，《醫書玉篇》在醫生臨床診療時實際已經派上用場，其實用性由初版系列的兩次重刊可以證明。論起收錄漢字的字種、專業性都有足夠的資格當做韓醫學教育用必修漢字。這就是約早在100年前出現的《醫書玉篇》作為一部醫術專業字典所具有的現代效用，又是在韓國字典發展史上不可忽視的理由，更是如今从現代的角度使它的效用性復甦過來的理由。

---

28) 兩部書的字量本就有異，單純比較與韓醫學有關部首所收的字數，不能得出公平又科學的信息，於是換算為百分比。

4. 參考文獻

1. 未詳,《全韻玉篇》, 19世紀.
2. 金弘濟,《新訂醫書玉篇》, 首爾：光東書局, 1921.
3. 金弘濟,《新訂醫書玉篇》, 首爾：明文堂, 1944.
4. 東洋醫藥書籍編纂會,《修正增補醫書玉篇》, 首爾：學生社, 1965.
5. 陳廷敬外,《康熙字典》, 北京：社會科學文獻出版社, 2007.
6. 檀國大東洋學研究所,《韓漢大辭典》, 檀國大學出版部, 2008.
7. 朴亨翌,《韓國字典的歷史》, 首爾：亦樂出版社, 2012.
8. 禹亨植, <音節間ㅅ標記的演變>,《外國語文論集》第9輯, 1993.
9. 申有植, <開化期國語標記研究>,《語文論集》第10輯, 1994.
10. 田光鉉, <近代國語音韻>,《國語之各時代演變研究》第2輯, 1997.
11. 陸孝昌, <顎音化考察>,《東國語文學》第17輯、第18輯, 2006.
12. SeungYong Shin, <複元音的定義以及複元音的分節音之墜落>,《東國語文學》第17、18輯, 2006.
13. 蔡韓等, <韓醫學教育用必需漢字的抽出以及其分析研究>,《大韓韓醫學原典學會誌》第24卷5號, 2011.
14. Lee Jonghyeon, <韓字綴字法統一案(1933)前後表記法變化研究>, 江原大學碩士論文, 2015.
15. 漢典：http://www.zdic.net
16. 中醫搜索：http://zhongyisousuo.com
17. Naver知識百科：http://terms.naver.com

附錄

《全韻玉篇》

王平

1. 引言

自古以來，漢字东传的时间一直都是中韓、中朝學者共同關注的課題。"早在春秋戰國時期，齊國通過海路、燕國通過陸路就與朝鮮進行貿易"[1]，這一點我們可以從朝鮮出土的大批戰國錢幣上的銘文得到印證。漢武帝元豐三年（前108年），在朝鮮半島設置樂浪郡等四郡。朝鮮與中原聯繫更加緊密，漢字在當地的影響也越來越大。根據考古發現，樂浪郡遺址內埋有大量刻有"樂浪禮官"、"樂浪富貴"的漢文瓦當和封泥。"韓國國土之內，現存最古金石文字，乃是北朝鮮龍崗郡所在之秥蟬縣神祠碑。……讀之，則可以看出那時韓國人已熟讀中國經史，且能引用名句。故其屬文之水準，其或庶幾接近於中國矣。"[2]朝鮮黃海北道安嶽東壽墓中的壁畫，其內容也完全是中原魏晉制度的反映。從上述出土文物可以看出，在朝鮮半

---

1) 陸錫興，《漢字傳播史》，348頁，語文出版社，2002年。
2) 許捲洙，《<康熙字典>之韓國流傳與其應用》，《中國字典研究（第二輯上）》，115頁，中國社會科學出版社，2010年。

島，漢字的傳播至少有兩千年以上的歷史。如果以戰國錢幣銘文為始，則漢字東傳的歷史更為悠久。作為可見證的中韓文化交流成果，除了我們上述提到的出土文物外，還有韓國人自己編纂的大量的漢文辭書，《全韻玉篇》即為其中之一。

2. 《全韻玉篇》成書背景、版本和體例

2.1. 《全韻玉篇》成書背景

雖然漢字早在春秋戰國時期就已經傳入朝鮮半島，但是韓國人自己編纂漢文字典的歷史並不長。長期以來，韓國人對漢字的學習和使用，主要是借用中國傳來的字典。根據《舊唐書·高麗傳》記載，"俗愛書籍，至於衡門廝養之家，各於街衢造大屋，謂之扃堂。子弟未婚之前，晝夜於此讀書習射。其書，有五經及《史記》……《玉篇》、《字統》、《字林》，尤有《文選》，已愛重之。"新羅武烈王以前（前654年），《爾雅》亦傳入韓國。王氏高麗時代（936~1392年）所藏中國書籍目錄中也多有《廣雅》、《三蒼》、《埤蒼》等之類的字書和韻書。朝鮮建國之後，朝鮮王朝第四代王世宗於1430年，命學士申叔舟等把《洪武正韻》訓譯成韓文，並以韓字注音而刊行之。同年，韓國開始自己編纂字典《東國正韻》，同樣用韓字注音。"到了《康熙字典》之傳入韓國，雖韓國不無自國之字書，然韓國人仍用傳來之字典。《洪武正韻譯訓》和《東國正韻》幾乎不用。"3)

《康熙字典》自1728年傳入朝鮮後，不僅為當時學者廣泛使用，而且也頗受統治者的喜愛。據載，朝鮮王朝第二十二代正祖王（1777-1800年）曾仔細翻閱《康熙字典》，並提出個人見解。"到了朝鮮後期正祖王代，王命學者李德懋、徐榮輔等編纂自國之字書，命之曰《全韻玉篇》，而並於1796年刊行而使用之。"

韓國雖然一直使用着從中國傳入的漢字，但漢字字音在汉字傳入後不

---

3) 許捲洙，《<康熙字典>之韓國流傳與其應用》，《中國字典研究（第二輯上），116頁，中國社會科學出版社，2010年。

久就發生了一些變化。可以推測，漢字初傳入韓國時，肯定保留着大量的漢音，但是漢字畢竟不是韓國固有的文字。隨着漢字的廣泛使用，在多種因素的影響和促進下，韓國的漢字音開始出現了富有本國字音特點的變化。

其實早在世宗大王在位時，兩國的漢字發音已經有很大的不同。為此，韓國編纂了《東國正音》一書（1447年），用以消除漢音和韓音的混亂。其後韓國陸續刊行《華東正音通釋韻考》（1747年，朴性源）、《三韻聲彙玉篇》（1751年，洪啟禧）、《奎章全韻》（1792年，李德懋）等韻書，致力於韓國字音的規範化。換句話說，十五世紀以來，韓國漢字字音經常以韻書的表音為標準，《東國正音》及其以後的韻書對規範韓國漢字字音起了很大的作用。[4] 考察韓國字典韻書的編纂史，我們發現，與中國傳統字書韻書不同的是，朝鮮一直有韻書和字書成對編纂的通例，這樣做的目的主要是提高檢字效率。不過，成對互補的兩種辭書之間起主導作用的是韻書，字書只是輔助韻書而已。這一富有韓國特色的辭書編纂體例影響深遠，直到近世，韻書才被"字書"所取代。發生這一歷史性變化的，當從《全韻玉篇》開始。關於這一點，我們可以從《奎章全韻》和《全韻玉篇》的關係中論證。

《全韻玉篇》附在韻書《奎章全韻》之後，其字音收錄了《奎章全韻》所收的規範音和俗音以及《華東正音通釋韻考》的東音。此外，《全韻玉篇》中的音與《三韻聲彙玉篇》中的音大部分也是一樣的。由此可見，《全韻玉篇》實際上是上述韻書的集大成之作。如果把《全韻玉篇》和《奎章全韻》的收字做一下比較會發現，二者收錄的漢字也是大同小異的。不僅如此，《全韻玉篇》也像《奎章全韻》一樣要進行避諱，在該避諱的字上添了[　]的符號。總之，《奎章全韻》和《全韻玉篇》基本上是在同一時期編纂的韻書和字書。雖然二者的關係密切，但是從《全韻玉篇》成熟的編纂體例、詳實的內容和豐富的讀音等諸要素來看，它已經具備了獨立字書的面貌。

---

4) 柳在元，《<全韻玉篇>的俗音字研究—以牙喉音系的ㄱ，ㅎ為中心—》，《中國學研究》第11輯，64~65頁，1996年。

2.2.《全韻玉篇》的现存版本和体例

《全韻玉篇》作為一部傳統意義上的字書，自問世起就流傳着不同的版本。目前，首爾大學奎章閣收藏了《全韻玉篇》四種異本，皆是木版本，但可惜的是都不是初刊本。奎章閣所藏的《全韻玉篇》中最古的是純祖（1819年）時期的版本，表題紙上印有"己卯新刊春坊藏板"的字樣，33.6×22厘米，四周雙邊，半葉匡郭20.8×15厘米，有界，10行，字數不同，上為黑魚尾。另外，還有刊記上寫着"庚戌仲秋，由洞重刊"的版本，應該是哲宗一年（1850年）刊行的。除此之外，還有不能推定確切年代和刊行時間其他版本。這其中，值得注意的是，奎章閣還收藏有內容與《全韻玉篇》幾乎相同，署名卻不同的兩種書，其卷首題名分別是"校訂全韻玉篇"和"校訂玉篇"。如果我們把《全韻玉篇》和《華東正音通釋韻考》做比較，會發現《全韻玉篇》有的地方少收錄了一些漢字音和當時的一部分俗字，後來有校訂者在欄上追補，這大概是"校訂全韻玉篇"名稱的由來。

從性質上來說，《全韻玉篇》是一部傳統意義上的字典。全書分上、下兩卷，凡214部，收字11088個，其中包括《奎章全韻》所未收的178個字。全書按照部首排列，部首數目及順序與《康熙字典》完全一致，同部首字按照去掉部首以後的筆劃數目由少到多進行排列。至於字音，《全韻玉篇》基本上以《奎章全韻》的規範音為本，寫在"□"裏面的韓字表示其漢字的韓國漢字音，即"東音"，韻部共106個，用漢字寫在"〇"裏面。

雖然韓國人自編漢文字典較晚，但由於之前曾長時間大量接觸和使用中國古代字書，因此其訓釋體例已頗為成熟。《全韻玉篇》的編纂體例具體如下：每字頭下先標注韓音，後用漢字繁體釋義。如遇一字多音多義，則在每義下注明該字所屬韻部以示區別。在訓釋字義時，大都列有與字頭不同關係的字形，並間附個人見解。下麵以"總"字為例說明。

《全韻玉篇》'總'字

"⑪ 總: 囗 縫也. 束. 統也, 皆也, 括也, 合也, 禾藁. 束髮, ｜角. 聚也, ｜｜. 董. 摠同, 非."

按, 這裏的"｜"代表字頭, 本例中即為"總"字。圓圈中的"十一"表示"總"去掉部首"糸"之後的筆劃數, 後"縱"、"縫"皆同。方框裏是韓音[5], 有時是一個音, 有時是多個音, 音的數量與韻部的數量並不完全相等。比如"縫"字, 韓音只有一個, 但是漢音有兩個, 分屬於"東"部和"宋"部。字頭下用雙行楷體小字釋義, 當表示"縫也"義時屬於"東"韻, 作"統也, 皆也, 括也, 合也, 禾藁. 束髮, 總角. 聚也, 總總"解時屬於"董"韻。解釋字義時, 一般先解釋單字, 然後再解釋由該字組成的詞, 如"束發, 總角""聚也, 總總"等。"摠同, 非"則表明作者自己的觀點, 即認為"總"和"摠"相同是不正確的。

3. 《全韻玉篇》的說解特點

無論從內容上還是從編排體例上, 《全韻玉篇》都屬於一部傳統意義上的字典。在韓國, 《全韻玉篇》被譽為韓國歷史上第一部真正意義上的字典, 它對後來韓國字書的編纂起着示範的作用。如上所述, 《全韻玉篇》的編纂充分吸收了中國傳統字書尤其是宋本《玉篇》和《康熙字典》的精華, 在體例編排上已經頗為成熟。除此之外, 《全韻玉篇》還有着自己的鮮明特色, 主要體現在以下兩個方面。

3.1. 鮮明的個人色彩

《全韻玉篇》不僅比較完整地保存了韓語中漢字的面貌, 而且還用了一整套文字學術語對字際關係進行梳理和界定, 例如"同"、"通"、"古"、"俗"、"本"等。通過這些訓釋, 我們不僅可以瞭解作者的辭書編纂思想, 而且還可以窺見他們在文字學和訓詁學上的一些成就。

---

5) 朴美淑, 《中世以後韓國漢字音的演變樣像研究》, 韓國外國語大學中語中文系碩士論文, 14頁, 2011.8.；金順姬《<奎章全韻>版本考》, 204~205頁。

據統計，《全韻玉篇》表明作者觀點的大致可以分為五類：一、同字類：通例為某同、同某、某同，非、同某，非；二、俗字類：通例為俗、俗作某、俗作某，非、某俗字、俗同某、俗同某，非；三、古字類：某古字、古作某、古文某字；四、通假類：通例為某通；五、本字類：通例為某本字、本作某。

3.2. 簡潔的說解內容

同中國傳統字書相比，在內容方面，《全韻玉篇》具有簡單明瞭的特點。關於這一點，我們可以拿与之時代最接近的《康熙字典》做對比。同樣是"總"字，《康熙字典》釋義如下：

〔古文〕纵【廣韻】【正韻】作孔切【集韻】【韻會】祖動切，丛音摠。【說文】聚束也。【徐鉉曰】今俗作摠，非。【廣韻】合也，皆也。俗作惣。【書·伊訓】百官總巳。【左傳·僖七年】若總其罪人以臨之。【註】總，將領也。【前漢·揚雄傳】解扶桑之總轡。【註】總，結也。【屈原·離騷】紛總總其離合兮。【註】總總，猶縛縛，聚也。又【釋名】總，束髮也，總而束之也。【詩·齊風】總角丱兮。【疏】總聚其髮，以爲兩角。【儀禮·喪服】總六升。【註】總六升者，首飾象冠。又禾稾曰總。【書·禹貢】百里賦納總。【疏】總者，總下銍秸禾穗與稾，總皆送之。又總布。【周禮·地官·廛人】總布。【註】總，讀如租穗之穗。穗布，謂守門斛銓衡者之稅也。○按總總音義各別，今俗以總爲總，非，詳總字註。

按：二者都是先注音，不同的是一個用韓音，一個用反切，而且《康熙字典》在注音時，引用四本韻書為例。釋義方面，《全韻玉篇》簡潔明瞭，無一文獻為例證。而《康熙字典》在釋義方面可以說不厭其煩，援引大量文獻，而且經史子集皆有。由此可以看出，《全韻玉篇》更注重的是使用上的便利，字典的工具性質極為顯明。而《康熙字典》雖內容豐富，但卷帙繁重，不便攜帶。

4. 《全韻玉篇》的地位

4.1. 《全韻玉篇》在韓國字書中的地位

縱觀韓國漢文字典編纂史，大致可分為三個時期：

一是甲午更張（1894年）以前，其代表作是崔世珍的《訓蒙字會》（1527年）和《韻會玉篇》（1536年）、洪啟禧的《三韻聲彙玉篇》（1751年）和李德懋的《全韻玉篇》（1796年）。後三種"玉篇類"都是附於韻書之中，主要作為索引使用，其中《全韻玉篇》附于《奎章全韻》之後。

二是甲午更張以後至1945年朝鮮半島光復，這一時期的字典是以本國語解釋漢字音訓，代表作為鄭益魯的《國漢文新玉篇》（1908年）、《漢鮮文新玉篇》（1913年）和《字林補注》（1922年），以及《字典釋要》（1909年）和《新字典》（1915年），"字典"這一名稱也正是在這一時期確立的。

三是朝鮮半島光復以後至今，各種漢字字典層出不窮，內容和編排體例均發生了很大變化，尤其是中韓建交以後，漢字字典辭書的編纂進入了一個高潮期，其代表作為高麗大學編撰的《中韓辭典》（1993年）和檀國大學編撰的《韓國漢字語辭典》（1997年）。[6]而上面兩個時期無一不受第一個時期字書特別是《全韻玉篇》的影響。

總之，《全韻玉篇》在韓國字典發展史上的地位是無可替代的。它上承崔世珍、洪啟禧兩位先生字書在編纂方面的優點，下啟韓國近現代字書的編纂，其模範垂示作用毋庸置疑。《全韻玉篇》保存了豐富的漢字量、形、音、義的資訊，作為漢字研究的成果，不僅可以規範韓國社會的用字，而且還可以為後世研究中國漢字起到旁證材料的作用。

4.2. 《全韻玉篇》在中國古代字書序列中的地位

在中國古代工具書中，以解釋漢字形義為主的書，我們通稱為字書。東漢許慎《說文解字》（以下簡稱《說文》）是中國第一部以貯存小篆和其他

---

6) 陳榴，《<康熙字典>對韓國近代字典編纂的影響》，116頁，《中華字典研究（第二輯上）中國社會科學出版社，2010年。

古文字的字書,作者以結構分析建立了字形構造與意圖的聯繫,是中國現存解釋漢字本義的"第一書"。南朝梁顧野王編寫的《玉篇》是代表歷史漢字由古文字向今文字過渡定形的第一部字書。顧野王的原本《玉篇》大約亡佚于唐末宋初,唐人孫強增字本通行後,顧氏原本也就散失不傳了。根據日本人馬淵和夫《玉篇佚文補正》(《東京文理科大學國語國文學會紀要》第三號)統計,《玉篇》殘卷現存63部,共計2087字。宋真宗大中祥符六年(1013年)陳彭年等又奉詔重修《玉篇》,據以重修的是孫強本,這就是流傳至今的宋本《玉篇》(注:因原本《玉篇》僅剩殘卷,如下引自《玉篇》者,均指宋本《玉篇》,簡稱《玉篇》)),它保存了從南北朝到唐宋之際的歷史漢字形音義系統發展演變的豐富資訊。繼《玉篇》之後的另一本影響力較大的字典是《字彙》。《字彙》為明代梅膺祚所著,成書于明萬曆四十三年(1615年),收字33179個,全書按楷書筆劃編排,把《說文》540部首改並為214部首。《字彙》對漢字運筆先後、字形字體等都作了規範,對古今通用字也進行了列舉,在檢字、注音、釋義等方面都有改革和創新,對漢字的簡化、規範和發展都具有重大的意義。《康熙字典》(1716年)由清代康熙皇帝令張玉書等人參照《字彙》和《正字通》編纂而成。全書分為12集214部,每字下詳列反切,並加注直音,字義之下都引古籍中的文句為例,是中國古代字典的的集大成者。[7]

　　如果將韓國朝鮮時代的《全韻玉篇》置於以上中國古代字書的序列中,我們就能更加清楚地認識到它的價值。《全韻玉篇》成書於1796年,這個時間位於《康熙字典》之後,大概是清朝嘉慶年間。我們把《說文》、《玉篇》、《康熙字典》和《全韻玉篇》收字情況對比如下:

---

[7] 王平,《韓國朝鮮時代<訓蒙字會>與中國古代字書的傳承關係考察》,大韓中國學會主編《中國學》第32輯,2009年。

中國字書 資料比較	《說文》	《玉篇》	《康熙字典》
與《全韻玉篇》字頭相同個數	6349	8841	10670
對應率	58.2%	81.0%	97.8%

從它們收的相同字頭的個數，我們可以認定《全韻玉篇》所收集的漢字在時間層次上與中國傳統的字書有一定的傳承關係，，《全韻玉篇》受到中國傳統字書特別是《玉篇》和《康熙字典》較大影響。

《全韻玉篇》可以說是韓國朝鮮時代經典字書的一個代表，可以和中國字書《說文》、《玉篇》相媲美。其版本雕刻精緻，字體端莊大方，訓釋內容翔實而又不失簡約，在韓國很受歡迎。《全韻玉篇》也有它的缺陷：首先，該字書附於韻書《奎章全韻》後面作為檢索，所以它本身沒有一個讓人快捷查閱的檢索，大大降低了使用效率。其次，雖說它訓釋體例比較成熟，但是沒有凡例，也沒有書序和書跋，不方便使用者學習查閱。最後，該書內容方面訛誤太多，詳參《校訂全韻玉篇》。

5. 《全韻玉篇》研究

5.1. 概述

《全韻玉篇》作為韓國的第一部真正意義上的字典，目前國內學者對其關注甚少，對其進行的研究更是鳳毛麟角。我們通過對中國學術期刊全文資料庫、維普中文期刊資料庫等十多家期刊資料庫查詢搜索，僅找到一篇專門研究《全韻玉篇》的文章，即北京大學安炳浩教授用朝鮮語寫的《關於<全韻玉篇>》。此外《中華字典研究》(第二輯上)(中國社會科學出版社，2010年8月) 收錄了兩篇與《全韻玉篇》相關的文章，即[韓國]許捲洙用漢文撰寫的《<康熙字典>之韓國流傳與其應用》和陳榴《<康熙字典>對韓國近代字典編纂的影響》。相反，國外專家學者尤其是韓國學者對《全韻玉篇》的研究

成果頗豐。對其內容進行校訂勘誤的專著有《校訂全韻玉篇》。2006年,韓國學中央研究院在建立韓國學資料庫的過程中,為了把漢字典故數位化,集漢字字形、字音、字義的研究成果於大成,建立了漢字典故資料庫,其中包括:《全韻玉篇》、《字彙》中正字俗字對照目錄-《正字俗字對照表》。從整體來看,韓國學者對《全韻玉篇》聲韻的研究成果比較多,主要偏重於正音、俗音之類的漢字音領域,代表性的研究成果有李敦柱的《<全韻玉篇>正俗漢字音研究》(中國語學會,1997年)以及與<全韻玉篇>的比較考察》(國語學會,2000年);李基東的《關於全韻玉篇正俗字-以前清字聲母為主》(1981年);柳在元的《<全韻玉篇>的俗音字研究-以牙喉音系的ㄱ、ㅎ為中心》,《中國學研究》第11輯)。김태경的《<廣韻>的反切音和<全韻玉篇><三韻通考>漢字音比較》(《中國語文學論集》,2002年)等。最具價值的研究成果是崔美賢的《韓國漢字音之雙重音研究--以<全韻玉篇>的複數漢字音為中心》(東義大學大學院國語國文系博士學位論文,2006年),該論文專門研究韓國漢字音發生破音字的背景和其具體情況。[8]以上研究成果能夠使我們瞭解《全韻玉篇》在韓國字書中的重要地位,把握《全韻玉篇》的研究方向,給我們的研究提供一定的借鑒。

　　既有的研究成果很是豐碩,但也尚存不足之處。比如研究內容多集中于文本的校勘,與其他文本的對照研究較少;研究方式大多是舉例性的,還缺乏系統地總體地考察等等。

5.2.《全韻玉篇》"同"字例研究

　　前文我們已經談到,《全韻玉篇》有着鮮明的個人特色,其主要表現在作者對字際關係的梳理和界定上。下面我們從文本出發,全面系統地對《全韻玉篇》中"同"字例進行綜合研究。

(1)《全韻玉篇》"同"字例所指
　　"同"簡單地說就是"和上面字頭相同"的意思,即"同"字的訓釋和上面字

---

8) 雙重音、複數漢字音是韓式的術語,與多音字相同。

頭的訓釋是相同的，"同"規定了它和字頭的關係。這和該字書中"通"、"古"、"本"等術語的作用是相同的。

"同"這一術語並非是《全韻玉篇》的獨創，在我國南朝梁顧野王編撰的《玉篇》中就有相似稱謂"同上"。在傳世文獻的注疏中，晉郭璞的《爾雅注疏》中比較早地使用了"同"這一術語。例如《爾雅·釋詁下》："流、差、柬，擇也。……《邶風》：簡兮簡兮。皆是也。簡柬音義同。"只不過這裏不僅釋義，也釋音。後來在訓詁類辭書的編纂中也有使用，三國魏張揖編纂的《廣雅》，在訓釋詞語時也用到了"同上"，其作用和注疏中的"同上"相同。而中國早期的經典字書中還不見這一術語，東漢許慎的《說文》不見此類術語，原本《玉篇》殘卷中也只是"與某字同"這類的訓釋語。唐代《干祿字書》、《五經文字》、《新加九經字樣》等字書也未見使用這類術語，而同期日本僧人空海所著的《篆隸萬象名義》中卻使用了"同上"類似術語。據此推測，此類訓釋術語用於字書的編纂大概始于唐代，之後開始普遍使用，宋本《玉篇》中就是其中一部，不過其作用已經發生變化。字書中的"同上"已經不是單純地對相同訓釋的省略，它還用來界定文字關係。

(2)《全韻玉篇》"同"字例與其字頭的關係及異體研究

要分析《全韻玉篇》"同"字例與其字頭的關係，就必須弄清楚它們的分類標準。首先必須說明的是，在《全韻玉篇》2229個同字例中，字頭和其同字之間的關係非常複雜，不僅有異體關係，還有通假、分化等現象。在這裏，我們主要研究的是異體關係。

作為文字學術語，"異體"一詞早在漢朝時就已經出現。關於異體字，歷來各家眾說紛紜，我們採用的是狹義的異體字的說法，即只是形體存在差異但記詞功能完全相同的字，也就是說它們必須是記錄語言中相同的詞語。我們在研究時，主要從筆劃、構件、整字三個層面對《全韻玉篇》2229個字頭下統轄的2489個"同"字例加以考察。在和其字頭比較之後，大致分為以下幾種類型：

(1)從筆劃層面來看，有增加筆劃類和減少筆劃類兩大類；
(2)從構件層面來看，有構件繁簡類、構件替換類和構件位移類。構件繁簡又可細分為構件繁化和構件簡省兩類，構件替換可分為義近構件替換、形近構件替換、音同音近構件替換以及類化構件替換四類；構件位移則有構件左右、上下位移兩類；

(3)從整字層面來看，有書體變異類和書體雜糅類。

在進行具體分析時，我們首先將《全韻玉篇》"同"字例的字頭列出，然後再列出與其相對應的"同"字並進行分析。如無特別指出，全文都將按這種體例研究。另外，為以後分析方便，在引文時一律依文本本來面貌。

(3)《全韻玉篇》"同"字例筆劃類型及其分析

根據統計，共有25個"同"字例在筆劃層面發生變化，約占1%，分為增加筆劃類和減少筆劃類兩類。

① 增加筆劃類

增加筆劃是指《全韻玉篇》"同"字在與其對應字頭的基礎上增加一筆或一筆以上的筆劃，這些筆劃包括橫、豎、撇、點、折等，其中以增加點畫的最為常見。雖然增加了筆劃，但是所構之字的音義功能與其字頭相同。其原因或是為了區別字形，或是受到當時的書寫習慣或者筆誤影響，或是為了明確字義。9)下面我們通過具體的例證來分析。

抵－抵
《全韻玉篇》："抵，側擊。紙。抵同。"《玉篇》："抵，之是切。側擊也。《戰國策》曰：抵掌而言。"按：與字頭相比，同字下面多了一點畫。《說文》："抵，側擊也。從手，氏聲。"段注："按：'抵'字多譌作'抵'，其音、義皆殊。"可見二字音義是有別的。這樣書寫的最後一點筆劃，多因書寫筆誤導致，造成了抵、抵二字的混淆。而《全韻玉篇》則認為二者音義相同，這顯然是錯誤的。

② 減少筆劃類

減少筆劃是指《全韻玉篇》"同"字在其對應字頭的基礎上某個構件減少一筆或者幾筆以上的筆劃。相比增加筆劃的類型，減少筆劃類的"同"字是由於書寫者隨意性或者書寫習慣形成。

---

9) 朱葆華，《原本<玉篇>文字研究》，165頁，齊魯書社，2004年。

抵一抵
《全韻玉篇》:"抵,擊也。紙。抵同。擠也,當也,觸也,擲也,拒也。大凡,大抵。技戲,角抵。薺。舥通。" 《玉篇》:"抵,多禮切。擲也。《說文》雲:擠也。"按:與字頭相比,同字前的"抵"字下面少了一點畫,可能是書寫者書寫的隨意性或是書寫習慣導致筆劃減少。

慤一慤
《全韻玉篇》:"慤,謹也,善也,願也。誠也,質慤。覺。慤同。"《玉篇》無"慤"有"慤",《玉篇》:"慤,空角切。謹也,願也,誠也,志也。"按:《全韻玉篇》同字"慤"與其字頭"慤"相比,減少了一筆。《正字通·心部》:"慤,俗慤字。""慤"字筆劃繁多,書寫起來極不方便,此處筆劃減少應該是書寫者為節省時間,提高書寫效率所致。

(4)《全韻玉篇》"同"字例構件類型及其分析
根據統計,共有2134個在構件層面發生變化,約占總數的87%。

① 構件繁簡類
構件繁簡是指《全韻玉篇》"同"字的某個或某些構件在其相對應字頭的基礎上繁化或簡化。雖然參與構字的構件有所繁化或簡化,但所構之字的音義功能並未因此改變。漢字構件繁簡是一種普遍的文字現象。此種類型的字樣共有373個,約占總數的15%。

1. 構件繁化
這種情況是指漢字的某個或某些構件繁化。漢字是不斷發展變化的,其發展的總趨勢是簡化。在變化發展的過程中各種書體皆備,其中繁化和簡化在漢字發展史上長期共存,並且互相鬥爭,互相制約。一直到今天,雖然簡化字在中國大陸取得了暫時性的勝利,但是在漢字文化圈內還有很多國家和地區使用繁體字,譬如韓國、香港、臺灣等地區。書寫變異、區別字形、明確本義等因素引起了構件繁化。

妳一嬭
《全韻玉篇》:"妳,晝睡,黃妳。蟹。嬭同。"《玉篇》無"妳"有"嬭"。《玉篇》:"嬭,乃弟切。母也。又女蟹切,乳也。妳,同上。"

按：《正字通》："嬭，改為奶。""妳"繁化成了"嬭"。《說文》、《玉篇》均無"妳"，"嬭"見於《康熙字典》。按："妳"應該是個後起字。由於"嬭"的简體就是"妳"，導致兩種寫法混同。

嶽一岳

《全韻玉篇》："嶽，同岳。覺。"《玉篇》無"嶽"有"岳"。《玉篇》："岳，牛角切。五嶽也，王者巡守所至之山。嶽，同上。峃，同上。屵，古文，出《說文》。"按：《說文》："嶽，東岱、南霍、西華、北恆、中泰室。王者之所以巡狩所至。從山，獄聲。岳，古文像高形。"段注："今字作嶽，古文之變。"《說文》古文為🗻，"嶽"用它的古文"岳"作為简體，二字可以互換通用。

副一𠛬

《全韻玉篇》："副，貳也，稱也，首飾，步搖。宥。剖也，裂也。屋。難產，柎副。職。𠛬同。"《玉篇》："副，普逼切。坼也，破也。又芳富切，貳也。𠛬，籀文。"按：《說文》："判也。從刀，畐聲。《周禮》曰：'副辜祭。𠛬，籀文副。'"《說文》"副"字籀文為🗻，籀文"𠛬"简化為"副"，同上例相同。

凷一塊

《全韻玉篇》："凷，墣也，垖也。塊同。黃通。"《玉篇》無"凷"有"塊"。《玉篇》："塊，口潰、口迥二切。垖也。《莊子》雲：大塊。凷，同上。"按：《說文》："凷，墣也。從土，一屈象形。塊，凷或從鬼。"徐鍇《繫傳》作"俗凷從土、鬼。"朱駿聲《說文通訓定聲》以為"從土，鬼聲。"《說文》或體為🗻，由"凷"繁化為"塊"我們可以得知，"塊"是取的《說文》或體。另外例證還有《武威簡·服傳四》：🗻、《居延簡》甲二二三零🗻等。

九一玖

《全韻玉篇》："九，老陽數。厃也，陽九。聚也，九合。有。玖同糾通。"《玉篇》："九，居有切。數也。"按：《說文》："玖，石之次玉黑色者。從玉，久聲。《詩》曰：'貽我佩玖。'讀若芑。或曰若人句脊之句。""玖"原本指僅次於玉的黑色石頭，後來用作"九"字的大寫。清顧炎武《金石文字記》卷三："凡數字作壹、貳、三、肆、捌、玖等字，皆武后所改。"從以上解釋中我們可以看出"九"與"玖"原本是兩個字。後來人們在記錄賬目，作為憑據時通常把"九"寫作"玖"。這種習慣一直到今天我們還能看到，例如我們在購物開發票時。

2. 構件簡化

構件簡化是指與相對應的字頭相比，同字的某個或某些構件發生簡化，筆劃由多到少，字形由複雜到簡單。這種情況的出現多是因為書寫者為了節省時間，加快書寫速度，提高效率。舉例如下：

蓻－菣

《全韻玉篇》："蓻，香蒿。震。菣同。"《玉篇》無"蓻"有"菣"，《玉篇》："菣，丘刃切。《爾雅》曰：蒿菣。蓻，同上。"按：《說文》："香蒿也。從艸，臤聲。蓻，菣或從堅。"《全韻玉篇》同字"菣"與其字頭相比構件"堅"改為筆劃相對較少，書寫更為便捷的"臤"，變化減少了三畫。

唼－啑

《全韻玉篇》："唼，入口。合。啑同。鴨食，唼喋。洽。"《玉篇》："唼，所甲切。唼喋，鴨食也。亦作喍。"按："啑"字不見《說文》。《玉篇》："啑，子合切。魚食。《風俗通》雲：入口曰啑。"從以上字書的解釋中，我們可以看出二者同義。把"疌"寫作"帀"筆劃數大大減少。

㱿－㱚

《全韻玉篇》："㱿，嘔吐貌。覺。㱚同。" 按：該字不見於《玉篇》。《說文》無"嚮"有"向"。《說文》："歐皃。從口，殸聲。《春秋傳》曰："君將㱿之。"《全韻玉篇》同字"㱚"與其字頭"㱿"相比左面構件減少了兩筆。

㩧－扑

《全韻玉篇》："㩧，小擊。屋。扑同。"《玉篇》無"㩧"有"扑"，《玉篇》："扑，普蔔切。打也。"按：《集韻·覺韻》："㩧，《博雅》：'擊也。'或作扑。"《全韻玉篇》同字"扑" 相比較原來的"㩧"，字頭右面構件"暴"簡化為"卜"，筆劃減少了16畫。

② 構件增減類

構件增減是指《全韻玉篇》同字在其字頭的基礎上增加或減少一個或幾個構件。在我們所調查的材料中，這種類型一共有74個字，約占總字數的3%。主要包括兩種類型：構件增加和構件減少。我們首先來看一下構件增加：

1. 構件增加

構件增加大致可以分為兩類：一是未明確字義而增加表示意義類屬的構件，增加的這些構件可以讓我們更清楚地理解這個字所表達的類屬意義，凸顯其本義。而有的則顯得重複多餘，給書寫帶來麻煩。另一種就是所謂"類化"，由於受到語境當中前一個字或者後一個字的影響，增加與之相同的構件，這是由書寫的隨意性和不規範的書寫習慣造成的。

匧—篋

《全韻玉篇》："匧，俗。箱也。緘藏具，藏衣笥。葉。篋同。"《玉篇》："匧，口頰切。緘也。或作篋。"按：《說文》："匧，藏也。從匚，夾聲。" 同字例"篋"與其字頭相比增加了一個構件"竹"，由《說文》可知"匧"是盛東西的箱子，而"篋"則由原來盛東西的箱子出發，增加了一個表示意義類屬的構件"竹"，變成從竹匧聲的"篋"，這可能是當時製作"匧"的材料是由竹子製作的原因。為明確"匧"的字義，就增加了一個構件"竹"。

圭—珪

《全韻玉篇》："圭，瑞玉也，上圓下方。量名，圭撮、刀圭。齊。珪同。"《玉篇》："圭，古畦切。應劭曰：圭，自然之形，陰陽之始也。四圭曰撮。孟康曰：六十四黍爲圭。亦瑞玉也。"按：《說文》："圭，瑞玉也。上圓下方。公執桓圭，九寸；矦執信圭，伯執躬圭，皆七寸；子執穀璧，男執蒲璧，皆五寸。以封諸矦。從重土。楚爵有執圭。珪，古文圭，從玉。""圭"本義為"瑞玉"，與字頭相比，同字增加構件"玉"，意在強調與"玉"的密切關係，表義更清晰。

2. 構件減少

構件減少是指《全韻玉篇》中同字在其字頭的基礎上減少一個或幾個構件。字頭和同字之間的關係一般是同源異體字，或假借字。

唅—含

《全韻玉篇》："唅，銜也。覃。含同。又哺唅。勘。"《玉篇》無"唅"有"含"。《玉篇》："含，戶耽切。《莊子》雲：含哺而熙，鼓腹而遊。"按：《說文》："含，嗛也。從口，今聲。"《集韻·堪韻》："唅，哺也。"《漢書·貨殖傳序》："而貧者裋褐不完，唅菽飲水。"顏師古注："唅，亦含字也。""唅"減少一個構件"口"，寫成"含"。

觜一嘴
《全韻玉篇》:"觜,西方宿,觜觿。支。喙也。紙。"《說文》:"鴟舊頭上角觜也。一曰:觜觿也。從角,此聲。"《集韻·紙韻》:"觜,鴟舊頭上角觜。或作嘴。"段注:"觜猶橢,銳詞也。毛角銳,凡羽族之味銳,故鳥味曰觜。"從以上文獻看,"嘴"不見於《說文》、《玉篇》,屬於後起字,"嘴"去掉一個表義構件寫成"觜"。二者屬於同源異體字。

影一景
《全韻玉篇》:"影,物之陰影、形影。馬名,躡影。梗。景同。"《玉篇》:"影,於景切。形影。《書》曰:從逆凶惟影響。"按:《說文》:"景,光也。從日,京聲。"段注:"光所在處,物皆有陰。""後人名陽曰光,名光中之陰曰影,別製一字,異義異音"。《顏氏家訓·書證》:"凡陰景者,因光而生,故即謂為景。《淮南子》呼為景柱,《廣雅》雲:'晷柱掛景'並是也。至晉世葛洪《字苑》,傍始加彡,音於景反。"從以上文獻可知,"影"是"景"的後起字,二者是同源異體字。

宼一居
《全韻玉篇》:"貯也。魚。居同。"《玉篇》:"宼,寄魚切。宼,舍也。"按:《說文》:"居,蹲也。從屍,古者,居從古。《書·盤庚上》:"盤庚遷于殷,民不適有居。"孔傳:"適,之也。不欲之殷,有邑居。""宼"減少一個表義構件"宀"寫成同源字"居"。

③構件替換類

構件替換是指《全韻玉篇》中同字例與其字頭相比,其中的某個構件被替換成其他構件。這種類型占大多數,共有1642個同字,約占65%。所替換的這些構件往往存在著義近、形近、音近的關係,所以構件替換類又分為三大類,分別為義近構件替換、形近構件替換和音同音近構件替換。雖然構件被替換,但是替換後的字與其字頭音義都沒變,下面我們分別舉例分析這三種情況。

1. 義近構件替換

義近構件替換是指《全韻玉篇》同字例與其字頭之間的替換構件在意義上相近或相通。主要有以下情況:

①人一女　人一手

伃—好

《全韻玉篇》:"伃,漢婦官,倢伃。魚。好同。"《玉篇》:"伃,與居切。武帝制倢伃,婦官也。亦作婕妤也。"按:與字頭相比,同字"好"將構件"人"換做"女"。《說文》:"人,天地之性最貴者也。此籀文。象臂脛之形。""女,婦人也。象形。王育說。""人"與"女"在意義上有關聯,"女"包括在"人"裏,所以二者互換。《說文》:"伃,婦官也。從人,予聲。"由此可知,"伃"是宮中的女官名,"伃"寫作"好"也是回歸本來面目。

倡—娼

《全韻玉篇》:"倡,倡狂,倡優。陽。娼同。又導也,發歌。漾。唱通。"《玉篇》:"倡,齒羊切。《說文》云:樂也。又音唱。《禮》曰:一倡而三歎。"按:與字頭相比,同字"娼"將構件"人"換成"女"。"人"與"女"的關係在上面的例子中已經說明,這裏不再贅述。《正字通·人部》:"倡,亦作猖。"把"猖"等同於"娼",這也說明中國古代婦女地位之低下。

② 人—扌

傏—搪

《全韻玉篇》:"傏,不遜,傏佗。陽。搪同。"《玉篇》有"搪"無"傏"。《玉篇》:"搪,達郎切。搪揬也。"按:與字頭相比,同字"搪"將構件"人"換做"扌"。《說文》:"人,天地之性最貴者也。此籀文。象臂脛之形。""手,拳也。象形。""人"與"扌"在意義上相關聯,"扌"屬於"人"的一部分。《廣雅·釋詁四》:"搪,揬也。"二字意義相通。

③ 厂—石

厎—砥

《全韻玉篇》:"厎,厎礪。致也,定也。紙。砥同,底者通。增。"《玉篇》:"厎,之視切。致也,至也,均也,平也。又石聲。"按:與字頭相比,同字"砥"將構件"厂"換作"石"。《說文》:"厂,山石之厓巖,人可居。象形。""石,山石也。在厂之下;口,象形。"從《說文》中我們可以明顯地看出"厂"與"石"的意義是相近的,它們都有山石的意思,所以二者相互替換。

④ 口—言 口—欠

呵—訶

《全韻玉篇》:"呵,俗。怒責,笑聲,氣出。歌。訶同,又責讓,噓氣,箇。"《玉篇》:"呵,許多切。責也。與訶同。"按:與字頭相比,同字"訶"將構件"口"換作"言"。《說文》:"口,人所以言食也。象形。""言,直言曰言,論難曰語。從口,䇂聲"由此我們可以看出,"口"和"言"的意義是相近的,"口"是"言"的發音器官,"言"是"口"發音的結果,故二者互換。

喘一歂

《全韻玉篇》:"喘,疾息。銑。歂同。"《玉篇》:"喘,充兗切。《說文》云:疾息也。"按:與字頭相比,同字"歂"將構件"口"換作"欠"。《說文》:"口,人所以言食也。象形。""欠,張口氣悟也。象氣從人上出之形。"由此我們可以得知,"口"和"欠"在意義上是相通的,故二者替換。

⑤土—阝(阜) 土—山

壟一隴

《全韻玉篇》:"壟,塚也,田埒。腫。隴同。"《玉篇》:"壟,力竦切。《方言》曰:塚,秦晉之閒或謂之壟。郭璞曰:有界埒似耕壟,因名也。亦作壠。"按:與字頭相比,同字"隴"把構件"土"換作"阝(阜)"。《說文》:"土,地之吐生物者也。二象地之下、地之中,物出形也。"《玉篇》:"阜,扶九切。大陸也,山無石也,盛也,肥也,厚也,長也。𨸏,同上。"由此可知"土"和"阝(阜)"意義相通。故二個相通表義的構件替換。

堣一嵎

《全韻玉篇》:"堣,暘穀,堣夷。虞。嵎同。"《玉篇》:"堣,遇俱切。堣夷,日所出。《虞書》曰:分命羲仲,宅堣夷。本亦作嵎。"按:與字頭相比,同字"嵎"把構件"土"換作"山"。《說文》:"土,地之吐生物者也。二象地之下、地之中,物出形也。""山,宣也。宣氣散,生萬物,有石而高。象形。"由此可知"土"、"山"二構件意義相通,土可構成山,山上有土,故二者替換。

⑥廾(収)—扌

𢲸—擇

《全韻玉篇》:"𢲸,俗。同擇。陌。"《玉篇》無"𢲸"有"擇"。《玉篇》:"擇,儲格切。簡選也。"按:與字頭相比,同字"擇"將構件"廾"換成"扌"。《說文》:"収,竦手也。從𠂇從又。(按:今變隸作廾。)""手,拳也。象形。"吳大澂《說文古籀補》:"古'擇'字從収,不從手。""収"和"扌"兩構件在意義上相近,故兩構件替換,並沒有改變字頭和同字例的意義。
⑦巾—衣
帒—袋
《全韻玉篇》:"帒,囊屬。隊。袋同。"《玉篇》:"帒,徒戴切。盛物囊。"按:與字頭相比,同字"袋"將構件"巾"替換成"衣"。《說文》:"巾,佩巾也。從冂,丨象糸也。""衣,依也。上曰衣,下曰裳。象覆二人之形。"《說文新附·巾部》:"帒,囊也。或從衣。"從以上文獻中我們可以看出,表義構件"巾"和"衣"的意義是相近的,它們都與衣服有關。
⑧忄—口
惟—唯
《全韻玉篇》:"惟,謀也,思也,語辭。支。唯同。"《玉篇》:"惟,弋隹切。思也,有也,辭也,爲也,謀也,伊也。"按:與字頭相比,同字"唯"將表義構件"忄"替換為"口"。《說文》:"心,人心,土藏,在身之中。象形。博士說以爲火藏。""口,人所以言食也。象形。"構件"忄"和"口"同屬於人體的器官,二者意義相關,故"忄"和"口"兩構件能夠替換。

2. 形近構件替換

形近構件替換是指《全韻玉篇》字頭與其同字的某個構件形體相似或相近而發生的替換。具體分析如下:
①亻—彳
佪—徊
《全韻玉篇》:"佪,不進,俳佪。灰。徊同。"《玉篇》:"佪,胡雷切。佪佪,惛也。"按:與字頭相比,同字"徊"將構件"亻"替換為"彳"。《說文》:"人,天地之性最貴者也。此籀文。象臂脛之形。""彳,小步也。象人脛三屬相連也。"由此可知"人"和"彳"在意義上沒有必然的聯繫。《集韻·灰韻》:"佪,俳佪,不進皃。或從彳。"可知"佪"應該從"彳"。在提高書寫速度較快時,構件"彳"就很容易漏掉了"丿",造成構件"亻"與"彳"相混。這種現象比較常見。
②力—夊
効—效
《全韻玉篇》:"象也,功也,驗也。效。效同。"《玉篇》:"効,胡孝切。俗效字。"按:與字頭相比,同字"效"將構件"力"替換為"夊"。

《說文》:"力,筋也。象人筋之形。治功曰力,能圉大災。""攴,小擊也。從又蔔聲。"由此可知這兩個構件在意義上並沒有必然的聯繫。在書寫時,如果書寫速度快,就會容易造成混淆。這兩個構件的草書字形非常相似,所以把"效"寫成"効"就不足為怪了。

勅一敕

《全韻玉篇》:"勅,誡也,天子制書。職。敕同。"《玉篇》無"勅"有"敕"。《玉篇》:"敕,醜力切。誡也。今作勅。"按:《說文》:"敕,誡也。臿地曰敕。從攴,束聲。"吳大澂《說文古籀補》:"古'敕'字從束。"由上例中分析我們可以得知,此二構件"力"、"攵"在意義上並沒有必然的聯繫。在草書中我們可以看見二構件非常相似,如果書寫速度過快會很容易造成混淆。

③扌―木

抒―杼

《全韻玉篇》:"抒,挹也,除也,渫水。同杼。語。"《玉篇》:"抒,神旅切。《說文》雲:挹也。"按:與字頭比,同字"杼"將構件"扌"替換為"木"。《說文》:"抒,挹也。從手,予聲。"顯然"抒"應該從"扌","扌"和"木"在意義上沒有必然的聯繫。"木"在左側作部首時,最後一畫捺寫作點畫,在過於追求書寫速度或者書寫不規整時,兩個構件在視覺上給我們造成相似的感覺 ,混用就可想而知了。另外書中還有很多類似這樣的例子,例如"拄"和"柱"等等。

④ロ―厶 又―口

句―勾

《全韻玉篇》:"句,地名,須句。虞。文詞止處,章句。上傳下,下告上,臚句。國名,高句驪。遇。曲也。神名,句芒。太伯所居,句吳。尤。勾同。又拘也,辦也,句當。宥。"《玉篇》:"句,古侯切。曲也,不直也。又九遇切。止也,言語,章句也。又古候切。鉅,《說文》句。"按:與字頭相比,同字"勾"將構件"口"改寫為"厶"。《說文》:"句,曲也。從口,丩聲。"可見"句"應該從"口",而構件"口"和"厶"在意義上沒有聯繫,因為二者字形相似,同字"勾"將兩個構件混用替換。

挐―挈

《全韻玉篇》:"挐,牽引。魚。義同,又拘捕。麻。挈拿同。"《玉篇》:"挐,尼牙切。手挐也。"按:與字頭相比,同字"挈"將構件"又"改為"口"。《說文》:"挐,牽引也。從手,奴聲。"徐灝注箋:

"疑挐、挈同字,因聲之輕重而別之,實一義相生耳。"由此可以看出,古人對這二字的關係也不確定。我們認為,由於構件"又"和"口"二者字形相似,很容易混淆。

⑤廾(収)—犬

弊—獘

《全韻玉篇》:"弊,惡也,困也,斷也,壞也,敗也。經營貌,弊弊,霧。獘同。"《玉篇》:"獘,毗制切。俗獘字。"按:與字頭相比,同字"獘"將構件"廾"替換為"犬"。《說文》:"収,竦手也。從ナ從又。(今變隸作廾。)""犬,狗之有縣蹄者也。象形。孔子曰:'視犬之字如畫狗也。'"由此可以看出,此二構件在意義上沒有必然聯繫,但是它們的字形是相似的,尤其書寫者有不規範的書寫習慣或書寫過快時,就會把兩個構件相混。

⑥土—扌

堀—掘

《全韻玉篇》:"堀,孔穴突也。物。窟掘同。"《玉篇》:"堀,求物切。突也。"按:《說文》:"堀,突也。《詩》曰:'蜉蝣堀閱。'從土,屈省聲。"段玉裁注"各本篆作堀,解作屈省聲,而別有堀篆綴於部末,解雲:'土堀也。從土屈聲。'此化一字為二字。兔堀非有異議也。篆從屈,隸省作屈,此其常也。豈有篆文一省一不省分別其義者?"與字頭相比,同字"掘"將構件"土"換為"扌"。此二構件在意義上沒有必要的聯繫,但是二者相混多見於魏晉南北朝石刻和文獻中。書寫速度過快,很容易就會把"土"的最後一筆寫為提,從而導致二者相混。

⑦巾—忄

帖—怗

《全韻玉篇》:"帖,券也,題賦名。應試,帖括。定也,妥帖。牀前帷。葉。怗同。"《玉篇》:"帖,他頰切。帛書署。"按:與字頭相比,同字"怗"將構件"巾"替換為"忄"。《說文》:"巾,佩巾也。從冂,丨象糸也。""人心,土藏,在身之中。象形。博士說以為火藏。"由此可知,構件"巾"和"忄"在意義上並沒有必然聯繫,二者也是由於字形相似,發生混淆。在寫"忄"時,兩點之間很容易粘連在一起而與構件"巾"字形相似。

3.音同音近構件替換

音近音近構件替換指《全韻玉篇》的同字和其字頭的構件讀音相同或相

近發生替換。這種類型替換的數量很多，大概占構件替換類型的34.6%，具體分析如下：

①倘—儻

《全韻玉篇》："倘，或然辭。漾。儻同。"《玉篇》："倘，他朗切。倘然。出《南華眞經》。"按：與字頭相比，同字"儻"將表音構件"尚"換作"黨"。根據《廣韻》，"尚"和"黨"的音韻地位分別是：市羊切，宕開三平陽禪，陽部；多朗切，宕開一上蕩端，蕩部。雖然它們的韻部不同，但是屬於同一個攝"宕"。所以"尚"與"黨"的讀音相近，從而形成替換。

②唁—喭

《全韻玉篇》："唁，弔生。霰。喭同。"《玉篇》："唁，宜箭切。《穀梁傳》雲：弔失國曰唁。喭，同上。又魚旰切。《論語》曰：由也，喭。"按：與字頭相比，同字"喭"把表音構件"言"替換為"彥"。根據《廣韻》，"言"和"彥"的音韻地位分別為：語軒切，山開三平元疑，元部；魚變切，山開三去線疑，線部。由此可知，兩字屬於同一攝"山"，讀音相近，發生替換。

③唫—吟

《全韻玉篇》："唫，同吟。侵。口急閉也。寑。"《玉篇》："唫，巨錦切。《說文》雲：口急也。亦古吟字。"按：與字頭相比，同字"吟"將表音構件"金"替換為"今"。根據《廣韻》，我們可知"金"和"今"的音韻地位為：居吟切，深開三平侵見，侵部；居吟切，深開三平侵見，侵部。二者的讀音相同，故同字將"金"替換為"今"。

④噂—喟

《全韻玉篇》："噂，太息。寘。喟同。"《玉篇》："噂，苦怪切。太息也。亦與喟同。"按：與字頭相比，同字"喟"將表音構件"貴"替換為"胃"。根據《廣韻》，"貴"和"胃"的音韻地位分別為：居胃切，止合三去未見，未部；於貴切，止合三去未雲，未部。由此可知，二者韻部相同，都屬於未部。讀音相近，所以可以發生替換。

⑤孃—娘

《全韻玉篇》："孃，母稱阿孃。陽。娘同。"《玉篇》："孃，女良切。母也。又如常切。"按：與字頭相比，同字"娘"將表音構件"襄"替換為"良"。根據《廣韻》，"襄"和"良"的音韻地位分別為：息良切，宕開三平陽心，陽部；呂張切，宕開三平陽來，陽部。由此我們可知，二者韻部相同，讀音相近，因而發生構件替換。

⑥恍―慌

《全韻玉篇》："恍，昏也。養。慌同。"《玉篇》："恍，火廣切。恍惚。"按：與字頭相比，同字"恍"將表音構件"光"替換為"荒"。根據《廣韻》，"光"和"荒"的音韻地位分別為：古黃切，宕合一平唐見，唐部；呼浪切，宕合一去宕曉，宕部。由此可知，二者屬同一攝，讀音相近，因而發生構件替換。

⑦她―姐

《全韻玉篇》："她，俗，長女。馬。姐同。"《玉篇》無"她"有"姐"。《玉篇》："姐，茲也切。《說文》雲：蜀人呼母曰姐。又祥預切。姐，孀也。她，同上。古文亦作毑。"按：與字頭相比，同字"姐"將表音構件"也"換為"且"。根據《廣韻》，"也"和"且"的音韻地位分別為：羊者切，假開三上馬餘，馬部；七也切，假開三上馬清，馬部。二者韻部相同，讀音相近，故相互替換。

⑧忼―慷

《全韻玉篇》："忼，慨也，意氣，感激，倜儻。養。慷同。"《玉篇》："忼，苦莽切。忼慨，壯士不得志也。慷，同上。"按：與字頭相比，同字"忼"將表音構件"亢"換為"康"。根據《廣韻》，它們的音韻地位分別為：苦浪切，宕開一去宕溪，宕部；苦岡切，宕開一平唐溪，唐部。它們雖不屬同一韻部，但是都屬於同一攝，讀音相近，故二者相替換。

⑨嗎―嗁

《全韻玉篇》："嗎，俗。喜也，樂也，笑貌。先。嗁同。"《玉篇》："嗎，許連切。嗎嗎，喜也。"按：與字頭相比，同字"嗁"將表音構件"焉"替換為"虔"。根據《廣韻》，"焉"和"虔"的音韻地位分別為：於幹切，山開三平仙影，仙部；渠焉切，山開三平仙羣，仙部。二者韻部相同，讀音相近，故構件"焉"與"虔"相替換。

4. 構件位移類

構件位移是指《全韻玉篇》同字和其字頭的構件在位置上發生了變化，由上下結構變為左右結構。這種類型共49個同字，約占2%。具體分析如下：

①娿―婀

《全韻玉篇》："娿，不決，婹娿。歌。美貌，娿娜。哿。婀同。"《玉篇》："娿，烏何切。婹娿也。"按：與字頭相比，同字"婀"構件的筆劃、形體都沒有變化,但是構件的位置變了,由原來的上下結構變成左右結構。

②仚－仙

《全韻玉篇》:"仚,同仙。先。"《玉篇》:"仚,許延切。人在山上。"按:與字頭相比,同字"仙"在構件的筆劃、形體上都沒有發生變化,只是位置由原來的上下結構變成左右結構,構件"人"變為"亻"。

③嵾－嶚

《全韻玉篇》:"嵾,高也。蕭。嶚同。"《玉篇》:"嵾,力么切。嵾巢,山高。"按:與字頭相比,同字"嶚"的表義構件由原先在字頭的上面移到左面,字形由上下結構變為左右結構。

(3)《全韻玉篇》"同"字例整字類型及其分析

《全韻玉篇》"同"字例在整字層面類型共有92個,占3.7%。主要分為書體變異類和雜糅類。

① 書體變異類

早在魏晉南北朝時,篆、隸、草、楷等各種書體並行,雖然它們各自產生、成熟、定型的時代各不相同,但是它們之間相互影響的時間卻相當長。這種現象的出現,與紙質書寫材料的的廣泛使用有很大的關係。此外,該時期社會用字,書體發展,個體皆備,可以適用於不同的文體、使用於不同的場合,與文體發展特別是與書面文學發展的關聯更為直接。[10] 隋唐五代時也是如此,我們可以從隋唐五代石刻文獻用字中找到證據。直到今天,我們用手寫漢字時,還能體會到它們之間相互影響。《全韻玉篇》成書於1796年,屬於清朝前期。漢字外傳到異域不可避免地受到隸書草書等各種書體的影響。在我們調查的材料中,有67字屬於書體變異類,約占總數的2.7%。

①娿－嫂

---

10) 臧克和,《書體發展與文體自覺》,25頁,《學術月刊》第39卷第3期,2007年。

《全韻玉篇》:"嫂,兄妻。皓。嫂同。"《玉篇》:"嫂,蘇老切。兄之妻也。嫂,同上。俗又作姭。"按:《說文》:"嫂,兄妻也。從女,叜聲。"邵瑛《羣經正字》:"經典多作嫂。《五經文字》雲:《說文》作嫂,隸省作嫂。"我們可以認為同字"嫂"應是受到隸書筆法影響而出現。《全韻玉篇》中與此相似的還有"俊"和"叟"等字。

②夬一叏

《全韻玉篇》:"夬,分決,卦名。卦。叏同。"《玉篇》:"夬,公快切。決也,《易》卦名。"按:《說文》:"叏,分決也。從又,𠄌象決形。徐鍇曰:'線,物也。丨,所以決之。'"《字彙·又部》:"叏,隸作夬。"由此可見,"叏"字是隸書筆法影響的。

③㔷一函

《全韻玉篇》:"㔷,容也,舌也。覃,匱也,鎧也,鹹也。函同。"《玉篇》:"㔷,胡男切。舌也。"按:《說文》:"舌也。象形。舌體𠬟。𠬟從𠃊,𠬟亦聲。"王國維以為象"盛矢之器"。隸作函。由此可知,同字"函"是受㔷"的隸書筆法影響。

② 雜糅類

雜糅是指《全韻玉篇》的同字和其字頭之間的關係不是單純的一種關係而是上面兩種或兩種以上類型的綜合。這一類型共有25個同字,約占總數的1%。

①彆一弰

《全韻玉篇》:"彆,弓戾。屑。弰同。"按:清段玉裁《說文解字注》:"彆,弓戾也。"同字"弰"是其字頭"彆"經過構件位移和構件減少兩次變化而成。先是有上下結構變為左右結構,然後構件"敝"經過構件減少發展到"弰"。在歸納時,我們不能單純地把其歸納為哪一類,只能實事求是地將其變化一一列出,這樣才能客觀地敘述出其變化發展的過程。

②漉一盝

《全韻玉篇》:"滲也,瀝也,淋也,竭也。屋。盝同。"按:《說文》:"浚也。從水,鹿聲。淥,淥或從錄。"同字"盝"和其字頭"漉"是經過兩次變化而成,一是音同音近構件替換,表音構件"錄"替換"鹿",因為它們的韻部同為屋部,二是構件增加類同字與其字頭相比,增加了構件"皿"。經過分析統計,現將各種類型情況匯總如

下:

6. 結語

　　《全韻玉篇》是1796年李德懋奉敕編寫的、傳統意義上的、深受中國古代字書影響的一部字典,它對韓國後代漢文字典的編纂起着示範的作用。在韓國自編的字典史上,《全韻玉篇》以成熟的編排體例、簡潔明瞭的語言和鮮明的個人特色而著稱。這其中,最突出地又體現在編者對於字際關係的梳理和界定上。通過對全書"同"字例的分析,我們發現字頭和"同"字主要包括異體、通假和分化等三種關係,其中異體占了絕大多數。根據研究,我們將《全韻玉篇》的"同"字例中的異體進行分類,在筆劃、構件、整字等三個層面加以考察。從筆劃層面來看,有增加筆劃和減少筆劃兩大類;從構件層面來看,有構件繁簡、構件替換和構件位移三大類。其中構件繁簡又可細分為構件繁化和構件簡省兩類,構件替換可分為義近構件替換、形近構件替換、音同音近構件替換以及類化構件替換四類;構件位移則有構件左右、上下位移兩類;從整字層面來看,有書體變異類、雜糅類兩大類。通過分析,我們得出以下結論:

　　首先,《全韻玉篇》"同"字在構件層面的變異占絕對主導地位。通過對《全韻玉篇》"同"字的分析和歸納,我們知道"同"字在構件層面發生變化的數量占絕大多數,約占總數的86%。在構件層面中,又以構件替換類最多,約占總數的65%。這表明漢字傳播到韓國,在使用和發展的過程中,構件替換的現象較為嚴重,楷字自身的發展已經具有一個完整的體系,這是《全韻玉篇》同字在筆劃層面的變異極少的重要原因。漢字構形是講理據的,理據對漢字形體演變也具有很大的制約作用。某字的形體在演變過程中,喪失了理據,或者理據變得十分模糊,就有可能通過離析和重組的方式重新找回理據。11)漢字的發展是一個不斷變化發展的過程,在其使用、傳播的過程中,也難免會出現大量構件之間的替換使用。

---

11) 王立軍, 《宋代雕版楷書構形系統研究》, 74頁, 上海教育出版社, 2003年。

其次，《全韻玉篇》"同"字在筆劃層面和整字層面的變異占極少數。根據我們的統計分析，《全韻玉篇》同字在筆劃層面和整字層面的變異較少，分別約占總數的1%和3.7%。《全韻玉篇》是一部楷書字典，這說明楷字在傳播到韓國之前，就已經是一個成熟完整的體系了。它在韓國的傳播、使用和發展，不再單純偶然的依靠筆劃的增減、變異等來區別漢字字形，更不需要通過對自身整字層面的變異來否定自身的理據性，這也是《全韻玉篇》同字在筆劃層面和整字層面的變異較少的原因之一。

最後，穩定性和變異性的統一。通過上面兩點，我們知道漢字在域外的發展是遵循穩定性和變異性的統一這一規律的。域外漢字的穩定性是指漢字一旦成為一個完整成熟的體系，它就不會在短時間內發生巨變，否定自己。漢字的變異只能在其自身理據性允許的範圍內變化發展。域外漢字的變異性則是指在域外漢字的變化發展是在儘量不破壞自身理據性的前提下，通過繁化和簡化運動不斷完善和發展自身理據性。穩定性和變異性的互相作用推動域外漢字不斷發展。

參考文獻

[著作類]
劉復 李家瑞：《宋元以來俗字譜》，北京，文字改革出版社重印，1957年
許慎：《說文解字》，北京，中華書局，1963年
顧南原：《隸變（隸書字典）》（全二冊），北京，中國書店，1982年
顧野王：《宋本玉篇》，北京，中華書店，1983年
顏元孫：《干祿字書》，中華書局影印叢書集成初編本，1985年
張參：《五經文字》，中華書局影印叢書集成初編本，1985年
顧野王：《原本玉篇殘卷》，北京，中華書局，1985年
行均：《龍龕手鏡》，北京，中華書局，1985年
鄭玄：《禮記注疏》卷五十三《中庸》，臺北，藝文印書館，1985年
方玉潤：《詩經原始》（下冊），北京，中華書局，1986年
顧藹吉：《隸辨》，北京，中華書局，1986年
陳亮著 鄧廣銘點校：《陳亮集》第一卷，北京，中華書局，1987年
顧野王：《大廣益會玉篇》，北京，中華書局，1987年

裘錫圭:《文字學概要》,北京,商務印書館,1988年
劉安等編著 高誘注:《淮南子》,上海,上海古籍出版社,1989年
詹鄞鑫:《漢字說略》,瀋陽,遼寧教育出版社,1991年
周紹良:《唐代墓誌彙編》(全二冊),上海,上海古籍出版社,1992年
王國維:《古史新證》,北京,清華大學出版社,1994年
施元亮:《花押印匯》,上海,上海書畫出版社,1995年
張湧泉:《漢語俗字研究》,長沙,嶽麓書社,1995年
張湧泉:《敦煌俗字研究》,上海,上海教育出版社,1996年
劉志基:《漢字體態論》,南寧,廣西教育出版社,1997年
張湧泉:《漢語俗字叢考》,北京,中華書局,2000年
張湧泉:《俗字裏的學問》,北京,語文出版社,2000年
孔仲溫:《玉篇俗字研究》,臺北,學生書局,2000年
陳五雲:《從新視角看漢字－俗文字學》,鄭州,河南人民出版社,2000年
王元鹿:《比較文字學》,南寧,廣西教育出版社,2001年
唐蘭:《中國文字學》,上海,上海古籍出版社,2001年
臧克和 王平:《說文解字新訂》,北京,中華書局,2002年
陸錫興:《漢字傳播史》,北京,語文出版社,2002年
王寧:《漢字構形學講座》,上海,上海教育出版社,2002年
何琳儀:《戰國文字通論》,南京,江蘇教育出版社,2003年
何華珍:《日本漢字和漢字詞研究》,中國社會科學出版社,2004年
朱葆華:《原本玉篇文字研究》,濟南,齊魯書社,2004年
劉中富:《<干祿字書>字類探究》,濟南,齊魯書社,2004年
歐昌俊 李海霞:《六朝唐五代石刻俗字研究》,成都,巴蜀書社,2004年
姜亮夫:《姜亮夫全集》,北京,北京出版社,2004年
黃亞平:《典籍符號與權力話語》,北京,中國社會科學出版社,2004年
黃征:《敦煌俗字典》,上海,上海教育出版社,2005年
段玉裁:《說文解字注》,杭州,浙江古籍出版社,2006年
潘玉坤:《漢字的性質》,鄭州,大象出版社,2007年
董蓮池:《說文解字研究文獻集成》(古代卷)14冊,北京,作家出版社,2007年
臧克和:《中古漢字流變》,上海,華東師範大學出版社,2008年
王平:《中國異體字大系·楷書編》,上海,上海書畫出版社,2008年

[論文類]

郝恩美：《筆形和筆數》，《學漢語》第6期，1995年

李立緒：《漢字在韓國的歷史使命及其啟示》，《東嶽論叢》第21卷第4期，2000年

[韓]張輝女：《漢字和漢語與朝鮮半島語言的關係》，《民族語文》，第5期，2002年

[韓]朴鐘培：《中國文化在韓國的傳播與發展》，《鄖陽師範高等專科學校學報》第22卷第1期，2002年

張曉曼：《試論中韓語言的接觸》，《語言研究》，2002年

王平：《<說文解字>重文與正篆比較研究》，華東師範大學2003屆研究生博士學位論文

楊建華：《<太上洞淵神咒經>的道德教育思想》，《中國道教》03期，2003年

[韓]韓容洙：《韓國漢語教學概觀》，《漢語學習》，第4期，2004年

馮天瑜：《"漢字文化圈"芻議》，《吉首大學學報》（社會科學版）第25卷第2期，2004年

[韓]金基石：《韓國李朝時期的漢語教育及其特點》，《漢語學習》，第5期，2005年

[韓]朴敏英：《韓國漢字語研究》，天津師範大學2005屆研究生碩士學位論文

李建廷：《樓蘭殘紙文書俗字研究》，華東師範大學2005屆研究生碩士學位論文

王三慶：《論武后新字的創制與興廢－兼論文字的正俗問題》，《成大中文學報》第13期，2005年

齊元濤：《武周新字的構形學考察》，《陝西師範大學學報》（哲學社會科學版）第34卷第6期，2005年

陳寶勤：《漢語俗字的生成、應用、傳播》，《語言文字應用》第2期，2005年

臧克和：《結構的整體性－漢字與視知覺》，《語言文字應用》第3期，2006年

何瑞：《宋本<玉篇>歷史漢字傳承與定形》，華東師範大學2006屆研究生博士學位論文

井米蘭：《敦煌俗字與宋本<玉篇>文字比較研究》，華東師範大學2006屆研究生碩士學位論文

齊元濤　符渝：《漢字的理據缺失與重構》，《北京師範大學學報》（社會科學版）2006年第1期

臧克和：《楷字的時代性－貯存楷字的時間層次問題》，《中國文字研究》第一輯（總第八輯），2007年

郭瑞：《魏晉南北朝石刻楷字變異類型研究》，《中國文字研究》第一輯（總第八輯），2007年

郭瑞:《南北朝石刻楷書筆劃的差異性》,《中國文字研究》第二輯(總第九輯),2007年

詹鄞鑫:《"書同文"的歷史回顧與現實問題的解決思路》,《中國文字研究》(總第八輯),2007年第一輯

臧克和:《楷字的區別性－楷化區別性的喪失及其重建》,《中國文字研究》第二輯(總第九輯),2007 年

梁春勝:《利用<新修玉篇>考辨疑難俗字舉例》,復旦大學出土文獻與古文字研究中心,2008年

[韓]河永三:《漢字與東方主義》,《中國文字研究》第十二輯,2009年

[數據庫]

《說文解字》《玉篇》《篆隸萬象名義》聯合檢索系統,華東師範大學中國文字研究與應用中心

《魏晉南北朝語料庫》,華東師範大學中國文字研究與應用中心

《隋唐五代碑刻語料庫》,華東師範大學中國文字研究與應用中心

《字樣類傳世字書語料庫》,華東師範大學中國文字研究與應用中心

作者簡介

河永三
慶星大學中國學系教授, 韓國漢字研究所所長, HK+事業團團長.

王平
上海交通大學海外漢字文化研究中心主任, 教授, 博士導師.

羅潤基
慶星大學韓國漢字研究所HK研究教授.

金玲敬
江西師範高等專科學校教授.

金億燮
漢陽大學(ERICA校區)産學協力團專任研究員.

郭鉉淑
釜慶大學中國學系講師.

羅度垣
慶星大學韓國漢字研究所學術研究教授.